U0154441

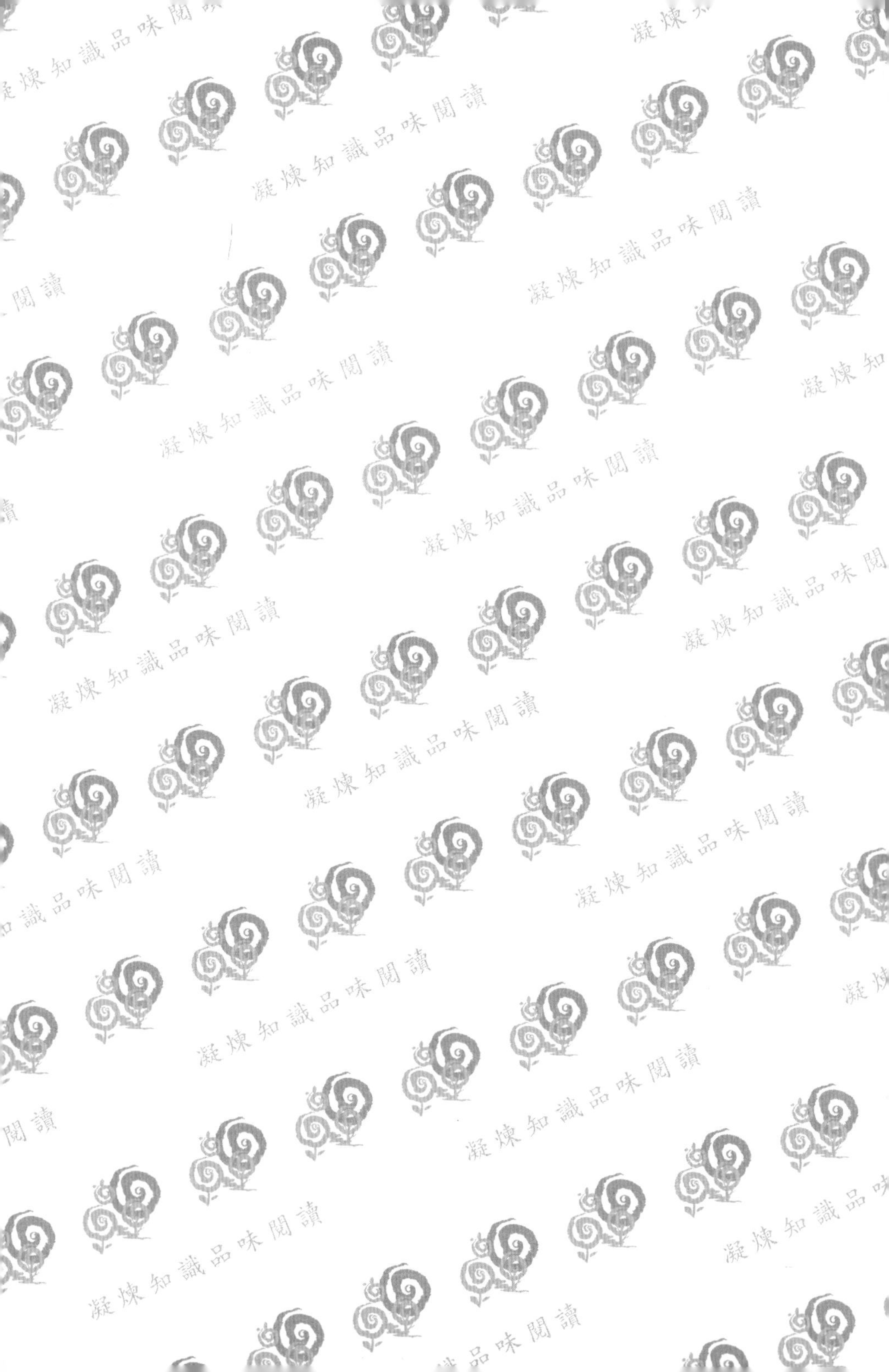

兩韓競合與強權政治

李　明——著

五南圖書出版公司 印行

謹以本書紀念　恩師

冷紹烇教授（Dr. Tony Shao-chuan Leng, 1921-2000）
湯普森教授（Dr. Kenneth W. Thompson, 1921-2013）
克勞德教授（Dr. Inis L. Claude, Jr., 1922-2013）

他們　勤於著述
　　　樂於教學
　　　大師行誼
　　　典範長存

張京育校長推薦序

在這新冠疫情肆虐全球，國際經濟衰退，國際建制受到衝擊，華府與北京關係持續惡化之際，李明教授將其二十年來就世人矚目的朝鮮半島內外情勢發展撰寫的專文，集結出版，其深刻的分析與評斷，頗具「回首來時路，展望未來途」的意義。

東亞，包括東北亞、中亞和東南亞的一部分，在近代以前是以中國為中心的一個獨立而又相對封閉的文化圈，深受傳統中華文明的影響。

在後工業化的時代，科學技術的發展大幅度地改變了人類生存與生活的方式，但是在國際事務上歷史、地緣政治和國家核心利益認知因素，往往仍然扮演著關鍵性的角色。

在東亞大地上，中、韓、日三國並立已兩千多年。華夏文明最為悠久成熟，對朝鮮半島和日本長時間產生幅射性的影響。無論文字、官制、法律、宗教、學術思想、文化習俗，三國均有相通之處，而朝鮮半島受中國影響尤深，也扮演了中日間橋梁的角色。在悠長的歲月裡，多數時間和平相處；在特殊的時間節點，彼此亦曾兵戎相見。在七世紀下半，朝鮮高麗、百濟、新羅三國鼎立之時，中、日軍隊皆曾介入朝鮮半島的戰爭，並以日本戰敗、新羅王朝崛起告終。十六世紀末期，將日本從分裂動亂中統一的豐臣秀吉政權要求當時的李氏朝鮮「服屬並作為征明嚮導」而於 1592 年興兵攻占漢城、平壤等多個城池，明軍馳援朝鮮，引起更大規模戰鬥，後因豐臣秀吉過世，日本政局丕變而終止。

兩個多世紀之後，中、韓、日均受到西方帝國主義的侵略與衝擊，日本在明治維新後，再度侵略東亞大陸，透過一連串的戰爭，侵占台、澎，兼併韓國，並發動了長達十四年的侵華戰爭，中、韓兩國人民付出了極爲慘痛的代價。

二次大戰的結束又因美蘇兩大超強的交易形成了朝鮮半島的分治，而 1950 年至 1953 年的韓戰更使朝鮮半島的情勢長期化，其基本格局維持至今。

從以上簡單的回顧，我們可以看到由於地緣政治的作用，在某些歷史的節點，朝鮮不能自主地處理自身的事務，周邊強權時以朝鮮爲戰場，進行直接或代理人戰爭。1953 年朝鮮半島停戰協議簽訂已逾一甲子，眞正的和平協定似乎遙遙無期。兩韓之間、美日與北韓之間關係仍未正常化。數十年來，由於北韓「以武謀安」戰略的推動，積極從事核武與中長程導彈的開發，引起南韓及鄰近國家的不安，也引致以美國爲首的國際制裁與增強軍事實力的反制，使得朝鮮半情勢更添不可測的變數。

李明教授本書專文就是以時爲經，以事爲緯，剖析二十年來朝鮮半島圍繞著南北韓內部情勢，北韓核武與飛彈發展、兩韓關係、國際政治、外交與軍事應對作爲，對吾人瞭解此一複雜困難的課題，很有裨益。在時而樂觀，時而悲觀，時而希望，時而失望的情緒下，至今似乎只有一個結論：除非有奇蹟出現，朝鮮半島持久的和平與周邊大國的和睦相處將是一個漫長的過程。

外交的作用是以軍事與強制以外的方式，減少猜疑、消除敵意、建立互信，增進共同利益，特別是減少彼此的安全顧慮。其特徵是既要維護自身的核心利益，也要考慮對手的核心利益，儘可能地以易地而處，換位思考的方式來避免衝突的激化，使猜疑加深。但是我們看到當代若干領導人在重要的對外關係上，或者輕率發言，或是前後矛盾，甚至出諸輕蔑恫嚇的口吻。這些作為非但不能減輕猜疑與敵對，反而加深彼此的仇怨，當然也連帶地加深了雙方民間社會的鴻溝。李教授書中描繪美國與北韓就北韓核試、飛彈發射、核武消除等問題的交涉，常演變為口舌上的交鋒。先是美國將北韓政權定位為「邪惡軸心」，而川普總統就位後與北韓領導人金正恩之間既有惡意的互嗆，也有高峰會時形式上的熱絡。在這種情形下，行禮如儀的高峰會又怎能開啓認眞的對話和協商呢？

外交也是一種妥協的藝術，不可能一方是贏者全拿，而另一方是全盤皆輸，除非是一方戰爭失敗的結果。當美國要求北韓停止核試，而且不可逆轉地消除核武時，如果採取了相應的步驟，消除北韓的安全疑慮，減少北韓遭受的經濟及其他制裁的壓力，同時許諾未來在朝鮮半島上簽署和平協定及與北韓關係正常化的前景，相信北韓在通盤考慮後，逐步廢核，最終棄核的誘因會大幅增加。至少美國亦可以步步為營地觀察北韓廢核的實施狀況。然而在實際操作上，美國卻是堅持北韓棄核必須一步到位，否則美國還要加強制裁，而本身無意有任何相應的回報。在既無回報，又有強大壓力之下，北韓的猜疑只有加深，並將核武視為國家與政權的保命牌，要輕易棄之，談何容易！

兩千多年前，希臘史家修昔底德（Thucydides）即曾指出：恐懼（fear）、利益（profit）與榮譽（honor）主導一國的對外政策。所謂恐懼，是指國家安全；所謂利益，是指經濟發展與人民生活；所謂榮譽，是指國家的國際社會聲望與尊嚴。這些因素乃是一個國家在國際社會中行動的動機與目的，如果能同時滿足相關國家對安全、利益與榮譽的需求，也就奠定了世界和平與繁榮的基石。

在疫病流行，人類的生存與生活方式面臨重大考驗的時刻，我們不僅要持續關注攸關東北之安全與福祉的朝鮮半島和平與發展的前景，同時更應體會到人類只有一個地球，而科技、經濟、交通、資訊、知識、災變，將我們連接在一起。我們非僅要繼續關注傳統國與國間關係的發展，更要探討如何減少矛盾，追求共同利益，應對人類面臨的公共衛生、氣候變遷、資源涸竭、環境惡化、貧窮饑餓、分配不均、難民流離等重大問題。我們已有了摧毀人類文明的武裝力量，我們也對生存的地球造成了極大的破壞，我們是否有拯救人類文明，永續經營地球，邁向一個公平正義的世界秩序的器識、胸襟、決心與行動方案，正在考驗一代又一代的人。

李明教授在高等學府先是攻讀韓國語文、歷史、政治；研究所則進入東亞研究，除朝鮮事務外，自然深入東亞的中國、日本和區域研究。負笈美國從事高深學術研究時又進一步深入國際政治與國際關係的堂奧。歸國執教上庠也已逾三十寒暑。朝鮮半島事務不僅是他在學術生涯上的「初戀」，從他數十年來持續不斷關注、評析朝鮮半島事務及相關地緣政治來看，韓國事務仍然是他學術上的「摯愛」。《兩韓競合與強權政治》又是一個愛的結晶，獻給了讀者，讓我們仔細地品味吧！

張京育　謹序
2020 年 7 月於台北

蘇　起董事長推薦序

在台灣從事國際關係研究的學者相當寂寞。相對於鄰近的日韓，台灣這方面的學者人數始終很少，少到連國際關係學會都是直到近年才能成立。另外，社會大眾對美中日以外的世界也不關心，近幾年東南亞好不容易擠進眼眶，但超出這個範疇的南北韓、中東或非洲，似乎仍然引不起國人的興趣。結果台灣看似國門開放，資訊自由流通，但國際觀其實相當狹隘，絕對談不上「全球化」。

為何如此？其一，國際關係這門學問的養成時間特別長。如果選擇研究非英語國家，必須修習第二外國語，取得博士學位的時間就拉得更長。所以許多人就望而卻步。其二，非國際關係的學者可以一輩子不出國仍然成就大學問家，但國關學者如果不能親歷其境，就沒有歷練，研究也沒有說服力。這又拉高學者成長的門檻。萬一學者應邀出國開會機會不多或財力有限，生涯發展就受限制。其三，台灣的社會大眾似乎認為國際經濟的變動直接影響生計而必須保持關注；但國際政治是政府的事，而且由於台灣孤立，本來就難有可為，所以乾脆省點心事。這就使得本來同伴已少的國際關係學者還必須面對市場狹小的困境。任何人能在這種情況下堅持幾十年初衷不變，內心必有堅定的理想與定力。

李明教授就是其中之一，而且他的研究領域恰好是與台灣存亡（不只是榮枯）息息相關、而產官學媒卻經常忽略的南北韓。記得2011年底馬蔡正熾烈爭奪總統大位時，突然傳來北韓領導人金正日過世的消息。各界震驚之餘卻發現他的繼任人可能是一個完全名不見經傳的「金正恩」。不少媒體甚至把他姓名寫成「金正銀」。當時我就研判北韓此際更換領導人，將有利於馬總統的連任，因爲民進黨的蔡英文主席一直在兩岸問題上刻意保持模糊，此時加上韓半島大幅升高的不確定性，自然不利於美中兩強對東亞安定的管理，因此兩強應都會傾向支持馬總統連任。

最近台海緊張持續上升，連外長吳釗燮都向美國示警，中共可能在處理香港問題後攻打台灣。不管此事是否成眞，在北京與華府面對台灣問題時，難道它們眼中只有台灣？當然不是！它們一定還看到日本、南韓、北韓等鄰近國家。那麼台海的和與戰怎能不考慮日韓朝的角色呢？既然韓半島能牽動台灣的政治，又關乎台灣的存亡，我們怎能不去深入瞭解它、研究它？

毫無疑問地，李明兄是這個研究領域的翹楚。在台灣只要想理解韓半島，就必須參考他的著作及訪談言論。我與他結識多年，深知他爲人正直不阿，治學嚴謹不怠，絕不發無心之論，也不談無證據之事。他在台灣接受完整的教育後，又到美國國際關係領域被評鑑爲碩士班第一名的約翰霍普金斯大學高等國際研究學院取得碩士學位，後在人文薈萃的維吉尼亞大學師從多位大師級教授並獲得博士學位。論學術養成已是人中之最。再加上回國後持續努力，經常參加國內外活動，累積人脈，暢通資訊流，最終成就韓半島的研究權威，可說水到渠成，當之無愧。

李明兄還有外界不易看到的熱情面。記得有次與韓國來訪學者餐敘時，在酒酣耳熱之餘，李明教授居然用標準的韓語、雄偉的歌聲，唱起韓國的國歌。在座的南韓學者興奮地紛紛站起來齊聲歡唱，引起附近幾間包廂的客人好奇跑來觀看。不用說，當晚賓主盡歡，雙方友誼再深一層。

這本書集結李明兄研究南北韓幾十年的心血。非本行的讀者看完它，一定會對我們這個重要鄰居有個比較完整的認識。本行的專家看了它，相信也能吸收很多別處不易取得的營養。

我個人小小的期望是，看完本書後，最起碼大家都把南北韓情勢放到我們平日觀察國內外時事的雷達網上，因爲它對台灣太重要了！

蘇　起 謹序

2020 年 7 月

自　序

筆者在 1973 年以聯考錄取國立政治大學東方語文學系韓語組，自此便與韓國結下不解之緣。今韓語組已成韓語系，隸屬外語學院。當時韓語組課程以文學語學詩詞訓詁爲範疇。老實說，筆者對這方面的興趣不大，倒是對於政治學領域、特別是國際關係有偏好，因此大二開始輔修外交學系，學習目標因而轉向。

因爲有外交輔系的訓練，再對中國大陸問題產生興趣，1977 年筆者考取東亞研究所，探究共黨理論和大陸情勢，也兼修東北亞、東南亞課程。又因爲韓語背景，筆者碩士論文仍與韓國有關，1980 年夏天筆者在譚溯澄教授指導下通過《南北韓國土統一政策比較研究》碩士論文，譚教授的嚴謹治學讓我受益極多，筆者深深感念他傾囊相授。

筆者東亞研究所畢業後，曾短暫擔任英文講師，後以「外交領事暨國際新聞人員乙等特考」供職行政院新聞局，1981 年初結訓後服務。再經一年半，又以「中山獎學金」赴美深造，1982 年 9 月進約翰霍普金斯大學高等國際研究學院（School of Advanced International Studies, The Johns Hopkins University）主修國際關係、國際經濟及中國研究。1984 年夏完成碩士學業後，獲取至維吉尼亞大學（University of Virginia）攻讀博士，1988 年在冷紹烇教授指導下，以《反霸體制下的中共對韓政策》（*China's Korean Policy under the Framework of Anti-Hegemonism*）論文獲得博士學位。

筆者在維吉尼亞大學師從冷教授，也受教於 Kenneth W. Thompson 和 Inis L. Claude, Jr. 等教授，他們三位都是國際關係領域的世界級大師，Thompson 教授是筆者博士論文的 Second Reader，筆者還擔任過他的國際關係課程教學助理。筆者深受教授們的教益，尤其感念冷教授和冷師母嚴雋菊（Mrs. Nora Leng）女士。

冷紹烇教授祖籍四川、1945 年獲得美國賓州大學（University of Pennsylvania）博士學位，即赴維吉尼亞大學任教直至退休。冷師母祖籍江蘇，為中華民國前總統嚴家淦先生女公子。他們早年走遍中國大江南北、美國自由樂觀風氣陶冶，以經師人師、關懷學生無微不至，美國和兩岸學生一視同仁盡力照拂。猶記得彼時逢年過節受邀在冷教授府上或聚餐、或舞會、親炙教授和師母的慈愛。海外遊子暫忘鄉愁，化作動能勉力學業，多年過去，依然縈繞衷心。

1988 年夏，筆者取得博士學位即束裝返國，起初受聘於政治大學國際關係研究中心，當時中心主任張京育博士曾為筆者寫推薦信進約翰霍普金斯大學高等國際研究學院，還讓筆者回母校任職，筆者始終感念先生的提攜之恩。1989 年夏，張主任榮升政治大學校長，承擔更重要責任，筆者也在 1992 年轉至外交系服務至今。

自 2000 年開始，筆者教學之餘，應《海峽評論》月刊之邀開始撰稿，焦點多在朝鮮半島情勢和周邊安全議題。時至今日二十年整，共計 41 篇，筆者將它們整理修訂，外加附錄 2 篇，一共 18 萬字有餘，作為過去努力寫作的紀錄，再者分享同道。南北韓歷經熱戰冷戰、衝突合作參半；而兩韓周邊又有強權影響，厥為強權政治（power politics）舞台，強權影響兩韓互動，蓋不僅限於政治領域而已，爰以《兩韓競合與強權政治》作爲書名。

二十年來，國際情勢瞬息萬變，必須長期關注，方能對朝鮮半島情勢有系統和深入瞭解。尤其是南北韓關係變化多端，強權又頻頻介入，常有一夕數變風聲鶴唳之感。南韓曾經歷連續金大中、盧武鉉兩任共十年的「進步派」政府，他們主張與北韓交往，分別向北韓遞出「陽光政策」及「和平與繁榮政策」橄欖枝，但歷經周折，北韓核武危機至今未息。

李明博和朴槿惠兩任改採「親美反北（韓）」戰略，李明博雖向平壤提出「開放、廢核、3000」口號，意味倘若北韓開放門戶、廢棄核武，南韓可助其經濟開發、短期內達年均國內生產毛額至 3,000 美元，但北韓深感南韓敵意，對李明博不復信任。朴槿惠總統引進美國薩德系統，對北韓敵意不減反增。朴槿惠後因閨密干政遭國會彈劾去職，文在寅挾反朴槿惠之高民意當選總統，文在寅的北韓政策和金大中、盧武鉉相仿，2017 年 5 月就職後，兩韓關係再次向另一極端擺盪。

北韓創建者金日成在 1994 年 7 月去世，與金大中總統同時的北韓領導人已是金正日，北韓政局現由金氏家族第三代金正恩掌權。相較於南韓，北韓經濟日趨窘迫、外交相對孤立、惟核武發展一直是平壤堅持的目標，是保衛北韓政權的重中之重，屢次挑戰核不擴散體制，儼然全球動亂淵藪。

台灣與南北韓一衣帶水，台北市距離濟州島僅約 1,061 公里，民航機只需飛行一小時五十五分鐘。朝鮮半島是我國的近鄰，惟國人對它不夠瞭解、遑論關注周邊情勢。我國與北韓向無邦交、民間更少來往；南韓在 1992 年 8 月與我國斷交之後，雙方僅有民間往來，惟淡薄許多。國際間，倘若彼此不夠瞭解，容易造成誤解，全球化浪潮日益突顯，國際摩擦增多，我們須在知己知彼方面痛下功夫。期待本書可拋磚引玉，幫助國人「瞭解自己也瞭解別人、關心自己也關心別人」。

張京育先生擔任政治大學校長前，曾任外交系教授、系主任、行政院新聞局局長，行政院政務委員、前後兩度出任國際關係研究中心主任、卸任校長後曾應聘財團法人歐亞基金會擔任董事長，賡續推動我國與國際學術交流。張校長無論在何崗位，皆殫精竭慮、負責盡職、貢獻卓著，他是筆者永遠的師長和學者典範。

和張校長同是美國哥倫比亞大學博士的蘇起教授，學識淵博、溫文儒雅。筆者任職國際關係研究中心時，他是副主任，係筆者直屬長官，歷任外交系教授、行政院新聞局局長、總統府副秘書長、大陸委員會主任委員、立法委員、和國家安全會議秘書長等要職，現任台北論壇董事長。蘇董事長在公職期間，建構了「九二共識」作爲兩岸關係定海神針，馬英九總統執政八年，兩岸和平和解合作，對外關係理性穩健，蘇董事長功勳至偉。

張校長和蘇董事長皆是對國家著有貢獻的國際重量級學者，也是筆者尊敬的人生導師，渥蒙他們爲本書撰寫推薦序，是筆者莫大的榮耀。筆者在此感謝《海峽評論》月刊，蒙發行人福蜀濤先生持續邀約，讓筆者由讀者變身爲作者。其次感謝五南圖書出版公司承印本書，法政編輯室劉靜芬副總編輯出力尤多，也謝謝責任編輯黃郁婷小姐費心。

筆者兩位研究助理——政治大學外交系博士班周冠竹同學協助整理文稿、碩士班陳律行同學參與封面設計，筆者衷心感謝他們的協助。當然，本書倘有缺失罅漏，概由筆者單獨負責。感激之餘，還請海內外　方家先進不吝指正。

筆者仍會繼續寫作，直到敲不動鍵盤為止。最後，筆者把這本書敬獻　先慈高秀珍女士。先慈生於憂患、智勇堅毅、義方教子、平凡偉大。

李　明　謹識
2020 年 7 月

CONTENTS

目 次

第 1 篇

兩韓接觸引領國際對話

1 南北韓首度峰會之省思

金大中拒絕加入美國 TMD

2000 年 6 月 13 日至 15 日，南北韓領導人在平壤召開有史以來的首度峰會。南韓總統金大中與北韓國防委員會委員長金正日的會面，頓成國際矚目焦點。三天的會議，也爲兩人聲望提升至空前頂峰。

兩韓高峰會議的召開，關鍵在於南韓的持續表示善意與北韓的願意配合。原本在金日成尙未去世前的 1994 年 6 月，美國前總統卡特（Jimmy Carter）銜柯林頓總統（Bill Clinton）之命赴平壤就北韓核武議題展開斡旋，金日成即答應要在當年的 7 月間召開高峰會議，但由於金日成去世、金正日關門整頓、鞏固權力基礎步驟完成，才又浮上議程。

自金正日接掌其父政權，南北韓間經常出現敵對和摩擦，半島氣氛一向緊張。猶有甚者，周邊國家也間或被牽扯進衝突，惟咸信多爲北韓利用「戰爭邊緣」（brinkmanship）策略，用險招對相關國家進行訛詐。舉其大者，1996 年 10 月，北韓潛艇至南韓東部外海，進行刺探並和南韓軍隊激戰，致死亡枕藉。1998 年 8 月 31 日，北韓發射的中程大浦洞一號飛彈，越過日本本州上空，墜落於太平洋上，給日本極大的刺激。1999 年 6 月，北韓艦艇入侵黃海南韓水域，再度爆發海戰。

南北韓首次峰會，原本各方並不看好，認爲或許又是雙方的宣傳，或又是另一次的「發球比賽」。因此，各方雖然期待雙方關係的緩和，但仍不認爲高峰會可以順利召開。

金大中在當選南韓總統後，便誓言在統一政策上「走自己的路」。他認爲過去各任南韓領導人，在兩韓和解上，「說的比做的多」，多年來一直停留在紙上談兵。因爲兩韓的緊張關係依舊，他要跳脫兩韓關係「一好一壞、好好壞壞」的循環宿命。金大中改變過去政權名爲和解、實爲壓迫的對北韓政策。「陽光政策」（Sunshine Policy）是他的口號，主張和北韓進行更多接觸交往，俾能追求南韓更大的安全。換言之，南韓的安全觀跳脫過去的刻板模式，將不以北韓的屈服爲條件、並放棄立即的統一、以兩韓都達到安全爲目標，最終達成雙贏。

2000 年 3 月，金大中在訪問柏林途中，更對北韓表示明確的善意，進一步提議，將幫助北韓經濟建設，脫離貧窮、富裕民生。軍事方面，美國曾徵詢南韓加入美國戰區防禦飛彈體系（Theater Missle Defense, TMD）的意願——這個防禦系統是以北韓爲假想敵的——南韓拒絕參加，金大中等於再次傳達善意給金正日。金正日自不能無視南韓政策的改變，南北韓高峰會就是在這樣的背景下被催生的。

金大中踏上平壤的那一剎那，可看見他的堅毅和信心，他代表南韓逐漸復甦的經濟力，以及協助北韓的熱誠，這也成爲將來北韓發展經濟的憑藉；金正日也不遑多讓，經過媒體報導，他改變外界對他不利的傳言，似乎已更正了國際視聽，使他逐漸成爲媒體寵兒。據媒體轉述，金正日是「大製片家」，導演著 2000 年的那場大戲；未來金正日也可望「回訪首爾」。因此，兩金都在日後高峰會裡成爲贏家。

雙方有自力統一的願望

2000 年 6 月 15 日，也就是韓戰爆發將近五十週年前夕，南北韓發表了「共同宣言」，宣言內容如下：

1. 兩韓共同致力於國家的自主和平統一。
2. 雙方將就北韓所提的聯邦制，以及南韓所提的邦聯制找出折衷方案，成立未來統一的政府。
3. 2000 年 8 月 15 日，將開辦兩韓失散家庭重聚，並應釋放長期被囚的政治犯。
4. 增進北韓的經濟均衡發展，並透過文化、體育、醫藥、衛生、環保等交流合作以建立互信。

基於這項共同宣言，兩韓關係進入了新紀元。這項宣言顯示了雙方有自立、理性統一的願望，並努力試探新的出路。

兩韓首次高峰會議所顯示的意義，可從三個層次來看。高峰會議有助於降低兩韓緊張對立，營造和解的氣氛。雖然雙方的高層和解應遠溯自 1972 年 7 月 4 日的共同聲明，但首次由兩韓元首的推動和背書，使雙方關係進一步解凍。經過協定，南北韓更推動了舒緩危機的「信心建立措施」（Confidence Building Measures, CBMs），包括設立軍事熱線、興建穿越非軍事區與邊界的鐵路，以及協助雙邊的失散家庭進行互訪，金正日甚至下令停止對於南韓的攻訐謾罵等。這些構思和努力，也透露了雙方願意在實務層面解決問題，而非一味進行武力展示或逃避對話。雙方在共同宣言上，又都以正式的國號和職銜稱呼對方，顯示雙方均有意願在對等善意基礎上，增進彼此關係。

高峰會議進一步打開了北韓的門戶，使朝鮮半島的安全有更大的前景。兩韓首次高峰會，雙方表現極爲熱絡，北韓雖較被動，但表現可圈可點。朝鮮半島周圍的各個強權，包括中共在內，都樂觀促成。以中共而言，僅在會前就曾爲兩韓代表安排了三次密談，參與可謂積極。金正日在峰會之前，更祕密親訪北京，和中共領導人交換意見。北韓爲自身利益，與金大中的「陽光政策」唱和，實爲解決本身難題與跳脫國際孤立的創舉。兩韓的和平互動增加，特別是南韓在經濟、文化、醫療、環保各方面提供北韓協助，北韓難以拒絕。這是北韓走出自我孤立、軍事冒險政策的開始，對於北韓的經濟開發、朝鮮半島的安定應有積極的作用。

「韓國人的問題韓國人解決」

高峰會議爲兩韓的國際關係帶來新的成分和影響。兩韓之間的對話體制，在此之前尙有美國與中共參加的「四邊會談」。惟四邊會談在過去似乎效果有限；此次高峰會議算是提升了自主性，擺脫了美國（雖然並未擺脫中共）的直接參與。兩韓都瞭解，統一的日程並非一蹴可幾，但是這種「韓國人的問題韓國人解決」的意志，表露無遺。這場大戲，中共固然是最大贏家，美國則毋寧有較保守的看法。中共和美國在朝鮮半島的交鋒，已然看出高下。

峰會期間，金大中曾經坦率向金正日陳述，北韓的核武研發與飛彈發展，一直是世界共同關切的議題，也是朝鮮半島安定之所繫。言下之意，南韓將視北韓的表現，決定給予北韓經濟援助、推動合作的限度。此外，北韓的動向，也決定著國際對待北韓的態度。此種訊息，再清楚不過。基於此，北韓軍事冒險行動，也可望減少。

美國針對高峰會議，表示「嘉許和欣慰」，並願意考慮進一步解除對北韓的經濟制裁，及考慮和日本一道加速和北韓的「國交正常化」。但美國依舊對南北韓未來關係持較審慎態度，因高峰會議中，對衆所關心的北韓導彈與核武研發議題均未著墨。再者，北韓過去的對外行爲難以逆料，金正日在高峰會的表態是否保證北韓對外政策將趨向穩健，美國是採「聽其言、觀其行」的立場回應。華府不會以一次兩韓峰會決議，就聽從金正日主張撤退駐韓美軍。

對於兩韓峰會，日本也有不同解讀。日本贊同高峰會以降低雙方敵意，且表達願與北韓進行外交談判。但深怕將來觸及到日本內政敏感的問題。日本參加 TMD 的正當性何在？換言之，是否依然把北韓視爲假想敵？朝鮮半島關係降溫，駐日美軍的正當性又如何？將形成日本不願碰觸又難以迴避的重大議題。

兩韓可能共同對付外國勢力

南韓的民族主義蠢蠢欲動，可能又被挑起。南韓大學已出現了北韓的旗幟，要求儘速統一。鑑於南韓大學生過去有多次的反美示威，並將駐韓美軍視爲統一的障礙，這種情緒極易發酵成不定時炸彈。北韓民衆表現歡迎金大中的熱情是動員而來，但南韓民衆的統一熱望，則是自動自發毫無遮掩。美國在韓駐軍和主導南韓國防外交將愈發難以說服南韓群衆，因此兩韓的敵對，常被轉移爲兩韓與外國勢力（不見得僅是美國）的衝突。

在南北韓峰會亮麗的成就突顯下，兩岸之間的互動，以及今後關係的走向，每成爲衆所矚目的下一個關心課題。此時，台灣媒體已普遍出現「韓國能？爲什麼中國（或台灣）不能？」的疑問。無可否認，北京政府在綜合國力擴張之後，顯示它在朝鮮半島事務將更爲重要。中共在兩韓事務上顯示了影響力，自然也爲自己牟取資產，增進其在東亞地區的發言權和能見度，也將運用此種壓力，繼續對台灣施壓。

兩韓經驗對於兩岸問題的適用性，中共似無妥協餘地。北京屢次表達兩韓與兩岸不同，即是不願國際社會將兩岸與兩韓事務做類比。北京表示兩岸對抗是「內戰遺留」的問題，因此「純屬中國事務」，不容外國干涉，卻忽視了兩岸已分裂分治了超過半世紀的事實，等於要進一步壓縮台北方面爭取生存和奧援的空間。北京的心態與做法，不但無法獲得台灣民衆的贊同，反將台灣民心推往相反的方向。

而台灣方面，若干政治人物利用「戰爭邊緣」手法，爲台獨解套，不僅已經引發兩岸關係動盪，也導致內部不安。陳水扁當選總統之後，修正以往「鴨霸」的行事作風、展現柔軟的身段，當然是注意到了嚴峻的政治現實。他自己就不只一次提到他「沒有犯錯的條件和空間」。

兩岸關係不能投機行險

2000 年 6 月 20 日，陳水扁在就職滿月記者會裡，也發出「南北韓能，爲什麼兩岸不能」的心聲，他說兩岸領導人「有智慧」，「應該可以改寫、創造歷史」。他並邀請大陸國家主席江澤民一起「攜手努力」，共同創造像南北韓領袖握手的形式，不設前提、不限地點、不拘形式，「坐下來握手和解」。陳水扁的說法，固然援用兩韓峰會，表現和大陸領導人在平等地位上晤面的熱切期望，但有鑑於他過去主張台獨、加以民進黨基本教義派步步進逼，陳水扁的政治搭檔呂秀蓮沆瀣一氣，兩岸關係面臨極大考驗。針對兩岸關係，國民黨新任主席連戰，同樣在 6 月 20 日接受媒體訪問時指出：目前兩岸的關係仍舊是相當緊張，「全國民眾都應該有這種警覺」。他並指出台灣的執政者更應該有責任，讓全國民眾瞭解實際的情況，「不能粉飾太平」。

兩岸關係的改善對於台灣生存發展，至關重要。因此，執政者不應當它是「權宜措施」、或心口不一、政策反覆，否則後果將極其嚴重。台灣的執政當局面對大陸的壓力，固然需極大的智慧，但更重要的，要有遠見和道德責任，不是一方面抱持「投機用險」心態、另一方面說幾句給自己壯膽的話，便認爲可以化解危機。

國際和解爲大勢所趨。從南北韓交往，不難看出：分裂國家可以不必再兵戎相見。南北韓過去曾經鏖戰三年，雙方共喪生 200 萬人，都能出自於營造美好的明天，願意握手言和。我們看到，兩韓的善意出自於平等對待和尊重。這種智慧，從金大中和金正日在峰會的互動，一目瞭然，也獲得國際社會的喝采。

我們期待南北韓的和解氣氛同時出現在兩岸。可惜的是，兩岸領導人似未從南北韓和解中獲得積極啓發；兩岸要化解僵局，甚至雙方領導人握個手，仍不是件容易的事。

◆《海峽評論》，第 115 期（2000 年 7 月號），第 8-10 頁。

2｜朝鮮半島風雲再起

朝鮮半島的衝突，歸結起來，在南北韓意識形態和政治經濟制度的極端對立，因此多半是體制性的。北韓至今猶未放棄以武力求取統一，關鍵是何時有此能力而已。半個多世紀以來，南韓從威權到民主已經多次政權遞嬗，北韓則仍是金氏家族統治一脈相傳。雙方的衝突是持續的、恆久的；周邊國家當政者所做的，是臨時的、反應式的、僅致力於使該地衝突局部化，即使有衝突，期望它不致失控。

兩韓歷史性高峰會

2000 年 6 月，金大中與金正日在平壤召開兩韓元首高峰會，頓時朝鮮半島顯露大和解跡象。高峰會議之後的兩韓系列互動，呈現前所未有的和好氣氛，國際社會也普遍認爲峰會對該地區和平穩定有正面的效益。這項進展，金大中推動的「陽光政策」一時成爲政治正確；北韓則舒緩國際社會的懷疑敵視，得到較多的經濟捐輸。彼時朝鮮半島的新趨勢，曾給世人樂觀的期待。

曾幾何時，半島上的氣氛回復詭譎，大和解幾乎衝垮，北韓再度對外放話表示不惜一戰，同時與美國的關係降至谷底，兩韓之間回到從前的互不信任狀態，致使金大中的陽光政策一度危殆。2002 年 12 月中，南韓總統即將改選，爲此金大中儼然已成跛腳鴨，南北韓關係的未來，金大中似已完全使不上力。

陽光政策是金大中總統對北韓政策的主軸，但陽光政策也深受南韓國內政情的影響。南韓反對黨認爲金大中曲意維護陽光政策，支援北韓經濟甚至到了飢餓輸出的地步。金大中在 2000 年夏訪問平壤，金正日迄未回訪，顯係北韓一貫使出的「拖刀之計」，南韓反對黨以此爲立足點，質疑陽光政策，並揚言大選勝利之後，將會大幅修正。南韓不同政黨的大動作促使北韓意識到，南韓反對和解聲浪高漲，因此平壤對金大中的和平訴求，表現猶疑的態度，兩韓關係至於進退維谷。

兩金高峰會確實得到喝采，金大中也因此獲得 2000 年諾貝爾和平獎，但北韓政策反覆，一方面證明平壤仍極度缺乏安全感；同時，北韓經濟一直沒有起色，美國對北韓的敵意未除，平壤寄望於更多讓步，否則不會釋放善意。南韓政治變遷急速，不如極權的北韓鐵板一塊，因此南北韓對抗形成的困境，竟還需要外界勢力制衡或協調，其複雜性愈發難測。

黃海之戰打翻了和解

2002 年 6 月 29 日，南北韓在黃海延坪島附近爆發衝突，兩艘北韓警備艇侵入南韓海域，並對南韓快艇開炮攻擊。雙方互控，朝鮮半島原已趨向緩和的形勢又面臨新挑戰。北韓發動攻擊的動機費人疑猜，南韓反對黨「大國黨」則指控北韓顯然故意選在世界盃足球賽南韓隊最後出賽時挑釁。即使如此，南韓的北韓事務專家，多數仍不認爲事件和世界盃有關。

發生事件的第二天，北韓拒絕南韓要求道歉，反要求取消分隔雙方海域將近五十年的「北方限界線」（Northern Limit Line, NLL），因此「北方限界線」成爲北韓軍事行動導火線之一，兩韓交界的西海岸仍相當不平靜。北韓指控南韓在聯軍的支持下，將延坪島及附近的幾個小島劃歸南韓，使北韓可控制的海域縮小，平壤不但拒絕承認，且時常要求取消並越界捕魚。漁船所到之處，通常有武裝艦艇護航，雙方衝突難免。

「反足球賽」和「報復論」並不正確，但「要求取消北方限界線」的說法，或許也只是表面的理由，成爲北韓自圓其說的工具。國際間反應，除了美國之外，都相當低調，蓋任何國家都寧願相信那是一次「偶發事件」，希望情勢轉圜。

如果這次事件是偶發的，那麼時間太過巧合。時間正是美國要求派代表赴北韓談判，議題將涵蓋北韓銷售導彈技術、核子設施檢查、共同遏阻恐怖主義以及朝鮮半島傳統武器限制等問題，北韓內部尙無共識，也不願接待美國代表，北韓的目的在於推遲和美國交往，甚至美方高層代表團訪問平壤的時程。北韓打翻了好不容易與南韓和解的棋局，突顯了冒進政策，爲東亞地區帶來震撼。北韓的算盤，無非是藉故拖延、爭取時間、一次次地從對手攫取利益。

小泉純一郎展現善意

2002 年 9 月 17 日，日本首相小泉純一郎訪問北韓，這無疑地是當年東北亞地區的大事，也是日韓關係的歷史性進展。過去受日本帝國主義的壓迫，朝鮮民衆對於日本敵意極深，北韓成立政權伊始，更認定日本爲美國壓制北韓的「幫凶」，對日本除了口誅筆伐，北韓漁船更多次在日本海刺探並與日軍爆發衝突。北韓的幾近冒險外交，使日本如坐針氈。長期以來，北韓發展核武的報導甚囂塵上，如此事當眞，則日本將首當其衝。1993 年國際原子能委員會壓迫平壤公開其核能設施，北韓威脅退出《核不擴散條約》（Nuclear Nonproliferation Treaty, NPT），1994 年美國終於和北韓達成日內瓦協議，應允結合日本、南韓和歐盟的力量，爲北韓興建兩座新式核能電廠，以交換北韓不再發展核武的承諾。北韓政策反覆，又急於和日本「國交正常化」，作爲和美國最終改善關係的張本，日本步調緩慢，且和美國繼續合作壓制平壤，1998 年 8 月 31 日，北韓遂發射「大浦洞中程飛彈」，自九州上空掠過墜落太平洋，對日本造成極大的心理震撼。

歷來日本政府皆無法在與北韓關係上獲得突破，小泉首相之行，乃格外重要，此舉關係著小泉的政治生命，更牽動雙方，甚至東亞地區的多邊關係。當然小泉的主動出擊，一方面顯示日本在東北亞地區不再沉默，希望能在經濟之外，有合乎經濟地位的政治作用與格局。其次便是擔任中介的角色，替美國試探北韓的態度，並爲華府平壤交往打開僵局。各國對於小泉的訪問，大致樂觀其成，並從中敲邊鼓。雙方所簽訂的《平壤宣言》裡，日本爲過去的殖民統治道歉，允諾提供無償及長期貸款等經濟援助；北韓也答應送還前曾綁架的日本人士，以及遵守國際協議，2003 年之後，將不再試射彈道飛彈。

東京平壤達成的協議，更指向了未來的國交正常化，日本的主動，正是用其經濟實力改善國家安全的典型例證。北韓如能遵守協議，整個東北亞地區，將脫離暗地進行的核武研發或飛彈亂飛的恐怖場景，也無怪乎小泉首相回國之後，意興風發，並對內閣立刻做了局部改組。

平壤承認祕密發展核武

美國與北韓的關係，長期處於緊繃狀態，小布希總統上任之後尤其如此，他曾在 2002 年初斥責北韓爲世界「邪惡軸心」（Axis of Evil）之一，年中之後雖未重提，但對北韓的敵意仍在。北韓一直寄望緩和美國的壓力，美國則希望核武擴散問題終獲控制，美國代表好不容易在 10 月初訪問平壤後，透露出一項驚人的消息，那就是北韓自己承認：在過去數年，平壤一直祕密研發核子武器。這項消息若眞確，則 1994 年雙方簽署的凍結核武計畫協議已成了廢紙，並且北韓掩蓋著這項存在已久的事實，欺騙了世人，並宣布了東北亞正處於核子風暴當中。

對於華府的說詞，北韓迄未承認，但立即引發各國的關切。南韓輿論一片譁然，「陽光政策」形同失敗，經濟援助更無立場。小泉首相甫自平壤回國，尤其深受挫折。中共則一貫地表示希望朝鮮半島無核化，但政治意義大於一切，外界無人信其眞會壓迫北韓就範。不過中共還是可能有意想不到的收穫，10 月 25 日，江澤民和小布希舉行高峰會議，北韓是其中重要議題。中共回應美國要求，以從中「協助」化解北韓和美國爭端，獲取美國好感，並寄望牟取自身利益。

朝鮮半島情勢仍然詭譎

1980 年代之後，南韓在國際體壇迭創佳績，已博得世人矚目，南韓爲彰顯體育軟實力，邀約北韓一道，持同一面旗幟，在大型國際賽事入場競技。2000 年在澳洲雪梨召開的奧運，曾見證過兩韓代表隊持藍底「朝鮮半島旗」入場，贏得在場數萬名觀衆掌聲。朝鮮半島頓時成爲一體，朝鮮民族利益勝過了政治利益。爲此，金大中總統在

2002 年 9 月下旬哥本哈根召開的亞歐會議當中，曾樂觀估計，由於北韓的改變，兩韓正朝統一邁進。金大中的佐證，尚包括南北韓雙方正在進行銜接京義線（首爾至北韓新義州）鐵路工程、北韓也考慮採行中共式的經改計畫，希望周邊國家也支持北韓改變，並稱將能大幅改善東北亞地區的和平與安全。

雖然如此，北韓依舊是在生存的邊緣掙扎，對外界的認知，仍充滿不信任與不安全感，因此才有政策的反覆，與撕毀國際協議的舉動，北韓此舉不但將使陽光政策無法推動，周邊國家深受挫折，更不利其國家發展，但這也是冷戰結束以來受挫的共產主義國家不變的宿命。北韓的動作，無疑地將決定未來兩韓關係。如何建構和北韓的關係，形成南韓總統大選不可規避的爭論，北韓居於主動的地位；在國際層次上，北韓的一舉一動，何嘗不也站在主動的地位，牽動著強權的緊張神經？設若兩韓合力，在未來的東北亞國際關係裡，有更多的空間，凝聚不可輕忽的力量。兩韓的未來，將會使周邊列強刮目相看，並且忙得團團轉。

◆《海峽評論》，第 144 期（2002 年 12 月號），第 12-14 頁。

3 北韓核武危機的意涵與發展

朝鮮半島的新緊張局勢

進入 2003 年，朝鮮半島緊張局勢日益升高，北韓動作頻繁，挑戰的對方正是美國。這次一反常態，南韓則相當低調，深怕得罪北韓，無論朝野都不希望美國的強硬態度，破壞了得來不易的南北韓和解氣氛。金大中政府任期倒數計時，他先前就已經對美國表達相當不滿，新當選的盧武鉉則將在 2 月 25 日就職，他也直言不諱地表示，南韓不希望美國對北韓動武。一時之間，朝鮮半島又回到北韓美國對抗，南韓反而有些站在北韓立場與美國唱反調的味道。

美國與北韓不睦的導火線，在於 2002 年 10 月，美國主管遠東事務的助理國務卿凱利（James Kelly）到訪北韓，傳出北韓過去數年、即使在與美國簽訂《1994 年核子框架協議》之後，猶暗中進行核武發展的事實，美國因而施行制裁，從此刺激北韓近乎挑釁的各種行爲。這一連串的互動，加深美國和北韓的敵對，而北韓對於核武發展的諱莫如深，以及擺出一副不惜一戰的態勢，甚至警告不再遵守 1953 年 7 月所簽韓戰停戰協議，使問題更趨複雜，朝鮮半島上的硝煙味正濃，成爲舉世矚目的焦點。

北韓核武危機已非第一次

早在 1993 年初，北韓的開國元首金日成仍然在世，外界質疑北韓以石墨式核子反應爐作爲掩護，加工蒐集鈽原料作爲提煉核子武器成分之用，包括美國在內的西方強權和國際組織共同對北韓施壓，要求北韓停止反應爐運轉，否則將以強硬手段加以制裁。同年 3 月，北韓乾脆宣布退出《核不擴散條約》，核不擴散體制受到嚴重衝擊，這是朝鮮半島的第一次核武危機。當時美國總統柯林頓政府採取柔性外交方式和北韓談判，甚至派出前總統卡特作爲特使會見金日成，他得到金日成的合作承諾。但金日成旋即在 1994 年 7 月 8 日過世，北韓政局頓時危疑震撼。

金正日控制下的北韓終究在 1994 年 10 月 24 日於日內瓦和美國簽訂了「美國與北韓核子框架協議」。在「核子框架協議」下，北韓承諾不再運轉舊型電廠、接受原子能總署監督。美國則同意偕同南韓、日本、歐盟等國，組成「朝鮮半島能源開發組織」（Korean Energy Development Organization, KEDO），協助北韓興建兩座新型的輕水式（light-water）核能電廠交予北韓，協議在 2003 年完工前，美國每年須交運 50 萬噸原油支應北韓能源所需。北韓以核武議題虛張聲勢，卻獲得了豐富的經濟利益。

簽訂核子框架協議之後，北韓並未安靜下來，與南韓的武裝衝突不斷，1996 年 10 月，北韓潛艇滲透南韓，艇員大多遭到格斃；即使是金大中和金正日高峰會也已在 2000 年 6 月召開，2002 年 6 月，當南韓民衆還興致勃勃地觀賞世界盃足球賽時，黃海卻發生大型海戰，南北韓互有死傷。即使如此，金大中政府仍醉心於「陽光政策」，持續對北韓施放善意，以穩定南北韓關係爲核心。甚至於 2000 年的兩金高峰會，外界傳聞南韓財閥現代公司係以 2 億美元的代價，代替金大中政府贈與北韓交換得來，南韓輿論大譁，金大中曾爲此道歉，顯然傳聞並非空穴來風。

北韓戰爭邊緣的政策，過去屢有成功，且收穫豐碩。屢次鋌而走險的目的，無非是伺機爭取國際更多的注意與讓步，再則用以鼓動民族情緒，以便共同對外。當然北韓的恫嚇，不只限於南韓或美國，鄰近的日本同受威脅。1998 年 8 月底，北韓甚至發射大浦洞飛彈越過日本本州領空，墜入東邊的太平洋，曾引起日本朝野強烈震撼。

小布希強硬態度的背景

2001 年美國新任總統小布希對北韓改採較爲強硬的政策，與柯林頓時代迥然不同。2002 年 1 月，小布希總統且宣稱北韓與伊拉克、伊朗一道，同屬「邪惡軸心」，皆爲美國考慮制裁的國家，北韓與美國的關係再次墜落谷底。2002 年 10 月，美國主管遠東事務的助理國務卿凱利訪問北韓，據他透露，北韓「承認過去數年未曾間斷地祕密研發核子武器」。此說立刻引起國際社會震驚，美國隨即停止運送油料給北韓。惟北韓否認凱利的說法，北韓且認爲美國行動，已違反 1994 年雙方的協議，形同經濟制裁。北韓的反應強度繼續升高，平壤威脅立即恢復原先的核子計畫，此舉等於暗示將繼續提煉鈽原料。再以「華府破壞朝鮮半島和平與安全、原子能總署被美國牽著鼻子走」等理由，拆卸國際原子能總署在北韓舊核能電廠架設的監視器及封條，同時驅逐原子能總署檢查人員。繼之，2003 年 1 月 10 日，平壤宣布退出《核不擴散條約》，宣告即日起不受任何國際核武規範。北韓動作讓朝鮮半島陷入第二次核武危機。1 月 11 日北韓更揚言恢復已停止多年的飛彈試射計畫，其理由爲，美國片面停止對於核子框架協議的承諾，等於已廢棄所有的美國與北韓協議，因此北韓停止試射飛彈的承諾，也應一筆勾銷。如此發展，使「大浦洞飛彈」試射的陰霾如影隨形籠罩東北亞，日本危機感尤爲迫切。

美國指責北韓利用美國忙著和伊拉克周旋的關鍵時刻讓美國「疲於應付」，國防部部長倫斯斐（Donald Rumsfeld）爲嚇阻平壤的冒險行爲，甚至公開宣稱美國有能力同時在東北亞和中東作戰，希望北韓知難而退，或至少有所節制，但北韓卻顯現不相信美國有此能力，與美國針鋒相對。這點讓美國爲難，甚至有威信崩盤的危險。美國的態度強硬，起先不答應單獨和北韓談判，以免「鼓勵冒險主義者」，或給予對手「不當的認知」，認爲美國讓步。但美國的能力在周邊各國同聲反對動武之下受到極大限制；對北韓的態度也開始放緩，爲雙方會談鋪路。

美國與各國立場歧異

美國認爲北韓的祕密發展核子設施，明顯違反《1994 年核子框架協議》，同時對朝鮮半島及周邊國家造成威脅，針對舉世遏制大規模毀滅性武器的趨勢而言，是嚴峻的挑戰，設若北韓挑戰成功，坐擁核武，則日後《核不擴散條約》將壽終正寢。此外，小布希對北韓領導人金正日更無好感，小布希直指金正日爲不顧民眾飢餓、只顧發展武器的獨夫。美國的做法，一方面是將北韓議題提交安理會，擴大國際壓力；另方面則運用美國軍力威迫利誘。由於美國與伊拉克交惡，武裝攻擊伊拉克的可能猶未排除，美國針對北韓問題，就顯得力不從心。美國從鮑爾（Colin Powell）國務卿以下，主張以外交方式解決和北韓衝突，若與美國對伊拉克的態度相較，可謂「兩套標準、冷熱有別」。美國與北韓在過去已有談判經驗，在各周邊國家期待之下，對北韓直接對話的要求已有鬆動，認識到美國和北韓間恐怕還需經過冗長的談判，方可使該地的緊張情勢緩和。

日本對北韓的外交一向追隨美國，也一向贊成透過安理會機制解決北韓核問題。早在 2002 年 9 月 17 日，小泉首相曾親赴平壤訪問，引發國際矚目。小泉與金正日曾達成共識，即是北韓停止核武研發，以換取日本的經濟支持。未及一個月，北韓新一輪危機爆發，日本是最感挫折的國家。北韓危機若持續發展，日本感受威脅則最直接，將來日本的回應將難逆料。2003 年 2 月 13 日的外電報導，北韓聲稱如遭挑釁，其飛彈能攻擊世界任何一個角落。對此說法，防衛廳長官石破茂則直言，若北韓計畫對日本動武，日本將先發制人。

中共與俄國動作頻頻，但皆反對任一國家在朝鮮半島動武，甚至不希望安理會討論制裁北韓，認爲美國應再度直接與北韓談判。中共表示歡迎北韓與美國對話，也長期贊成維持朝鮮半島無核化，但未傾全力斡旋讓北韓屈服。小布希爲北京和莫斯科故做事不關己的態度頗感無奈。

南韓對北韓的立場和美國也大相逕庭。南韓的反美情緒方興未艾，南韓民衆對美國制裁北韓的意圖大爲不滿，認爲美國政策對南北韓關係的解凍無益，將使南韓推動「陽光政策」的作爲無以爲繼。南韓民間甚至認爲北韓即使有核武，也不會對南韓造成威脅。他們相信北韓攻擊的對象，將會是日本以及美國的駐軍。即使南韓，也表示贊同北韓與美國直接談判，勿在安理會節外生枝。安理會在 2 月 12 日受理了原子能委員會交來的北韓核武議題，南韓再度表示希望安理會以外交方式解決。

歐盟是朝鮮半島能源開發組織的團體會員國，在朝鮮半島的安全上，擁有一席之地，在南韓的要求下，歐盟已表示希望美國勿輕啓戰端，必和北韓直接談判和解之道，形同美國的另一種壓力。

未來的發展

兩韓關係的發展，在北韓核武危機的當下，愈發令外界感覺不搭調。2003 年 1 月 21 日至 25 日，雙方在平壤和首爾，分別召開了各種領域的會談，包括紅十字會接觸、連接鐵公路事務官層級會談、促進經濟合作會談等，這三項會談集中在同一時間舉行，在兩韓接觸的歷史上還是第一次。雖然會議並無明顯進展，但南韓的目的，還是在安撫北韓；北韓則在於突顯美國的僵硬立場，離間美國和南韓的感情。

北韓核武危機的折衝既然已經交在安理會手上，安理會的 5 個常任理事國與 10 個非常任理事國將再度會商。原先北韓曾威脅：倘若安理會達成制裁北韓的決議，視同向北韓宣戰，此說詞曾讓各國印象深刻。北韓的議題要在短期內達成具體的結果並不容易，況且長期是全球的焦點，主要集中在美伊對抗和波灣戰爭，北韓似已不成爲最優先的議題。安南（Kofi Annan）秘書長針對美國強硬態度所發出的談話，指出任何制裁行動都必須透過安理會決議，更提供北韓一顆及時的定心丸，亦即制裁北韓將不如美國想像中的容易。要求北韓讓步、或制裁北韓，其結果都在 5 個常任理事國的掌握之下，但起碼中共和俄國是反對制裁的。

另一個常任理事國英國的態度就更值得推敲了。一反緊跟美國制裁伊拉克的堅決立場，英國在北韓核武危機的議題上，表現出奇的自制。主管亞太事務的政務次官拉美爾（Bill Rammell）在接受訪問時指出，北韓危機不亞於伊拉克問題。但他強調，北韓不同於伊拉克，即使是安理會將決定是否對北韓施行禁運與經濟制裁，英國不主張、也不會支持這種行動，反而認爲北韓核武危機應仰賴多方機制對話的外交管道解決。他同時指出，在北韓問題上，國際社會需要區域內其他國家協助，包括中共、日本和南韓在內，他認爲中共對北韓可著力之處尤多。英國的態度，適足以和歐盟的立場相呼應。

北韓的戰爭邊緣政策，歷來都是走險棋，經常都可爲平壤獲取不少政治及經濟利益。美國確實認爲北韓有利用美伊緊張局勢漫天叫價的嫌疑，看起來是讓美國陷入兩個戰場前後失據。伊拉克與北韓確實不同，各國對於北韓與伊拉克的態度也有明顯的差異，各強權對伊拉克不若對北韓那麼投鼠忌器，因此容易有一致立場，但對於北韓的政策，美國與最親密的盟邦都有不同。即使是對伊拉克，美國現在面臨世界各地風起雲湧的抗議和反戰浪潮，北韓的安全，將在這道夾縫中獲得更大保障。最後，美國與北韓還需走上談判桌，訂定一個取代《1994 年核子框架協議》的新協議，北韓則可望在新協議之後，考慮承諾放棄核武研發。

結語

北韓的作爲，讓世人覺得國際組織或條約的公信力備受挑戰，限制核武與大規模毀滅性武器的規範形同具文。北韓一向視核武器爲自保的重要資產，同時是其「作爲主權國家的不可剝奪的象徵」。針對這點，便難與國際規範妥協，將來難保北韓不再推翻約定，遊走於「可與不可」之間。1998 年印度和巴基斯坦各自宣告核武試爆成功之後，南亞地區已出現了兩個新的核武國家，美國的戰略專家預見，將來東亞地區可能將因北韓成爲核武國家的既成事實，走向武器競賽。如此一來，日本首先受到刺激，日本在二次大戰後的「反戰主義」可能動搖。吾人真不願這樣的預言成真，但對於這樣的發展，恐也無力一挽狂瀾。

◆《海峽評論》，第 147 期（2003 年 3 月號），第 4-6 頁。

4 北韓核武危機與三邊會談

前言

自從 2002 年 10 月爆發北韓核武危機以來，以朝鮮半島爲中心的國際角力就沒停過。先是北韓表示過去數年持續進行核子研發，再則不顧外界物議，驅逐國際原子能總署監察人員，繼之逕自宣布退出《核不擴散條約》，朝鮮半島頓時趨於緊張。美國長期在朝鮮半島爲其軍事和戰略利益，反應極爲強烈，美國每年應允支持北韓的石油捐輸爲之中斷，加上小布希總統連續兩年將北韓標定爲「邪惡軸心」國家，美國與北韓的關係急轉直下，似乎又回到冷戰方殷情況。

北韓因應美國增強的敵意，重新藉助「戰爭邊緣」策略，乾脆宣布擁有核子武器。2003 年初國際已傳聞北韓至少擁有 4 顆核彈頭，已有攻擊美國海外領地的能力。劍拔弩張時刻，美國和北韓雙方在北京斡旋下，舉行了三邊會談。這些角力，既有軍事威脅，又有外交壓制，外人感覺霧裡看花。朝鮮半島距離兩岸都相當鄰近，朝鮮半島的安全，又牽動著亞太地區的整體安全，吾人因此不能不深入理解。

北韓的立場與政策

北韓桀傲不馴，固然是事實，但平壞的理由是，美國依然沒有改變對北韓的壓制。《1994 年核子框架協議》原本讓北韓有一線希望，能在 2003 年以前得到兩座新式核能電廠，這期間美國每年提供 50 萬噸原油供應，但截至 2002 年止，由朝鮮半島能源開發組織推動的電廠建設，僅及三分之一，不但無法在預定時間完工，並且可能延至 2009 年，甚或遙遙無期，北韓深感挫折。核子框架協議當中，另有美國須與北韓最終完成關係正常化的承諾，但因爲諸種原因沒能兌現。北韓的憤慨不僅於此，美國的原油捐輸，又經常延宕，北韓的大動作，具體反映了它對於美國的深刻不滿。

北韓當然不希望在半島上發生戰爭，蓋北韓仍認爲生存第一，今日平壤做的任何事情，還是爲了它的自身的生存。「戰爭邊緣」策略固然好用，也確曾成功地壓迫美國與周邊國家對北韓投鼠忌器，並在最後關頭答應了北韓的要求，包括經濟和其他人道援助。但北韓缺乏安全感，不斷使用「戰爭邊緣」策略，但風險亦大。

「戰爭邊緣」是引發國際危機最常見的理由，歷史上有許多戰爭都是由於一方或雙方過度使用，均以爲敵方必然退卻，卻又常使敵對不斷攀升乃至失控。失控的結果，最後均以戰爭收場。從北韓立場而言，最企盼的是安全、經援和國際地位。平壤不信任美國，2003 年 3 月美國攻擊伊拉克，北韓更是憂心忡忡，除非美國答應與北韓簽訂互不侵犯協定。惟美國並無興趣。對北韓的經濟援助亦並非一路順暢，北韓在接受外國援助時，感受不到自尊，經濟一直無法提升，又無法仿效中共全面開放的做法，形成一個死結。平壤一直希望和美國直接談判，即爲了博取國際矚目、求取與美國一樣的「平等地位」，並適時離間美國與南韓。長久以來這一石數鳥之計，總是無法得逞，北韓的大動作便不足爲奇了。

一般關注朝鮮半島形勢的觀察家均認爲，北韓大動作如果引發朝鮮半島大戰，將是平壤政權淪亡之時。北韓雖然擅長使用「戰爭邊緣」策略，但平心而論，北韓並不希望眞的發生大戰。「戰爭邊緣」理論告訴吾人，這個策略的目的，在於嚇阻敵方，教敵方不戰自退，最好是獲取可觀讓步才算有利可圖；惟一旦戰爭發起，則算是策略失敗。因此「戰爭邊緣」策略的藝術，在知道應何時發起何時收尾。北韓利用核子危機，固然投下了一顆炸彈，但還是必須思考怎樣收尾，否則北韓還是得不到好處。北京的斡旋，促成北韓與美國談判，北韓和美國同時做出讓步，以爲僵局解套。

美國南韓與中共的因素

美國原本不擬與北韓進行雙邊談判，不過 2003 年 4 月開始的三邊會談，是多日折衝後的選擇，美國的讓步，或者可換來中共的認同，因中共不希望北韓生事，卻又不能對北韓施壓過分。因此美國的做法，對中共而言，是外交勝利，也是當時對朝鮮半島影響力增強的張本。中共在美伊戰爭當中，雖然不支持美國越過聯合國的蠻橫做法，但是依然不比若干歐洲國家來得強硬，美國對北京的感受，比對歐洲國家還是不同。此外，中共長期在朝鮮半島有相當的利益，美國給了中共相當的尊重，對美國自己也有好處。美國對北韓態度，有中共作爲圓潤滑劑，美國不必單獨承擔壓力。再者，中共一直主張的朝鮮半島無核化，與美國南韓的想法一致，更受北韓較多的信任。

南韓不希望小布希再度對北韓施壓，因爲南韓對於自己的安全，感受最深刻，也不希望北韓在被逼冒險。南韓總統盧武鉉在就職典禮上，說明他的對北韓政策爲「和平與繁榮政策」，基本上延續了他的前任金大中的基調。5 月 14 日，南韓總統在會見小布希的高峰會議當中，還是重申了和平解決朝鮮半島核武問題的決心。不過，盧武鉉造訪白宮，也讓他信心增強，表示希望加強和美國的關係，這點說法，顯然也考慮對北韓施加較多壓力。南韓在朝鮮半島問題上爭取主動，但對於北韓儘量採取低姿態，是朝鮮半島核武危機可望解決的關鍵。

結語

朝鮮半島的對立超過半世紀，南北韓雙方的信任感始終不夠。中共在其中發揮的力量在未來還會提升。中共對於朝鮮半島安全，會繼續保持「促進朝鮮半島無核化」的基本立場，而這確實是朝鮮半島安全威脅下制衡北韓的力量。但中共最後還是會促使美國與北韓直接談判，以協助北韓獲得較佳的談判地位和安全感。問題在於美國肯不肯，這個問題除了小布希總統的主觀意識之外，還在於中共、南韓與日本的意願如何，不是美國說了算。

◆《海峽評論》，第 150 期（2003 年 6 月號），第 5-6 頁。

5 | 六方會談與中共

關於六方會談

爲解決北韓核武危機，包括美國、中共、俄羅斯、日本及兩韓的六國，自 2003 年 8 月 27 日開始，在北京召開爲期三天的「六方會談」。首次會談雖早已閉幕，但朝鮮半島風雲依然詭譎。那次會議廣受各方矚目，除了是北韓核武危機走勢、美國與北韓互動關係之外，從地區的視角來看，可看出中共在會議的角色與作用。

4 月間同樣在北京召開的三邊會談並無結果，中共曾積極從中搓和美國和北韓的關係。不過美國與北韓並未顯露誠意，華府指責北韓從不遵守協定，且無意根本解除核子武裝；平壤則指控美國對北韓持續施壓，是要消滅北韓，並且指責美國並未履行協助興建核能電廠及與北韓建交的諾言。4 月的三邊會談，因此無疾而終。

六方會談是三邊會談的變體，美國希望參加的國家多些，對北韓施壓則較有力量、同時美國不必過分承擔會談萬一失敗的責任，再則降低將來必須負擔的成本；北韓的意圖則是在國際孤立當中，找到較多同情輿論以稀釋美國的壓力。這次相關國家都得以參加，乃成爲嶄新的國際對話模式。亦即爲了北韓的議題，東北亞國家將彼此的緊密折衝，發揮到了極致。

那次會談主要相關國仍是美國與北韓，其他國家，大體是配角，扮演推手或協調的角色，惟中共是例外。中共是「東道主」，靠著和事佬及提供便利的角色，再次在解決國際衝突事件當中，展現外交上務實和細緻的一面。

出席會議的南韓外交通商部長官助理李秀赫指稱，六方會談在 8 月 29 日達成了六點「重要共識」。

1. 通過和平方式解決北韓核武問題，確保朝鮮半島和平穩定，實現朝鮮半島無核化。
2. 各方協力解決北韓對於安全的憂慮。
3. 北韓核武問題要階段性、並行地、概括性的解決。
4. 各方不進行任何導致局勢惡化的行動。
5. 各方同意繼續對話，建立互信並消除歧見。
6. 各方同意六方會談應繼續舉行，細節則通過外交管道決定。

除了上述的「共識」之外，各國同意下一場會議，將在二個月內再度召開。來自中共的消息，則表示北韓同意將在當年 11 月進行第二次會談。

會議期間，美國代表依舊指出：北韓必須無條件停止核武研發、恢復接受國際原子能總署檢查、回到《核不擴散條約》，並主張「不與平壤雙邊對話」。北韓立場則針鋒相對：要求美國停止對北韓的敵對態度、訂定互不侵犯條約、美國與日本兩國須儘速與北韓建交，及繼續興建兩座輕水式核能電廠、繼續對北韓提供原油等。雙方老調似乎重談多次，可是無一項達成共識。

會談期間，北韓代表又一度表示，如果美國態度依舊，北韓無法做出承諾，將「被迫宣稱擁有核武器，並且將舉行核武試爆」。但美國和南韓代表並未做出回應，理由是美國及其盟國並未把這話當眞。美日韓等都認爲北韓再度使出恐嚇手法，無意、也無必要給予回應。後來北韓再度揚言，謂不得不繼續發展核武。因之，北韓政策的反覆可見一斑。總的來說，北韓希望美國答應其要求，且屢次擺出不惜一戰的態度，但至少中共與俄國，並不完全支持北韓的做法，北京與莫斯科甚至認爲北韓毫無信用、且漫天要價不可理喻，北韓面臨的形勢愈發孤立。

中共在朝鮮半島的角色與作用

冷戰結束後，根據中共官方的認知，國際政治正在朝向一超多極進行過渡，且有相當自信、看重自己在地區性國際事務的角色，並對周邊國境特別是朝鮮半島，維持更多的注意力和影響力。中共在朝鮮半島的角色出現變化，幾種角色或單獨出現、或兼而有之。中共在該地區的作爲，在兼顧自利的動機下，期望以建設性參與者的姿態面向國際。

中共在朝鮮半島及其周邊區域扮演「領導者」的角色。在經濟事務方面，中共參加亞太經濟合作會議已超過十年，世人多相信中共將在 2030 年前後成爲世界第一大經濟體。軍事上，中共國防預算年有增加，已逐漸和美國分庭抗禮，且對日本形成壓力。中共與北韓爲長期盟友，與南韓、日本亦有定期軍事會談，又同時與南北韓均維持正式外交關係，較日本美國和北韓的關係，更具有接近與友好的優勢。將來朝鮮半島的發展，美國仰賴中共的善意、南韓仰賴中共對北韓的牽制、北韓依靠中共支援經濟，因此中共對朝鮮半島事務，愈發突顯重要性。

中共又扮演著「中介者」的角色。北京對於兩韓何時統一固無興趣，但希望兩韓關係走向和緩。進入二十一世紀，兩韓之間和解對話，均可見到中共的參與。2000 年兩韓高峰會尚未成熟之前，中共提供北京作爲雙方進行預備會談的場所。中共以其同時與兩國均有邦交的有利地位，促成兩韓初次接觸，對朝鮮半島的穩定，至少是促進雙方磋商，提出相當的貢獻。1997 年 2 月，北韓共黨理論家黃長燁在北京的南韓領事館投奔自由，中共採取低調並顧全北韓顏面，讓黃氏經第三國再轉往南韓。之後多年，北韓投奔者（韓語稱「脫北者」，意謂「脫離北韓者」）在北京闖入外國使領館者屢見不鮮，惟多遭大陸公安驅離或逮捕，南韓人權團體爲此抗議中共，面對這個問題，中共覺得相當棘手。

中共經濟發展快速，且因進行相關經濟體制改革，外國投資大量湧進大陸。從 1993 年開始至 2003 年，中國大陸已經連續多年位居全球發展中國家吸收外國投資榜首，在傳統外商投資方面，也僅次於美國居全球第二位。中共的熱絡經濟發展，使南韓急於搭上前者發展的便車，南韓在中國大陸的投資已名列前茅。特別是中共成功申辦 2008 年奧運會以來，軟硬體建設亟待翻修或增強，南韓企業已躍躍欲試，寄望分得建設大餅，雙方經濟關係進一步提升。但中共與南韓輸出產品在包括東南亞國家在內的各地處於激烈競爭地位，北韓則無法在經濟活動與南韓一較長短。這是經濟火車頭的角色。

中共在朝鮮半島也擔當「典範」的角色。中共的經濟改革，二十餘年的實踐，使其國民大抵脫離貧窮邁向小康，中共的經濟成長率，依舊是亞洲各國當中最耀眼的。中國大陸在 2000 年的平均國民所得超過 900 美元，成長率則高達 8%。中共的發展過程，雖經過一段曲折，但終究徹底改善民衆的生活與思維，並且爲將來的進一步經濟改革，乃至政治體制革新奠立基礎。南韓的政治民主化進程固然早就開始，遠非北韓人民所能想像。北韓領導人無論金日成或金正日，皆曾多次訪問中國大陸，金正日過去大陸之行，曾盛讚中共經濟改革的成功和道路的正確。之後北韓似有部分經濟政策脫離過去僵化教條跡象，中共希望北韓逐步開放並效法中共「改革開放」的發展道路，但即使如此，北韓少有改變。

中共與六方會談的關係

衆所周知，中共是首次六方會談的最大贏家。北京不希望北韓發展核武，但也不願美國逕自對北韓動武。藉助於北京在六方會談潤滑中介的角色，它的影響力可望持續提升。美國需要中共的善意、北韓則需要中共適時給予援手、其他各國則希望中共歡迎其參加，北京的樞紐地位由此可見。而這些政策和動作，都和前述中國大陸調整自我角色的認知有相映關係。

檢視首次的六方會議結論，中共在六項共識當中有較大的參與空間，且做出的貢獻也將最顯著。以確保朝鮮半島和平、實現朝鮮半島無核化而言，中共是相當支持的，也基本受到美國信任。再者，中共對於北韓政權的維繫不遺餘力，持續關切北韓主權不受侵犯，這些都可增進北韓的安全感，使平壤願意減少冒險外交行爲，這是北京相當正面的貢獻。中共對核武問題，也將致力於和緩的外交解決，堅決反對以軍事攻擊，或以「外科手術」對北韓做出「斬首行動」。這些主張都對當地進一步和平穩定有利，將受多國一致認同。北京自然也不希望朝鮮半島形勢惡化，並將聯合各國反對這種驅使局勢惡化的傾向，即使是北韓的挑釁，都將不是中共所樂見。

由六個利害相關國家共同討論朝鮮半島議題，事關朝鮮半島安全與穩定的國際結構首次出現。過去意見較少受到重視的日本和俄國，首次在會議中出現，此爲值得重視的發展，其中的道理也在於中共的促成。有鑑於此，吾人可知，在首次六方會談裡，北京已累積相當的外交經驗與利益，使它和周邊國家因解決朝鮮半島問題而拉近。

作爲北韓過去的重要盟邦，俄國對朝鮮半島事務受美國深刻介入懷有戒心，容易和中共站在比較同情和保護北韓的立場。俄國曾主張與中共共同保證北韓的安全，即是這個道理。因此六方會談倘若重新召開，隱約將出現中共、俄國聯合北韓，對上美國、日本、南韓的「三對三」制衡局面。

中共積極促成六方會談，讓美國覺得中共外交走向理性和穩健，心生感激和好感，這是北京成功處，也是中共可再次運用的籌碼。美國不一定願將北韓核武危機與兩岸問題掛鉤，中共也不見得要求美國在單一事件中，一步到位回報中共的善意，但中共與美國以朝鮮半島的合作爲基礎，增強互信與互動。北京與華府立場的接近，可能進一步壓縮中華民國的外交空間。

◆《海峽評論》，第 154 期（2003 年 10 月號），第 4-6 頁。

6｜東北亞軍備競賽方興未艾

時間進入 2004 年的下半，在北韓核問題尚未解決、六方會談中斷、新一輪會談又遙遙無期的窘境之下，東北亞區域政治經濟情勢有了新發展。這些新發展造成新一波的對立，該地區緊張情勢非但無從緩解，彼此信任空間更形限縮，過去好不容易建立的一丁點互信蕩然無存。由於互不信任，各國似乎只能依靠提升軍備，擺出不惜一戰的態度，國際危機因而加劇。2004 年的東北亞區域，似已回到英國哲學家霍布斯（Thomas Hobbes）所指「人人自危、各自爲戰」（all against all）的初民蠻荒時代。

北韓核武危機從 2002 年 10 月開始至 2004 年下半，長達二年時間。通常國際危機很少拖延這麼久的，因爲要不就是處理得當，相關國家各讓一步，以談判妥協作爲收場；否則就得訴諸石破天驚的動作，通常是武裝衝突或大型戰爭尋求解決。進入核子時代之後，處理國際危機有更多的限制，危機衝突之下，固然大國享有較多的優勢，可對較弱的一方給予重大壓力；但較弱一方仍可利用敵人畏戰避戰心理，擺出「不畏死、奈何以死懼之」、「吾與汝偕亡」的恫嚇手段逼使敵人不敢再越雷池一步。

柯林頓總統時代，美國即與北韓簽訂《日內瓦核子框架協議》，而 1994 年的協議之所以破局，美國和北韓雙方都須擔負責任。北韓指控美國主導的國際社會爲北韓興建的新核能電廠進度嚴重落後、美國原先答允贈與北韓的重油常常短少，以及美國不願改變對北韓敵意最終建立外交關係。這樣的態度在小布希總統時代愈發嚴重，使北韓毫無安全感，遑論對美國有信任感。美國以北韓必須根本放棄核武研發，做到「完全的、可查核的、不可逆轉的棄核」（Complete, Verifiable, Irreversible Dismantlement, CVID）爲基礎，並以此爲先決條件，方能和美國談改善關係或援助北韓的問題。在充滿危疑震盪的東北亞，特別是從 2003 年開始，六方會談橫空出世之後，已成爲檢視東北亞安全趨勢良窳的標準，倘若六方會談正常召開，甚至只是達成初步的協議，自然是好事一樁；倘若六方會談拖延日久，很少人會對未來抱持樂觀想法。

六方會談的基礎向來非常薄弱，它常必須考量六國意願、且常受國際議題牽動，只要北韓單個國家推托，就不容易召開。過去只見美國與北韓彼此攻訐，不待其他四國表示意見，會談原已不易重啓，2004 年則更見到南韓與美國關係出現變化，美國兀自宣布要在 2005 年底前撤走 12,500 名駐韓美軍，這些消息使東北亞風雲日緊，原訂於 9 月 22 日召開的第四次六方會談，爲此胎死腹中。

北韓核武研發遲未解決，固然是東北亞不安的泉源，但南韓在 2004 年 9 月初遭媒體曝光，謂該國從 2000 年 1、2 月間開始，原子能研究所進行放射性物質分離技術的研究實驗，提煉出 0.2 公斤的濃縮鈾，又轉成焦點。南韓外交通商部官員說明，該項實驗由一群科學家「自行決定進行」，換言之，政府事前既未核准，也不知情，直到其中一名科學家告知才獲報。南韓爲該事件重申，濃縮鈾是一次實驗的副產品，且是一個「孤立事件」，「應該不會對國際社會促使北韓放棄核武計畫的努力造成影響」。事實卻是南韓「科學家」研發濃縮鈾已經對朝鮮半島形勢，特別是六方會談的未來，造成立即的衝擊。

美國除對一些「流氓國家」意欲持有、或研發大規模毀滅性武器不假辭色之外，對主要盟國同樣的行爲也備極關切，且極盡防堵之能事。過去曾有台灣、以色列、南非、南韓在不同時代企圖發展核武，大多被美國攔下。因此在國際原子能委員會以及美國的雙重戒護下，核武俱樂部之外的成員國不太可能衝破重重障礙，成功進行研發或手上擁有核武。南韓研發濃縮鈾事件發生後，美國國務院一方面指出那是「不該發生的」，旋又爲南韓緩頰，謂「南韓提煉濃縮鈾的規模要比北韓或伊朗小很多」，且「南韓已經積極充分與國際原子能總署合作」，可「既往不究」。

美國科學界的態度則較爲審愼，前國際原子能總署檢察官員、曾爲華盛頓科學與國際安全研究中心主任的大衛阿布萊特（David Albright）即認爲，南韓科學家未得政府授權而自行研發濃縮鈾的可能性很小；事件的發展類似 2002 年巴基斯坦卡爾迪汗（Abdul Qadeer Khan）獨自承擔研發核武責任的翻版。換言之，整個事件南韓政府可能是知情的。但 2000 年發生的事，美國還在 2004 年爆料，實在非常敏感。南韓政界和新聞界少不了要將它和六方會談聯繫在一起，持「陰謀論」立場的人士，則懷疑美國此舉爲的是「破壞兩韓的關係」，使六方會談難產。不過總的來說，南韓也無法就此事件向國際社會做出交代。

北韓對事件的反應自然是極其激烈的。平壤責備美國對南韓的優容，是在反核問題上有「雙重標準」，可想而知北韓對六方會談至爲不滿。不久，9 月 9 日在北韓境內、中國—北韓邊界附近發生大爆炸案。那次在兩江道金亨稷郡發生的大爆炸事件，造成的蕈狀雲直徑多達 4 公里，外界對該事件有多重揣測，不外是飛彈測試失敗、核試前所進行的高爆裂物測試、或者是意外，甚至不排除是核爆等。北韓當局事後數日才對來訪的英國官員聲稱那是一項水利建設的「炸山行動」，但朝鮮半島的核爆疑雲難以輕易化解。

無獨有偶地，約在同一時間，也傳出日本研發濃縮鈾，據傳已貯存約 20 公斤的鈽，立即引起國際普遍關注。日本的直接敵人應是北韓，因北韓尚未與日本完成關係正常化，又時常有挑釁動作。北韓曾在 1998 年 8 月 31 日試射射程 2,000 公里的大浦洞飛彈，飛越日本本州上空進入太平洋，致日本飽受驚嚇。2004 年更多次傳出北韓將再試射飛彈，射程將涵蓋日本全境，日本的神盾艦和電子偵測機群蓄勢待發。北韓的作爲據信是壓迫日本，促使東京勿遵從美國與北韓敵對的立場，儘快與北韓商議建交事宜；但日本在美國支持下，採取果決迎戰的態度，北韓也並未撈到好處。

東北亞另一個出現嚴重軍事對抗的地區在台灣海峽，台灣民進黨主政者主張增購軍備，爲本地區的軍備競賽增添柴火。2004 年在台灣沸騰一時的大規模軍購案，甚至取代其他的國家安全政策，成爲陳水扁政府「保台」的主打選項。主政者傾全力爲軍購案護航，將不願舉債軍購而與對岸軍備競賽、不願見台灣經濟被拖垮、海峽兩岸生靈塗炭的人，扣上「意識形態作祟」及「國家認同有問題」的大帽子，以台灣主政者犧牲兩岸關係穩定，將所有雞蛋放在美國籃子的依賴心態，殆可預見台海兩岸軍備競賽日益升高的趨勢。

東北亞是世界上分裂國家碩果僅存的區域，過去半世紀以來的冷戰在其他地區固然已過眼雲煙，但至今尚未從東北亞消逝，此地區軍事對抗的可能性也較其他地區高。再者，東北亞區域並未出現類似歐洲的集體安全機制，倚靠的僅是權力平衡（balance of power）的概念，讓敵對者考量在侵略時，所必須付出的沉重代價，具體政策即是無止境的軍備競賽。

即使同是軍備競賽，也有若干區別。2002 年以來，北韓手上已有鈽原料，隨時可生產核武，且我行我素無視國際關切，南韓與日本在危機之下，考慮以牙還牙，正面臨國際社會的嚴酷檢驗。日韓兩國發展核武有實際的困難，惟無論如何仍有美國的安全保障條約作為後盾。相較之下，兩岸的軍備競賽，對幅員較小、國際地位快速矮化、經濟優勢逐漸喪失、外交形勢日益侷促的台灣來說，是一個過於巨大的重壓。台灣主政者一味以軍購向美國靠攏讓步、不思改弦更張舒緩兩岸關係，將使台灣自陷於萬分危險的境地。

進行軍備競賽需要龐大經濟和社會成本，且必定排擠其他部門的資源配置。東北亞各國在過去經濟表現誠然亮麗，或許當時還有進行軍事準備的本錢，但 2000 年以降，各國關係猶未改善，放眼望去，無論日本、南韓或台灣，經濟優勢不若以往，花大錢買軍火，既無能力苦撐，亦自陷軍備競賽，無法獲致安全。上述諸多事件，只是開始而非結束，表面上直接影響的是六方會談無法早日召開；惟更深層的意義，將是包括台海在內的東亞地區能否持續保有脆弱的和平，將令人深感憂慮。

◆《海峽評論》，第 167 期（2004 年 11 月號），第 12-13 頁。

第 2 篇

朝核危機激起外交角力

解決北韓核武危機的前景

這並非首次危機

爲解決北韓核武危機召開的第四次六方會談在 2005 年 8 月 7 日結束，和外界寄望這次會商能有突破的想法，可謂落差極大。距離上一次的六方會談至第四次談判，已有十三個月，是間隔最久的一次，而北韓這個世人摸不透的國家，是否趁著國際無力干預的大好時機，大肆發展核武，是重所關切的議題。爲促成這次的會商，美國與南韓曾給足北韓面子，不再惡言相向，想盡全力把北韓請到談判桌上來。這次的會商，卻可謂爭執依舊，無以解決歷來缺乏互信的結構問題。

北韓早年從蘇聯獲得核子裝置及技術用以發電。爲此，蘇聯要求北韓在 1982 年加入國際原子能總署接受國際監督。但隨著東歐共產國家的瓦解和蘇聯崩潰，北韓一方面得不到前蘇聯及中共大量的經濟挹注，另方面北韓深受天災侵襲，收成年年倒退，經濟成果無法供給人民溫飽。北韓自 1990 年代發展核能，蓋出於幾個原因：第一，核能電廠爲經濟發展所必需，不得不想盡辦法使它運轉；第二，從核能燃料棒的再處理，北韓可研製核武所需鈽元素，可爲北韓對內鼓舞士氣、對外警戒敵人不可輕易來犯；第三，北韓運用核武，也可與外交對手討價還價，得到大宗利益。

1993 年，北韓被外界認爲違反《核不擴散條約》，國際原子能總署乃要求考察北韓使用核電廠情形，但遭到北韓拒絕。鑑於國際壓力強大，北韓乾脆宣布退出原子能總署。當時的美國總統柯林頓採取懷柔政策，1994 年派遣前總統卡特與當時仍在世的金日成會談，惟金日成在當年 7 月過世，金日成的兒子金正日接掌政權，當年 10 月終於簽訂美國北韓雙邊的《日內瓦核子框架協議》。根據協定北韓承諾將放棄核武，以換取美國的善意，包括建立兩座新型核能電廠，以及電廠完工前美國提供每年 50 萬噸的原油，和最終美國與北韓建立外交關係。

及至小布希執政，美國對北韓的政策大幅修正，美國與北韓關係快速惡化。九一一事件之後，美國國家安全觀念調整，對美國威脅的定義是站在美國爲中心的角度，且標榜「單邊主義」（unilateralism），即僅只考慮美國「單方面的利益」、視敵對國家軍力增強爲對美國的威脅，及美國可對敵國進行「先制攻擊」（preemptive strike）等，北韓遂成美國大敵。2002 年 10 月，北韓對來訪的美國特使凱利透露：過去數年北韓持續研發核武，美國表示憤慨，1994 年的《日內瓦核子框架協議》形同廢棄，第二次北韓核武危機揭開序幕。

六方會談收效有限

爲解決北韓核武爭執，美國、俄國、中共、日本等朝鮮半島周邊國家與兩韓進行和解談判。舉行六方會談的意義是：第一，六方會談有更多的國際勢力參與，北韓較能去除美國支配議程的一些疑慮；第二，北韓可藉由多邊會談的方式爭取其訴求，並牽制美國的單邊主義影響；第三，透過六方會談，北韓可以利用各國矛盾，折衝成爲有利自己的國際環境。從其他各國的立場而言，六方會談可針對東亞地區安全威脅，建立穩定的因應機制。美國亦不至於獨自承擔會議成敗責任，或過度負擔北韓經濟重建所需成本。事實上，北韓核武議題，已非六個安全攸關國家參加不為功。但是中共在六方會談的角色殊為特殊，會談在北京開議，也表示中共在危機協調及解決，占據關鍵性的地位。

2003 年 8 月底在北京召開了第一次的六方會談，各方達成了六點共識，如通過和平方式解決北韓核武問題；確保朝鮮半島和平穩定，實現朝鮮半島的無核化；協力解決北韓對於安全的憂慮；北韓核武問題以階段性、並行地、概括性的解決；各方不進行任何導致局勢惡化的行動；各方同意繼續對話，建立互信並消除歧見；各方同意六方會談應繼續舉行，細節則通過外交管道決定等。這些協定只是原則性的主張，至於如何推動，則付之闕如。

第二輪「六方會談」，在 2004 年 2 月底召開。由於美國主張北韓應做到「完全的、可查核的、不可逆轉的棄核」（CVID）及停止濃縮鈾（Highly Enriched Uranium, HEU）開發計畫，與北韓要求美國「必須停止對北韓敵意」立場南轅北轍，會談又不歡而散。

第三輪談判在 2004 年 6 月底召開，會談還是沒有取得突破。與會各國也未如預期地發表聯合聲明，談判氣氛低迷。在互信強烈不足的情形下，擔當主要議程的美國與北韓並無交集。美國特使凱利向北韓提供保證，謂只要北韓全面放棄核武計畫，美國即可提供北韓安全保障，北韓仍不願回應。因此前三次的談判，成果並不理想。

第四輪談判的意義

2005 年 2 月北韓自行宣稱擁有核武，以表示不畏外界壓迫，成爲核武國家。旋又於 4 月關閉在寧邊的一處核子反應爐，外界猜測是否暗自從燃料棒提煉鈽元素。5 月初，北韓又發射一顆射程爲 100 至 200 公里的短程飛彈落於日本海，霎時又升高了東北亞緊張形勢。國際畏懼北韓製造既成事實成爲核武國家，白宮甚至表示，如果北韓進行核子試爆，將是對美國的挑釁行爲。美日也有意在萬一北韓峻拒會商，即將北韓議題提交聯合國安理會討論。但北韓極爲反對這種做法，認爲果眞如此，意爲對北韓宣戰。

2004 年 5、6 月間美國與北韓關係曾經極爲緊張，但 6 月之後美國又改採懷柔政策。關鍵在於南韓總統盧武鉉的白宮之行。6 月 11 日盧武鉉與小布希會晤，當面要求美國舒緩對北韓的強硬政策，以便期待北韓的正面回應。至此，美國對北韓的態度再度好轉。小布希稱呼北韓領導人爲「金正日先生」、自國務卿萊斯（Condoleezza Rice）以下，官員也放緩對北韓的批判。萊斯先後提到美國將承認北韓爲主權國家、更無意進行對北韓的軍事攻擊。美國進一步表示，倘若北韓重回談判桌，美國將可在六方會談框架內和北韓進行一對一會談。美國更進一步提及將基於人道考量，捐助北韓 5 萬噸糧食，釋放這些善意之後，第四輪談判終於因此重開。

固有爭議並未解決

第四輪六方會談在 8 月 7 日結束，並無實際的進展，癥結在於：

1. 美國和北韓在「無核化」的定義認知不同，美國要求北韓必須放棄核武，北韓則主張美國也應放棄在朝鮮半島貯存、運送及使用核武，相當於要求和美國進行「核武裁軍談判」，美國斷然拒絕。

2. 北韓主張任何主權國家都有和平使用核能的權利，包括北韓；但美國堅決主張，北韓應完全放棄使用核能。
3. 針對誰先做出讓步，美國與北韓堅持己見，謂將視對方如何讓步，以及讓步多少而決定進一步行動。

由於僵持依舊，各方乃約定將在 8 月 29 日再度召開會議，屆時各方還有一定的空間協調差距，找出共識，但眞正樂觀的人並不多。

北韓與美國爲六方會談的核心當事國，六方會談的成敗，在於兩國立場是否有交集。美國與北韓立場在過去多次會談屢有極大差距。過去雙方所爭的是誰先誰後的問題，北韓甚至要求雙方讓步應採「同步進行」模式，美國曾堅決拒絕，華府的理由是，北韓已經不值得信任。但美國必須認知，美國輿論已經針對小布希的北韓政策出現批判的態度，他們認爲美國的政策已經爲此浪費將近三年時間，而過去將近三年裡，美國與北韓鬧得很僵。針對北韓核武談判延宕日久毫無交集，日本的威脅感大增，將使日本急於修改現行「和平憲法」以爲因應。惟日本擴軍茲事體大，除南北韓之外，中共更對日本擴軍維持高度戒心。北韓核武牽一髮動全局不言可喻。

結語

北韓國家安全政策的核心，在於金氏政權的持續、人民經濟生活的改善，排除外國勢力的干預等，北韓領導人擁有核武，工具性不言自明。但北韓的做法顯然衝撞國際核不擴散體制，除了美國之外，參與六方會談的其他四國也同樣焦慮。只是除非美國以耐心和尊重相待，否則北韓不會率爾在壓力下屈服，且美國若繼續對北韓施壓，美國也將損害它和中共、南韓的關係。彼此互信的機制求之不可得，是北韓核武爭議各方解決無期的核心原因。正等待各國冷靜一段時間，在 8 月 29 日重開六方會談同時，小布希總統根據 2004 年美國國會通過的「北韓人權法」，在 8 月 19 日任命列夫科維茨（Jay Lefkowitz）擔任北韓人權特使，希望和北韓政府對話「人權議題」，敦促平壤「改善人權狀況」。在那樣敏感的時機，做出如此外交決策，六方會談肯定生出變數。

有謂美國在歷次會談中皆無功而返，故已失去耐心，倘若北韓拒絕讓步，美國將不再藉六方會談與北韓周旋，並直接訴諸聯合國安理會，如此則北韓壓力不可謂不大。但回想美國任命人權特使的作爲，則是白宮自己把問題弄得更複雜，增加了復談的困難度，實匪夷所思之舉。六方會談的主談國家，果眞是美國與北韓，其他相關國主導的空間有限，會談說斷就斷，徒然浪費時間和資源，卻得不到和平。

◆《海峽評論》，第 177 期（2005 年 9 月號），第 9-11 頁。

8 朝鮮半島情勢與朴槿惠的外交課題

北韓不斷升高朝鮮半島危機

2012 年底以來，兩韓關係依舊低迷。北韓新任領導人金正恩，是一個 30 歲左右的年輕統治者，在國際社會驚訝聲中，選在距南韓總統大選僅有一週的 12 月 12 日，發射名爲「銀河三號」的長程火箭，將「衛星」送入太空軌道。依普通常識，如有某國可將衛星送上太空，即是宣告該國已擁有了發射長程彈道飛彈的技術，相對其敵國而言，是相當大的警訊。北韓在那天發射火箭，對於即將舉行的南韓總統大選，干涉破壞意味十分明顯，蓋北韓較希望反對派的民主統合黨候選人文在寅當選。即使如此，執政的新世界黨候選人朴槿惠依然高票當選，北韓徒呼負負之餘只有接受這個事實。

進入 2013 年之後，北韓的挑釁動作加大，1 月 24 日，北韓聲稱將進行「更高水準的核武試爆」，並與美國及其盟國「展開全面對決」。北韓雖並未說明「全面對決」爲何意，但北韓的恫嚇確實收到成效，南韓人民忐忑不安，李明博總統尚未結束任期，更覺得北韓威脅迫在眉睫。

2013 年的農曆正月大年初三，也就是 2 月 12 日，北韓突然舉行第三次核子試爆，顯然不把 1 月 22 日聯合國安理會通過的第 2087 號制裁決議放在眼裡。緊接著一連串過程，即是北韓與南韓、日本、美國、中共等周邊國家，甚至整個國際社會對抗繼續升溫。1月25日，北韓又宣布1992年與南韓盧泰愚政府簽署的《朝鮮半島無核化共同宣言》完全失效，更升高南北韓的尖銳對立。3月5日，北韓宣告自3月11日起，韓戰所簽署的「停戰協定」完全無效、全面停止北韓在板門店代表處的活動、北韓各種武裝部隊進入全面決戰狀態。聯合國安理會在無奈之下，又在3月7日通過了第2094號針對北韓的制裁案。

新一輪制裁案對北韓並無任何效果，徒增對於金正恩的刺激，形同他鼓動民族主義的柴火。3月8日，金正恩親自視察了在2010年遭到北韓炮擊的延坪島對岸島嶼，並且事後發布影片，證明他的「正確領導與堅強毅力」，不過主要仍在吹噓金正恩的無畏精神與親民愛民形象。

再隔幾天，也就是3月11日，美國與南韓進行「關鍵決斷」軍事演習，金正恩則視察西海（即黃海）海防部隊，並指示一旦部隊接到命令，即應使南韓對岸的白翎島「消失」，南韓人民自然悲憤異常。3月14日，北韓動員百萬以上青年報名參軍或復員以支持北韓的堅強國防，這是另一種鼓吹戰爭的動作，意圖加速民衆的軍事動員，期許國家社會「純化」，同時鞏固金正恩爲首的領導中心。3月26日，北韓外務省通報安理會，以美韓軍事演習，已使朝鮮半島「進入一觸即發的戰爭危險」爲由，抨擊美國軍機進入朝鮮半島周邊，揚言北韓「已讓戰略導彈部隊和遠程火炮集團進入戰鬥狀態」。事實上，外界揣測北韓說得多、做得少。北韓經濟不佳和缺乏外援，眞正的行爲空間不大，有些北韓所發布的軍事演習照片居然發生剪接和造假情事。從這些北韓不正常的舉動，和大剌剌開動宣傳機器、惡狠狠抨擊南韓等行徑，已鋪陳平壤最終由衰而竭的伏筆。

3 月 26 日北韓宣告切斷與南韓的 8 條軍事通信熱線，並聲言和美國、南韓只能「用槍桿子溝通」。3 月 29 日，金正恩下令導彈部隊進入待命狀態，並隨時準備攻擊美國本土，以「清算美國帝國主義者」。當然美國等必須小心翼翼因應北韓的要脅，並加大軍事防備，包括增強位於阿拉斯加和夏威夷的飛彈基地部署。直至 3 月 30 日，北韓再聲稱南北韓關係「進入戰時狀態」。4 月 2 日，北韓宣布重啓寧邊的 5 兆瓦石墨式反應爐（graphite reactor）。4 月 3 日，北韓禁止南韓人員進入開城工業區，雖然這是殺雞取卵的行爲，但平壤仍以爲此舉可對南韓造成傷害。開城工業園區原先有二百多家的南韓廠商，他們是在前任南韓總統盧武鉉號召之下到開城設廠的。開城工業園區平日僱用多達 3 萬名北韓籍員工，這些南韓工廠每年向這些北韓員工支付 8,000 萬美元工資，對於欠缺外匯的北韓不無小補。只是，經過北韓拉高敵對聲勢之後，這些北韓員工的生計立即成爲犧牲品。

進入 2013 年 4 月之後，北韓再度發射飛彈的傳聞甚囂塵上。4 月 4 日，北韓長程飛彈設施被發現正在向東海岸轉移，造成國際進一步虛驚。加以 4 月 5 日北韓外務省向駐北韓使館和國際機構通報，建議它們準備撤離，更使飛彈即將發射傳聞受到舉世關注。及至 4 月 12 日，北韓消息透露平壤可能在 4 月 15 日，即金日成的 101 歲冥誕發射導彈。一系列的威嚇不斷，張力幾達極限。

北韓發射導彈隱含政治目的

北韓進行對南韓和美國的恫嚇，是希望占據談判的有利地位，特別是企圖與美國單獨進行雙邊對話。事實上北韓已對六方會談完全失去興趣，過去近五年的六方會談過程，北韓認爲一直是「五方對一方」，即寄望促成朝鮮半島無核化的中、美、日、俄、南韓等國合力逼使北韓放棄核武研發。擁有核武器、成爲核武俱樂部成員之一，長期是北韓追求的國家目標，也是北韓「強盛大國」夢想的憑藉，金日成和金正日時代毫無改變，金正恩時代亦復如是。除非北韓獲得値得放棄核武的重大利益，或遭受極大壓力不得不屈服，否則北韓是不會輕言改變的。

北韓在核武議題上，一直緊抓不放，在於傾全力恫嚇南韓朝野，使南韓屈服戰爭陰影之下，間接壓迫南韓，特別是使朴槿惠政府改採疏遠美國親近北韓的政策。前任的李明博政府時，北韓企圖完全落空，朴槿惠政府在 2013 年才要起步，朴槿惠當不會輕易讓步。北韓動作係針對朴槿惠，也針對南韓廣大群衆。北韓的軍事強壓姿態已使南韓經濟頗受衝擊，股市匯市表現趨向低迷。

北韓大動作也是向美國、日本和中國大陸示威，指明北韓不會讓步，核武國家地位是北韓拼了命都想維護的，壓迫北韓在此階段放棄絕無可能，如他國繼續對北韓施壓，後果將極爲嚴重。設若六方會談果眞恢復，北韓將不再與另外五方談論廢核議題，而須將焦點轉至「核不擴散」議題，北韓以核武國家之姿參與對話。關於這點，周邊幾強權頗不願接受。這些強權擔心的是，萬一北韓成爲公認核武國家，其他如南韓與日本等國會否仿效？東北亞會否出現核武競賽？

相關各國的外交努力

有鑑於安理會對北韓多次制裁，對北韓領導層產生效果有限，使朝鮮半島危機降溫的最佳方式依然是外交手段，特別是中共與美國的外交作為，具有引領趨勢，或作為潤滑劑角色。就在半島形勢緊繃之際，美國國務卿凱瑞（John Kerry，中國大陸稱「克里」）選在 4 月 12 日訪問首爾見了朴槿惠等南韓官員。凱瑞的談話顯然同時傳話給南北韓和中共等各關係國，他說美國願意與北韓進行對話，但前提是北韓遵守國際義務，雙方對話必須展現誠意。他並指出，北韓、美國能否對話取決於金正恩。他同時警告，北韓如決定再發射導彈，將是北韓更加孤立的錯誤判斷，並重申美國不會承認北韓的「擁核國」地位。

朴槿惠則表示南韓將繼續促進「韓半島信任進程」，也就是實踐她所提和北韓建立「信任政治」（trustpolitik）的初衷，希望南北韓一起建立經濟共同體，打開韓半島和平統一大門，朴槿惠也要求南韓官方設法與北韓對話。不過朴槿惠不若美國主張北韓必須以實現無核化作為先決條件，朴槿惠對兩韓重啓對話並未附加條件。北韓已針對美國的立場，多次表示不能接受。再者，南韓傾向對話優先，其他再說，此點顯然成為南韓與美國的主要分歧。根據南韓「朝鮮日報」的分析，南韓政府願意一改過去針鋒相對的態度，是因為南韓高層認為北韓的心理戰和不斷的疲勞轟炸，已衝擊南韓經濟，其中包括外資快速流失，南韓必須儘速止血。

4 月 13 日凱瑞訪問了中國大陸，和中共國家主席習近平會談。習近平同意，將以和平方式穩定局勢並推動北韓無核化。凱瑞則回應，一旦北韓無核化目標達成，「可裁減美國在亞太盟國基地駐軍」。美國的說法前所未有，美軍駐外是何等大事，怎會就此讓步？凱瑞的說法如獲得歐巴馬（Barack Obama）總統的授權，顯示美國把北韓無核化議題視為重中之重，甚至牽動美國在亞太地區的戰略思維，也在所不惜。中共歡迎這樣的陳述，只是北韓擔心自身利益在中共與美國檯面交換下受損。

4 月 14 日，凱瑞訪問東京，與日本外相岸田文雄獲得共識，重申「美日不能容忍北韓擁有核武」，但只要平壤遵守先前簽署的《日內瓦核子框架協議》，讓緊繃情勢降溫，美日願意與北韓展開對話。

美國希望與朝鮮半島關係國建立的共識，仍以完成朝鮮半島無核化爲中心，在無核化的前景下，美國願和北韓開啓談判。美國立場較過去柔軟的因素，包括過去態度強硬的前國務卿希拉蕊（Hillary R. Clinton）去職，換上比較緩和的凱瑞。另有一重要原因，即是南韓領導人的更迭。過去李明博總統時代，南韓唯美國之命是從，奉行「重美國輕北韓」政策，其結果是大大失去民族自主性、傷害好不容易建立起來的兩韓互信與和平。2010 年 3 月爆發的天安艦遭擊沉、46 名海軍官兵喪生，以及同年 11 月北韓砲擊兩韓邊境延坪島等，均爲具體事證。朴槿惠對北韓採行的「信任政治」雖不若金大中的「陽光政策」或盧武鉉的「和平與繁榮政策」那樣耀眼亮麗，但仍是較務實的「接近北韓」（Engaging North Korea）政策。處在這樣的南韓政治氛圍下，美國也必須採取相應的作爲，一方面做出美國自身的政策調節，另一方面也尊重朴槿惠的立場。

由於地理的接近，中共對朝鮮半島安全的關切，把當地安全穩定視爲核心利益之一，是值得理解的。中共在安理會關於北韓議題的表決，與其他常任理事國、非常任理事國行動一致，是制裁北韓決議獲得通過的關鍵因素。固然中共此舉意味不希望北韓擁有核武，北京也有展現作爲「負責任的大國」態度。在習近平時代，中共對北韓已不再是曲意維護，免遭國際社會物議，並避免禍端上身。

中共態度的改變，是南韓所歡迎的。也看出中共的外交目標，在北韓議題上與南韓有更多的契合。因此，南韓的報紙有指稱朴槿惠上任後，第一個出訪的國家應是中國大陸，而非美國，以示認識到中共在朝鮮半島安全議題的重要性，並藉此獲得中共外交支持。不過以南韓與美國的特殊關係，新任總統第一個訪問美國，還是不成文的慣例。

結語

凱瑞的東亞之行似乎已爲朝鮮半島情勢帶來緩和，北韓的反應也印證了逐漸緩和的趨勢。不如外界原先推測的，北韓並未在 4 月 15 日金日成冥誕再次發射飛彈。那天原是爲紀念金日成設置的「太陽節」，過去紀念儀式常有武力展示；不過，2013 年的「太陽節」北韓卻展現了相當的自制。金正恩參加了一些藝文活動、舉行了大型花卉展及國際馬拉松大賽，一副歌舞昇平景象。北韓並未如往常舉行閱兵，因此北韓似乎不願升高兩韓的緊張。這當然是一個較佳的訊息，各方亦樂觀其成。

北韓進一步釋出消息，表示願意與美國談判裁軍（disarmament），但並非「廢核」（dismantlement）議題，美國對北韓的提議並無任何回應，顯然歐巴馬政府仍不願將此列成政策選項。在動盪浪頭上的朴槿惠必須全神貫注，避免對半島和周邊形勢做出誤判、繼續對北韓釋放善意、同時希望美國不要太過強勢，打翻了一個可以緩解緊張情勢的棋局。

◆《海峽評論》，第 269 期（2013 年 5 月號），第 10-14 頁。

9 評析朴槿惠中國大陸行

朴槿惠訪美初試啼聲

韓國新任的第十八任總統朴槿惠在 2013 年 2 月 25 日就任後，勤於增進和周邊大國關係，成爲南韓致力新外交的具體寫照。南韓一連串外交作爲，曾在國際社會造成一陣騷動，令人目不暇給。5 月初，朴槿惠首先出訪美國，當時正是北韓切斷跟南韓熱線、宣告韓戰停戰協定歸於無效，並關閉象徵南北韓經濟合作意義的開城工業園區。南北韓關係再度緊張，看來南韓極度需要歐巴馬政府的「加持」，一方面紓解來自北韓的壓力，二方面也緩和國內虎視眈眈的反對勢力。

朴槿惠訪問美國可謂相當成功，甚至歐巴馬還表示認同朴槿惠對北韓的「信任政治」方案。「信任政治」的意涵，在於朴槿惠一方面堅決反對北韓挑釁，但另方面承諾南韓對北韓不具攻擊意念，只要在北韓放棄核武的前提下，南韓考慮持續對北韓提供人道援助。歐巴馬對朴槿惠的構想相當認同，出乎朴槿惠意料，也說明朴槿惠訪美的收穫相當可觀。

中國大陸成為朴槿惠出訪第二站

訪美成功後，朴槿惠的腳步並未停過，2013 年 6 月底，朴槿惠的出訪指向北京。6 月 27 日，朴槿惠訪問中國大陸四天。通常南韓最高領導人就職後，第一個出訪的國家是攸關南韓安全最重要的盟國美國，其次即是南韓的近鄰日本。這在過去多年已是不成文慣例。從華府立場言，亦寄希望於兩個東亞盟國修好關係、水乳交融，以善盡美國壓制北韓、制衡中國大陸前哨的角色。不過，2010 年以來，日韓關係受南韓宣稱擁有獨島（日稱竹島）主權的影響，雙方關係不睦迄未好轉。在此背景下，朴槿惠將出訪第二站標定爲中國大陸，並不令人意外。

朴槿惠赴中國大陸訪問，南韓方面定調爲「信心之旅」，意味著「眞誠溝通和增進互信」之旅。朴槿惠赴大陸訪問，帶領的各界人士多達 70 餘人，堪稱南韓史上陣容最浩大的「訪中代表團」。

當時隨朴槿惠訪問中國大陸的重要人士，除外交與經濟相關各部會官員外，還包括五個重要的經濟團體會長：現代汽車集團會長鄭夢九、LG 集團會長具本茂、樂天（Lotte）集團會長辛東彬、現代集團會長玄貞恩、浦項製鐵公司會長鄭俊陽。這些企業主平日即與南韓政府維持相當密切的關係，朴槿惠當選後，各大企業搭乘順風車，爭先恐後跟隨她出訪外國，一方面當然是表示效忠，另方面也極力在國外爭取商機。

中韓 1992 年 8 月建交後雙方貿易即直線成長。建交那年，兩國貿易額僅僅 63 億美元，二十年後（2012 年），貿易額增加到 2,563 億美元，明顯增長四十倍，中國大陸成爲南韓最大貿易夥伴，而南韓則是中國的第三大貿易夥伴。國際關係講求互利，經濟的因素更形重要，以中國和南韓的經貿關係而言，雙方已建立頗高的經濟依存度，加以中國和南韓經濟條件互補、地理位置接近、有共同的「抗日」精神基礎，因此雙方更容易合作，也更可望進一步提升關係。

朴槿惠的訪問中國大陸焦點

朴槿惠訪問中國大陸的重頭戲，是與大陸國家主席習近平的會晤。就在 6 月 27 日，兩人在人民大會堂進行九十分鐘的會談。習近平首先稱，中韓從經濟發展到促進全球經濟復甦，以及處理地區和國際問題到因應對各種全球性的挑戰，雙方存在著共同的利益，也需要增進合作。在安全議題上，習近平表示中方堅決維護朝鮮半島和平穩定，反對任何一方進行破壞。跟歐巴馬一樣，習近平對朴氏的「信任政治」構想表示支持，呼應朴槿惠的意願稱，希望各方能堅持自我節制，並最終重啓六方會談。

習近平和朴槿惠會談後，發表了「中韓面向未來聯合聲明」以及「充實中韓戰略合作夥伴關係行動計畫」，由此雙方更簽署多項涉及經貿、金融、科技、節能和海洋科學等領域的合作文件。基於此，雙方將深化中韓戰略合作夥伴關係，並加強在朝鮮半島局勢等重大議題、國際與區域問題的合作及交換意見，以便採取一致行動。首先，雙方將同時加強各個層次的友好往來、兩國領導人保持密切聯繫與溝通。其次，雙方將深化經貿、綠色環保、服務貿易、高新科技等領域的廣泛合作，儘早達成雙方自由貿易協定（Free Trade Agreement, FTA），並寄望在 2015 年雙方貿易額達到 3,000 億美元的高水平目標。第三，雙方也同意加強人文交流、擴大教育、文化、媒體、旅遊、青少年等等交流，使雙方的相互理解更形便利。第四，雙方將加強在聯合國、20 國集團（G20）、亞太經濟合作會議、中日韓經濟合作、東協加三等機制的協調合作，共同應對氣候變遷等問題。根據這些協議，中國大陸將降低對南韓企業的貿易壁壘，允許南韓企業參與大陸西部大開發等大規模的基礎建設項目。

過去相當長的時間，南韓努力與主要經濟大國建立自由貿易協定，先是與歐盟，之後再與美國簽訂了 FTA，儼然成爲世界經濟的樞紐國，或簽訂最多 FTA、最具經驗的經濟先進國。原來南韓與中國大陸簽訂 FTA 並非特別順利，蓋從 2012 年啓動談判以來總共進行了六輪談判，但雙方最大的爭論在於商品領域自由化問題。南韓視農漁水產、能源產業、服務業、紡織加工等產業爲敏感產業，而中方則視化工、汽車、電子資訊、機械、金融、零售、運輸設備等爲敏感產業，一直在這些議題上出現僵局。爲了強烈爭取中國的市場以及中國在其他方面議題的支持，南韓可望對中國大陸做出更多讓步。

西安之行的特殊涵意

朴槿惠的重要活動尙且包含了西安之行，西安之行的重要性不下於訪問北京。朴氏的西安之行，跟南韓積極參與中國西部大開發計畫有著密切關係，南韓正是將中國大陸的「西部大開發」看成自己的發展計畫。這與 1980 年代，韓國總統全斗煥爲了與北韓進行外交戰所推行的「北方外交」有異曲同工之妙。1983 年，全斗煥推動「北方外交」，是因爲中共、前蘇聯、東歐共產國家等約略都在南韓的北方，全斗煥爭取這些國家和南韓建交，進行一系列的努力，或提供外匯挹注，或給予物資援助，擺明了要挖北韓牆角。全斗煥做了積極的努力，大部分是後繼的盧泰愚政府完成和上述國家的建交任務，因此南韓當時的戰略是成功的。朴槿惠所推動的，正是經濟的「北方外交」。意欲透過和中國的進一步經貿互賴，擴大對中國大陸進行投資，牟取南韓的利益，並將北韓進一步邊緣化。

朴槿惠總統親赴西安，正是爲了替南韓進入中國的「西部大開發」布局。2012 年 9 月三星集團選在西安投資 70 億美元的快閃記憶體晶片生產線，預計在 2013 年底投入生產，三星甚至考慮將其總部遷到西安，希望藉由西安的重要性帶動中國內需經濟對韓國產品的倚賴。換言之，就是結合兩國的「西部開發計畫」，讓南韓優於美國、日本等國，再與中國大陸的經濟統合上制敵機先。三星企業是南韓經濟領域的模範生，三星在世界各地的業績也極爲耀眼，是南韓精神的代表，也是朴槿惠政府經濟的支柱，朴槿惠強力支持三星，至西安三星企業視察，顯示南韓大力支持特定企業，預料將形成帶頭作用，刺激更多南韓廠商到中國大陸設廠生產，加強中國大陸經濟對南韓產品的依賴。

一般來說，南韓商品非常重視品牌，也正突顯韓國的創意文化和生活意念。三星企業深化和中國大陸的商業關係，也同時深化文化關係或生活關係，因此朴槿惠的造訪，事實上有極爲深遠的戰略構想。有那麼多韓國大企業主跟著朴槿惠出訪，不全然僅爲了壯大朴槿惠的聲勢，他們正是爲自己的企業尋找未來更寬廣的空間。

中韓信任增強恐還需顧忌北韓

朴槿惠在清華大學的演講，以「邁向新的二十年韓中兩國信任之旅」爲題，重點依然在強調中韓之間如何增強彼此信任。中韓兩國 1950 年至 1953 年的韓戰曾經兵戎相見，韓戰結束至今超過一甲子，但北韓因素仍在，中共必須顧忌北韓的態度和反應，對於南韓則無法完全推心置腹。南韓與美國須維持最緊密的同盟關係，這又刺激了中國大陸的情緒。朴槿惠強調「因爲信任，國際關係將更趨密切」，並稱希望韓中兩國「先做朋友、後做生意」，朴氏可能認爲如此說法，比較能打動中國人心。

綜觀朴槿惠首次以總統身分出訪中國大陸是成功的，中韓之間的經濟依賴關係進一步得到提升，對雙方都有極多的益處，不過可看出中韓的接近，使日本的角色更爲孤立。朴槿惠訪問中國，受到北京領導層的高規格接待，甚且在與習近平見面時，與習夫人彭麗媛並排而立，並接受媒體拍照，成爲中外媒體的焦點。經由朴與彭的對比，大陸人民進一步比較了朴與彭的人格特質，朴槿惠固然受到中國人的歡迎，彭麗媛也表現得落落大方，信心十足，這是習近平接待朴槿惠訪華的另一收穫。

經由朴槿惠的訪問，首爾、北京拉近了彼此的距離，增進了彼此的好感，平壤當局大概不會喜歡。無人料到北韓的反應將會是什麼形式，兩韓的緊綳關係會不會走向緩和，這才是朴槿惠念茲在茲、更須費心因應的課題。

◆《海峽評論》，第 272 期（2013 年 8 月號），第 25-27 頁。

10 歐巴馬總統再次訪韓透露的訊息

美國總統歐巴馬在 2014 年 4 月底訪問了日本、南韓、馬來西亞和菲律賓等亞洲國家。歐巴馬出訪的四國，除了馬來西亞過去多年和美國的關係不睦，特別是馬哈迪總統曾基於自身利益，標榜中立主義，並對美國強力批判而失去美國信任之外，其他三國幾乎都與美國維持緊密的戰略軍事合作，是美國不可缺少的亞洲盟邦。日本、南韓與菲律賓甚且在冷戰期間，軍事外交都以美國馬首是瞻，因此歐巴馬這次的亞洲之行，在心情上應該是相當輕鬆的。儘管如此，國家安全顧問萊斯還是表示，歐巴馬這次是要「繼續推動跨太平洋夥伴協定（Trans-Pacific Partnership Agreement, TPP），及信守跨太平洋對亞洲盟友的承諾」。

歐巴馬在 4 月 23 日首先到訪日本，值得注意的是，歐巴馬在和安倍晉三首相會面之後，雙方「共同聲明」即針對性地表示，《美日安保條約》涵蓋日本現在管控的釣魚台（美國採用日本所稱「尖島群島」的說法）的安全。此舉自然不受北京歡迎，且立即遭到中共的強烈抗議與駁斥。

歐巴馬是 25 日到達首爾的，這是他任內的第四次訪問南韓，是歷任美國總統之最，也證實了歐巴馬重視南韓、或支持現任南韓總統朴槿惠的表徵。兩天的行程當中，包含歐巴馬在南韓國家戰爭紀念碑前獻花，參觀最具有朝鮮民族風味的景福宮，和兩國元首峰會。

在抵達南韓的前一天，歐巴馬曾接受南韓《中央日報》採訪，歐巴馬強調「與美國的緊密關係才是南韓安全和繁榮的基礎」，他再次表示信守對南韓的防衛承諾，並警告北韓勿再進行核子試爆。歐巴馬表示，如果北韓發動第四次核子試爆，將「一無所獲」，而且「會面臨更嚴厲的制裁」。

歐巴馬加重語氣地說，「我們要找出向北韓施壓的額外辦法，推動破壞力更強的制裁行動。」不過歐巴馬也承認，僅僅靠外交壓力可能效果極爲有限，美國也無法找到立即解決的神奇辦法。

不過，朴槿惠對北韓的警告更直白。朴槿惠說：「北韓再度試爆將使重啓六方會談的希望完全消逝，並且徹底改變東北亞的安全情勢。」儘管兩國元首針對北韓有過如此的「嚴重警告」，北韓似無意縮減施用軍事威脅的張力，特別是平壤當局對旨在遏止其核武研發的六方會談素來毫無興趣，更遑論「重啓六方會談」了。

關於美韓之間關注的經濟議題，美國將焦點集中在兩國貿易的不均衡及如何改善的問題上，但這並非可以立即解決的議題。倒是美國與南韓在過去簽訂的FTA，雙方皆有意願加強落實，使FTA多少有助於平衡美國對南韓的巨額貿易逆差。南韓參與美國所領導的TPP應無問題，歐巴馬也在訪韓過程和南韓具體磋商細節和進程。

美韓兩國元首在聯合記者會的交手，可見歐巴馬的率直和南韓當局適度運用民族情緒收到的效果。蓋因朴槿惠在記者會中把矛頭指向日本，她提出「慰安婦」議題，並指責日本對此事不負責任。朴槿惠說，日本曾表示將繼承 1993 年「河野談話」精神，承認日軍在二次大戰期間強徵韓籍「慰安婦」的歷史事實。她要求日本履行承諾，並交由兩國有關部門誠心解決問題。

歐巴馬的回應是，「慰安婦」是嚴重侵犯人權的問題，即使在戰爭時代也令人震驚。基於「和事佬」的立場，歐巴馬呼籲韓日雙方基於共同利益，不只回顧歷史，也應展望未來，尋找解決歷史問題及實現兩國共同繁榮的方法。不過，鑑於日本與南韓的不信任感根深柢固，雙方除「慰安婦」議題之外，尚有關於「獨島」（日方稱「竹島」）主權歸屬的爭議，以當時情勢而言，雙方能否和解恐非歐巴馬個人所能置喙。

鑑於北韓威脅依然眞實和急迫，歐巴馬在首爾訪問時，也觸及美國和南韓聯軍在戰時作戰指揮權移交給南韓的議題。上個世紀末美國已將平時作戰指揮權交給了南韓，但仍保留戰時作戰指揮權在美國手中。平時作戰指揮權已由南韓合同參謀本部議長行使，戰時作戰指揮權一直由韓美聯合司令（亦即駐韓美軍司令）行使。

2007 年 2 月南韓前總統盧武鉉執政時期，美韓兩國商訂於 2012 年 4 月 17 日移交戰時作戰指揮權。不過 2010 年 3 月發生南韓天安艦疑似被北韓擊沉，及同年 11 月北韓炮擊南北韓邊境的延坪島事件，兩韓關係曾經極度緊張，因而 2010 年 6 月，當時南韓總統李明博與歐巴馬進行高峰會，將移交時間推遲到 2015 年 12 月 1 日。在朴槿惠與歐巴馬聯合記者會展現的韓方說明書當中指出，因爲朝鮮半島局勢劇變，兩國決定重新考慮移交的時間。換言之，兩國決定移交時間再往後延遲，不過並未提出具體時程。

美韓元首在聯合記者會也針對北韓議題提出共同的立場，雙方一致認為，希望兩國與國際社會一道，努力實現全面的、可驗證的、不可逆轉的無核化。兩國也呼籲北韓立即中止違背國際義務的一切「挑釁行為」。最後兩國再把日本也拉進來，聲稱「為有效應對來自北韓的威脅，韓美日三國情報當局需要開展更緊密的交流與合作」。

歐巴馬同時對朴槿惠在 2014 年 3 月 28 日於德國德雷斯頓（Dresden）演說時所提宣言表示認同，歐巴馬認為朴槿惠所稱包括優先解決南北韓居民的人道主義問題、南北韓共同建構繁榮民生基礎設施，以及恢復兩韓居民認同感等等，是正面的建設性構想，給了朴槿惠大力支持。

綜觀歐巴馬總統 2014 年訪韓之行，大致有幾項明顯的特點和趨勢：

1. 面對中國大陸的崛起，歐巴馬曾在 2012 年提出「重返亞洲」（Pivot to Asia）和「再平衡」（Rebalancing）政策，都需要美國總統不斷地對亞洲盟國「耳提面命」，適時地給予「精神喊話」。歐巴馬運用他的身體語言以及辯才無礙，成功地安撫了亞洲盟邦，美國似乎也對亞洲盟邦亦步亦趨遵從美國充滿信心。美國總統是華府外交政策的設計者和領航者，從美國總統的角色和功能看來，歐巴馬是長於運用外交的領導人蓋無疑問。
2. 有鑑於南韓對於中國大陸的經濟依賴相當高，且過去南韓曾有兩任總統（金大中和盧武鉉）共計十年的時間，採取和中國大陸與北韓接近而刻意疏離美國的外交政策，美國對南韓外交是否特別親近北京，是相當謹慎小心的。由於北韓的冒進主義和不時的威脅，南韓在安全議題也必須理解北京的好惡，仰賴中共對北韓的影響，因此南韓加深對中國大陸的親近，是相當正常的趨勢。美國在東亞雖然可以拉緊日本，但對於地理位置過於靠近中國，仰賴中國市場，寄望北京善意的南韓就並無把握。

3. 歐巴馬在日本和南韓的旅程當中，做了兩面討好的姿態迎合兩個盟國，卻無法避免地進退失據，顯然「順了姑情」，就不免「逆了嫂意」。歐巴馬曾對日本信誓旦旦指稱《美日安保條約》涵蓋釣魚台列嶼，只知討好日本，卻不顧中國大陸和台灣的感受。可能在歐巴馬的心目中，經過權衡利害，還是日本比較重要。但如此一來就以中國大陸的利益作爲犧牲。另外，在南韓訪問時，歐巴馬站在南韓立場，針對日本就「慰安婦」問題提出對日本不利的說法，固然獲得南韓的讚賞，但也失去日本的信任。
4. 日本和南韓同是美國的重要盟邦，但是這兩國家迄未脫離過去的敵對歷史陰影，使美國建構東亞防禦體系過程受到極大干擾與挫折。李明博政府原本擬於 2012 年 7 月和日本簽訂交換軍事情報協定草約，不過在反對黨威脅給予曝光、民族主義者群起圍攻的情況下，最終功敗垂成，主其事的高官甚至因此下台，導致李明博政府威信遭受重創。

這些事件並不能深責南韓，蓋日本仍對二次大戰以來在中國、朝鮮半島的侵略史實無意誠懇反省，中韓兩國對日本的不信任有增無減。安倍晉三政權的右傾跡象，更喚起中韓兩國關於日本軍國主義的記憶，日本是眞正問題所在。不過歐巴馬不思及此，想在日韓之間充作和事佬，收效極爲有限，是可想而知的。

據此再進一步言，歐巴馬亞洲之行，因為挺日本而得罪中國大陸，甚至南韓亦因此不快；因為挺南韓，也得罪了北韓，北韓的威脅難望消弭，且有變本加厲之勢。歐巴馬訪問亞洲，最多是宣示美國的外交意向，為美國的亞洲盟邦壯壯膽，卻無助於解決歷史遺留的難題。歐巴馬雖有意，但實在做不了中日韓三者恩怨情仇的「和事佬」，可為歐巴馬亞洲之行提供註腳。

◆《海峽評論》，第 282 期（2014 年 6 月號），第 22-26 頁。

11 析論安倍晉三的美國行

安倍的演說極度向美國示好

日本首相安倍晉三在 2015 年 4 月 26 日訪問美國，並於 29 日在美國國會發表演說。這場國會演說對安倍來說，固然是一場重要個人秀，對日本外交而言，也非常的關鍵。2015 年是二次世界大戰結束七十週年，日本作爲二戰期間的侵略國和傷害國，侵略亞洲多數國家，也傷害了千千萬萬亞洲各國人民，還偷襲珍珠港而傷害了美國。

如果不是由於珍珠港事變受到重創，美國尙且不會向日本宣戰，不會決意掀起太平洋戰爭，也不會結合盟國之力迫使日本最終無條件投降。果如此，世界歷史也將改寫，今日世界不知將變成何等模樣？

原先美國和亞洲媒體，都非常關注安倍的演說，猜想他會不會在那場合代表日本政府向全世界，特別是亞洲人民，表達眞誠懺悔，徹底解決一些懸而未決、始終縈繞在日本和周邊國家的歷史爭議。但是亞洲國家失望了，他們看到的只是一個驕傲自大、不願誠實面對歷史的極右派政客，他們已經看到了安倍演說了無新意，日本將注定和亞洲衆多國家繼續爲敵的命運。

綜觀安倍的演說，顯示他極度向征服它的美國示好，對亞洲曾經被日本侵略的國家視若無睹，甚至不屑一顧。安倍在演說中說，他要代表日本謝謝美國和日本「分享民主的錦標」。安倍所說，應該是麥克阿瑟將軍在占領日本七年半（1945 年至 1952 年）期間，爲日本量身打造的《和平憲法》。

《和平憲法》是美國令日本天皇成爲虛位元首，去除日本的君權神道思想；審判掀起太平洋戰爭的日本戰犯，以清除軍國主義。特別是憲法第 9 條所稱的日本「永遠放棄以國權發動的戰爭、武力威脅或武力行使作爲解決國際爭端的手段」，以及「爲達到前項目的，不保持陸海空軍及其他戰爭力量，不承認國家的交戰權」，則是《和平憲法》的精神所在。靠著這部《和平憲法》，原本宗旨是使曾受日本侵略的亞洲國家，可從此免受日本軍國主義再起的威脅。

安倍在國會演說裡，只對在二次大戰中死難的美國人表示懺悔。他說道，「歷史是嚴酷的，曾經做過的事，就無法再回頭」，安倍說他代表日本政府與人民，「向失去生命的所有美國人的靈魂獻上至深的敬意和永恆的追思」。雖是如此，安倍隻字未提日本過去對於亞洲各國人民的傷害和日本應該如何來彌補、修補它與亞洲各國的裂痕。

安倍放棄與亞洲國家和解契機

南韓外交部發言人盧光日就在安倍演說後，表示「深刻的遺憾」。盧光日說，安倍拒絕對日本在二次大戰間的戰爭罪行，包括強徵 20 萬名以上的亞洲女性作爲「慰安婦」等道歉，象徵著安倍無視於亞洲人民的熱望，「自行放棄了一個得以和亞洲國家和解合作的契機」，這與安倍要在國際社會和諧相處的說法是背道而馳的。2015 年南韓仍有 53 名「慰安婦」倖存，日本倘能真誠道歉，是「改善韓日兩國關係向前發展的重要前提」。安倍在美國國會的演說並未正確面對歷史問題，也讓戰爭期間遭到日本侵略的亞洲國家有立場質疑。2015 年 8 月二次大戰結束七十週年時，少有國家指望安倍會對戰爭暴行表示懺悔或道歉。

北京新華社指出，安倍拒絕為日軍暴行道歉，日本再一次失去了和亞洲國家修補關係的機會，日本和周邊國家的陰霾始終存在。5 月 8 日中國全國政協主席俞正聲在北京人民大會堂會見自民黨議員額賀福志郎時，也對安倍的國會演說淡化日本在二戰期間的戰爭罪行表達不滿。俞正聲指出，「自我反省是中國文化的重要元素」，「如果給他國造成如此大的災難也不反省，我們不得不擔心日本重蹈覆轍」。他進一步指稱，「中方難以接受基於不提道歉和侵略的演講」，不過額賀福志郎則稱他相信安倍關於二戰歷史的談話會「獲得世界高度評價」，雙方針鋒相對，突兀至此，顯示日本既定強硬立場並無改變。

安倍在美國國會的演說，固然攪起一池春水，事實上安倍訪美的重頭戲還是在更新《美日防衛合作指針》。顯示安倍訪美的最重要目的，在於擴大和美國的防務合作。

美日在 4 月 27 日於紐約舉行的「2 ＋ 2」外交部長及國防部長會議上宣布有關《美日防衛合作指針》修改的「重要聲明」。新的「防衛合作指針」，將美日防衛合作領域加以擴張，並新增「離島防衛」，美日已就釣魚台等島嶼防衛進行分工，由日本擔負防禦作戰，美國負責軍事支援。

《美日防衛合作指針》係在 1978 年簽訂，最初目的在因應日本防衛所需，1997 年首次修訂，將美日軍事合作範圍擴大到日本周邊事態和地區。1997 年修訂的《美日防衛合作指針》主要有三項內容，即「平常時期的合作」、「日本陷入危險『周邊事態』的合作」、「戰時狀態」的合作。在紐約會議當中，美國國務卿凱瑞、國防部部長卡特，與日方代表外相岸田文雄、防衛大臣中谷元會談之後，據卡特的說法，修訂出的新指針，在於推動美日同盟現代化，「開創雙方在亞太和全球的軍事合作新領域」。

岸田文雄在會議上說，日本所處安全環境變得愈益嚴峻且困難，日方希望推動一個基礎廣泛的日美安全與防衛合作，進一步加強日美同盟嚇阻力量及應對能力。岸田文雄的說法，是暗指中國大陸崛起，已讓日本「備感威脅」，需要仰賴美國，共同對付中國大陸。

拉美抗中，禍福難料

美日的「共同聲明」指出，根據新版「防衛指針」，雙方將建立同盟協調機制，確保兩國「從承平時期到突發事故均可做出更多貢獻」，包括維和行動、海上安全和後勤支援；新的戰略合作方面，兩國將合作領域擴大到太空和網路。新版防衛指針強調，「不論是承平時期還是戰時狀態都要進行聯合防禦」，並將之前的三項內容擴大爲五項：「平常時期的合作」、「共同應對日本和平與安全的潛在威脅」、「日本遭受武力攻擊時的合作」、「自衛隊在行使集體自衛安全前提下對除日本以外國家遭受武力攻擊時採取的共同應對行動」，以及「日本遭受重大災難時的合作」等等。

新版「防衛指針」大大增強了美日的防衛合作關係，讓日本自衛隊在全球範圍軍事行爲中扮演更多更重要的角色。其表面說法是因應中國大陸和北韓可能的軍事威脅，但日本很可能在美國邀請下，將日本軍事力量，投射到任何一個地區或事務上。新修訂的指針，剛巧似是呼應日本安倍政府 2014 年 7 月 1 日爲日本集體自衛權進行解禁，有著推波助瀾的效果。

舊版的「指針」規定，只有美軍在執行日本防衛任務時，自衛隊才可以前往支援。正如同美國官員所坦承，「新指針」的重點，在於「取消日本自衛隊執行軍事行動的地域限制」，即使日本本身未遭受威脅，日本自衛隊仍可擊落鎖定美國的彈道飛彈。此外，如果與日本「密切相關」的第三國遭受攻擊，或有任何軍事行動「直接影響日本的安全」，自衛隊都可以回應。

依據新修訂的「防衛指針」，美國等於把日本的角色高高抬起，彰顯日本爲美國在亞太不可或缺的重要盟邦，但同時也透露了一項訊息，即是美國國力下滑，似無法單獨因應亞太地區的重大變局，必須要將日本牢牢拉住賦予任務。日本在極右派安倍領政之下，看來是躊躇滿志，見獵心喜，認爲可拉美國共同「抗中」，對日本而言，是福是禍，頗難逆料。

新「防衛指針」取消對日本派遣自衛隊的地域限制，中國國防部已表示「高度關切」。中國國防部新聞發言人耿雁生 4 月 30 日表示，軍事同盟是「過時產物，與和平發展合作共贏潮流相悖」，又說「美日強化軍事同盟，將安保合作範圍擴展至全球，對世界和平與地區穩定產生的影響，值得各方高度關注」。

平實而論，軍事同盟未必是「過時產物」，但大陸官方的反應完全可以理解，日本凡事以美國馬首是瞻，在美國的授意或慫恿下，日本是可能派兵赴中東、中亞等戰禍不斷、政治不穩的地區參戰。惟過去美國出兵海外常基於自身利益，有時甚至無視各國輿論或不待聯合國授權，演成極具爭議的軍事行動。日本既然爲自衛權派遣解禁，又堅持和美國亦步亦趨，倘若美國對外軍事行動出現爭議，日本極有可能成爲幫凶。

曾在 2009 年至 2010 年鳩山由紀夫和菅直人兩首相任內擔任外務大臣的民主黨黨魁岡田克也，則毫不留情地批評安倍，認爲防衛指針並未向日本國會或國民說明，直接跟美國達成協議，當中還包括釋憲變更的部分，安倍此舉是「先斬後奏」。

日本民意逾半反對新安保法

5 月 14 日，日本政府召開臨時內閣會議，批准了包括允許行使集體自衛權的一系列安保法案，其中包括 1 個新立法和 10 個修正法，並在 5 月 15 日遞交國會。新立法是「國際和平支援法案」，據此日本將可隨時根據需要向海外派兵，並向其他國家軍隊提供支援。另外，修正法當中，包含「重要影響事態法」，相當於原先「周邊事態法」的升級版。新設的「重要影響事態」，用以替代「周邊事態」。只要日本覺得某種事態「具有重要影響」，自衛隊即可出動，這使得「周邊事態」的含意可以擴大到全球的規模。

安倍雖在 5 月 14 日記者會保證「日本絕不會捲入美國的戰爭」，並稱「自衛隊也絕不會參加如同過去的伊拉克戰爭類型的戰爭」，但日本民衆並不買帳，5 月 14 日，就在內閣會議召開時，約 500 名民眾在首相官邸前示威，表示擔心日本被捲入戰爭。《日本經濟新聞》的民調顯示，52% 的日本民眾反對在當屆國會倉促通過安保法案。

安倍的訪美行程，雖受到歐巴馬總統的盛情款待，但安倍戰線卻一路拉回東京，個人爭議亦隨之一路轉回日本。追根究柢，就在於他的極右派僥倖冒險心態。安倍對亞洲國家寸步不讓，對美國則是唯命是從，大幅反差令人側目。日本知道朝鮮半島仍處分裂，南北韓各自盤算，對抗唯恐不及，無力共同對抗日本；面對日本的無理，海峽兩岸亦無法合作共同抗日，也是日本吃定兩岸的原因。雖是如此，日本在面對崛起的中國大陸軍事力量，深恐吃上眼前虧，必須以美國爲後盾，新「防衛指針」乃應運而生。

二次大戰結束後將近七十年來，少有美國人知道或關心二次大戰時日本的戰爭暴行，安倍的美國行，國會演說是給美國人聽的。美國人被安倍灌了幾碗迷湯，就忘了日本也曾侵略美國，更是傷害亞洲的罪魁禍首。美國不理解爲什麼亞洲國家和人民迄今仍不能原諒日本，正是因爲美國不瞭解日本；還有，像安倍這樣的政客，總在歷史傷口灑鹽，不願誠實面對日本侵略史，亞洲和解合作之路才會如此崎嶇。

美國永遠可靠？

日本與美國新修訂的「防衛指針」，可謂思考縝密，爲日本各項面臨的威脅思考應對之策。日本可在更多情況下，定位「重要事態」，得到美國奧援；但相反地，日本必然將付出相對代價。在和美國合作當中，日本無法改善她與周邊國家關係，日本迄今仍與俄國、南韓，中國大陸、台灣有歷史爭議和領土領海糾紛，而且對於這些糾紛，日本姿態極高，毫不妥協。美國雖在日本和南韓皆有駐軍，但美國本土距離日本、南韓仍是萬里之遙，日本與周邊國家設若爆發衝突，日本仍居相對弱勢，並不能永遠依靠美國。

日本不思徹底改善和周邊國家關係，卻緊緊抓住美國不放，誠可謂捨近求遠、緣木求魚。此番日本自衛隊地域限制取消，日本對亞洲國家態度將更加自大倨傲，如此趨勢，將更深刺激亞洲國家，特別是中國大陸、台灣和南韓的反日情緒。日本如以爲「新防衛指針」訂定後，將可高枕無憂，應是過度樂觀。可以預見，亞洲將從此多事，「新指針」決非解藥，它反倒可能是本地區「新衝突」的源頭。

◆《海峽評論》，第 294 期（2015 年 6 月號），第 8-12 頁。

12 北韓劍拔弩張所爲何來？

中美表達不輕啓戰端的決心

在大家談到中國大陸與美國能否在二十一世紀和睦相處，特別是美國和中國會否兵戎相見時，多數人普遍認爲，以世界第一大和第二大經濟體對抗，尤其兩個分別是聯合國常任理事國的核武國家爆發戰爭，是令人無法想像的事。歐巴馬總統曾提到，美國歡迎一個和平繁榮穩定的中國崛起；中國國家主席習近平也提及，太平洋之大，足以容納美國和中國兩個大國。歐巴馬和習近平的說法，在說明一項事實，但更重要的是，兩國元首也在宣示他們重視和平發展，不輕啓戰端的決心，並寄望獲得對方同樣的回應。

相較於中美關係，亞洲大陸之大，又爲何「容不下南北韓」？現實的發展卻顯示，南北韓關係從不平靜，且歷經有大大小小衝突，激起周遭地區緊張和動盪。朝鮮半島總面積 22 萬平方公里，只比中國的湖南省略大，比廣西壯族自治區略小，以北緯 38 度爲界分屬南北韓。那是意識形態格格不入、政治經濟體制絕對歧異，又從未正常對待的兩個國度。

歷史上出現了多次的南北韓衝突，包括發生在 1950 年長達三年的韓戰，雙方共計 200 萬以上的民衆喪生。三年的鏖戰也使聯合國介入，聯合國率領 16 個國家派出軍隊參戰，中共也徵調了「抗美援朝志願軍」對抗聯合國軍隊，這是北京在 1949 年建政之後第一次對外用兵，從此打壞了與聯合國和美國的關係，影響所至，中共直到 1971 年才成功進入聯合國。

晚近南北韓的軍事衝突，包含 2010 年 3 月發生的南韓海軍天安艦遭擊沉，導致 46 名南韓海軍官兵死亡的重大事件。南韓指稱歷歷，認係北韓發射魚雷攻擊了南韓艦艇，但北韓矢口否認犯行。期間雖經聯合國支持的調查活動，然而各大國對調查結果有著南轅北轍的不同評價，長期迄無定論，北韓亦無意認罪。2010 年尙屬李明博總統時代，而朴槿惠總統時期，兩韓關係依舊低迷不振，顯然南韓與美國太親近、同時與北韓太敵對。北韓過去在 2006 年、2009 年和 2013 年進行的三次地下核子試爆，被視爲對全球挑釁。尤其北韓選在 2013 年農曆年期間進行試爆，距離朴槿惠就任總統僅一週有餘，北韓仇視朴槿惠政府，兩韓的敵對可見一斑。

非軍事區的兩枚地雷

2015 年 8 月 4 日，兩名南韓士兵在板門店附近非軍事區被地雷炸成重傷，南韓認爲地雷係北韓埋設，因此 8 月 10 日由國防部提出指控，並自當天開始，重啓停播十一年的擴音器對北韓發動心戰喊話。據瞭解，心戰喊話的內容無非指責北韓的窮兵黷武、宣揚南韓的進步實況和金正恩的「殘民以逞」。強效的高音喇叭使喊話效果強勁，天氣較佳時可直入北韓境內 25 公里，天氣較差時也可達 15 公里之遙。北韓不耐之下，8 月 20 日朝向南韓擴音器發射 4 枚砲彈，南韓回敬 29 枚砲彈。北韓另對南韓下達最後通牒，限定南韓在 8 月 22 日下午 5 時之前停止心戰喊話，否則將即開戰，致使兩韓關係急遽緊張。

即使兩韓關係惡化，即將衍生另一場國際危機，仍適時地出現微妙的轉機。就在北韓要求期限的到達的前幾小時，南北韓雙方同意在 8 月 22 日下午 6 時，在板門店進行會談。會談方式爲「二加二式」的高層對話，南韓代表爲青瓦台國家安保室室長金寬鎭和統一部部長洪容杓，北韓方面則派出人民軍總政治局局長黃炳誓和統戰部部長兼勞動黨中央書記金養健。四人的職位都很高，算是旗鼓相當，可直通各自的權力最高層。尤其是黃炳誓爲金正恩之下的北韓第二號人物，曾參加 2014 年仁川亞運閉幕典禮，並旋風式地造訪南韓高級官員，包括見到了朴槿惠和當時的統一部部長柳吉在。

雙方談判開始曾陷入僵局，但仍存有不醞釀新事故的默契，以免干擾談判進行。美國在當時的南北韓危機談判亦發揮了一定的作用。當時南北韓關係惡化，還起始於另一項因素，即是自 8 月 17 日至 28 日正在進行中的年度美韓聯合軍事演習，北韓感覺深受刺激。美國因此表示爲因應兩韓談判，暫停與南韓進行的軍事演習。南北韓雙方均不願事態擴大，蓋由於動盪的朝鮮半島不利於南韓的經濟發展，南韓不願與北韓糾纏，所以南韓考慮不再進行對北韓心戰喊話。北韓方面，以其經濟窘境，將無力應付美韓聯軍的軍事壓制。倘若北韓眞的和南韓開戰，金正恩政權終將承受不起。「北韓做做樣子可以，但它不利於眞打」，是各方觀察家的共識。8 月 25 日雙方達成協議，南韓停止針對北韓的心戰喊話、北韓則對南韓士兵被炸傷表示「遺憾」。

不過一波方平，一波又起。就在南北韓雙方緊張關係降溫不久，竟再度出現令人擔心的狀態。事實上雙方在 9 月 8 日獲得協議，將舉行旨在服務雙方離散家族團聚的活動，這項活動原本訂在 10 月 20 日至 26 日，屆時將有 200 名來自北韓、250 名來自南韓的居民，和他們失散的親族在北韓境內的金剛山相會。不過北韓又做出了一連串的動作，可能使這活動被推遲。更重要的是，雙方脆弱的互信再度遭受嚴重打擊。

北韓重啓寧邊核能設施

雙方新一輪對抗的導火線，是北韓在 9 月 15 日突然宣布它將使坐落寧邊的核能設施重新運轉，以及再度發射飛彈。北韓在聲明當中強調，重新運轉的核能設施包括加強鈾工廠和核子反應爐。北韓指稱它已經發展出對付美國與反對勢力的能力，北韓核武數量和質量可謂「與日俱增，完全達到核武國家的標準」。發言的北韓原子能研究所所長甚至誇下海口，北韓可能將進行第四次核子試爆，並且已經完全準備好用核武對付敵人了。

對於北韓可能停止雙方離散家族團聚，以及威脅重新運轉核能設施，南韓和美國的反應相當強烈。南韓指稱北韓的行動，將使南韓「嚴重關切」，又稱北韓直接挑釁了聯合國安理會爲幾次北韓核子試爆所做出第 1695 號、第 1718 號、第 1874 號、第 2087 號、第 2094 號等制裁決議案，這些決議案禁止北韓製造或試驗彈道飛彈及其他大規模毀滅性武器。即使面對安理會的制裁，多年來北韓仍然置若罔聞，何況是南韓的警告。美國國務院發言人則強調，北韓任何彈道飛彈的發射，將再度違反聯合國的決議。不過，美國也並未說明華府將採取何種進一步措施防止北韓的冒險行動。

美國的立場清晰，即是無論北韓怎麼說它已有核子試爆的能力，就是不承認北韓的核武國家地位。迄今世界公認的核子俱樂部成員國，僅有聯合國五個常任理事國，外加印度和巴基斯坦。蓋印巴兩國早在 1998 年即成功發射了核子洲際飛彈，世界不得不承認他們也是核武國家。國際事務觀察家也同意，以色列也應是核武國家，但以色列不願意承認，以免激起中東地區的武器競賽。至於北韓，則自金日成、金正日和金正恩三代的努力，從未放棄對核武的追求，南韓備感安全受到威脅，且波及日本。美國因不承認北韓的核武地位，除運用安理會的多次決議壓制北韓，美國與南韓施行的聯合軍事演習更從未斷過。不過，美韓的軍事演習與北韓的冒險主義，則一直是「雞生蛋」或「蛋生雞」的爭議，誰爲「麻煩製造者」一直是無解的問題。

中共的角色引人揣測

針對南北韓的對抗，到底中共的角色如何，始終是不斷引人揣測的問題。中共當然不願北韓擁有核武器，因爲此將容易引起美國的干涉或介入，中國東北各省暴露在美國的攻擊範圍。不過，北韓核子試爆係「生米已成熟飯」，北京的作爲僅能勉強約束北韓不要再試爆或發射飛彈，近年來中共在安理會也傾向支持對平壤的制裁案，顯示北京願意呼應國際社會的要求，使中國眞正成爲一個「負責任的大國」。當然此舉則使北京和平壤心生嫌隙。相反地，南韓與中共關係將逐漸拉近。

2015 年 3 月南韓不顧美國的反對，加入了北京發起的亞洲基礎建設投資銀行（簡稱亞投行）且成爲創始會員國，9 月 3 日朴槿惠且毅然參加北京舉辦的抗戰勝利七十年紀念活動，正是藉進一步拉近和中共的戰略合作關係，離間北京和平壤，讓南韓擁有對北韓的相對優勢。朴槿惠也看重中韓快速騰飛的經濟合作架構，南韓從這裡可以獲得巨幅的商業利益。朴槿惠的思慮細膩，加以習近平樂得心領神會，南韓與中國大陸的交往熱絡，與金正恩在北京「九三」慶典當中的缺席恰恰成為強烈對比。

南北韓對抗，特別是北韓的刻意挑釁，常不可避免地引起朝鮮半島和周邊區域的緊張。除非南北韓終歸一統，否則圍繞在朝鮮半島上的危機不可能就此停歇，周邊國家的政府和人民，必須習慣於接受大大小小危機的不斷出現。不過，大型戰爭，特別是第二次韓戰，根本不可想像。更重要的是，北韓自顧不暇，金正恩的大動作應是從衝突、妥協的過程中，提升金氏的地位，並寄望得到一些政治或經濟利益。金正恩治國可能困難重重，不像其父祖時代一樣容易，但即使金氏終將挫折連連，也無力再發動另一場韓戰了。

◆《海峽評論》，第 298 期（2015 年 10 月號），第 39-42 頁。

第 3 篇

軍備競賽衝擊東北亞安全

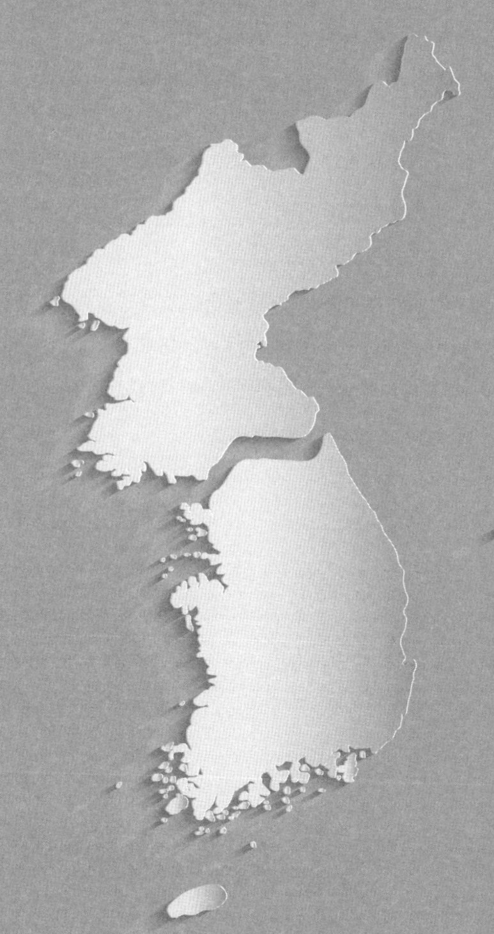

13 中日首腦相見也是無趣

2015 年 11 月 1 日，中國大陸與南韓、日本在南韓首都首爾舉行三年多來第一次的三國領袖高峰會，是擾攘的亞洲，特別是這三個地理上接近，卻關係不甚友好國家間少有令人矚目的消息。這三個東亞地區的經濟體，涵蓋了世界第二、第三和第十四名，這三個國家各自在全球事務都獨領風騷，三國經濟力量加起來亦不可謂不大，但這三國和區域外國家（諸如美國和西歐）都關係密切，只是和最貼近的國家關係不睦，這在其他地區很難想像。中日韓領導人能在歷經動盪之後，轉而思索走向和解合作之路，確實要有相當的智慧和勇氣。

首爾召開的三國領袖高峰會，南韓朴槿惠總統爲東道主，日本則依慣例由首相參加，大陸方面由國務總理李克強代表參加，而非由國家主席親自出馬，有媒體稱那次會議，在實際上的感覺，有別於正式的高峰會。觀察家指出，中韓另一形式的高峰會，不久前已由朴槿惠藉參加中國大陸慶祝九三抗戰勝利七十週年閱兵儀式取代。換言之，中韓之間的「高峰會」才剛過，習近平和朴槿惠並非必要再次見面，反倒是以當時中日關係而言，習近平更無必要和與安倍見面，因爲相見「也是無趣」。

中日韓高峰會達成宣言

李克強銜命而來，自然是頗得到南韓上下的歡迎，他相對地比較以技術專家的風格，讓會談聚焦於經濟合作，同時想避開纏繞數十年不去的雙邊關係問題。不過他也說，在過去三年裡，中韓日三國合作機制因困難波折而停滯不前；他說，中韓日三國是近鄰，相信三國若能順利合作，將能發揮更大的作用。不過李克強意有所指地說，東亞各國應在處理好包括歷史等敏感問題上，增進彼此理解的基礎上實現合作，但部分國家之間未能深入理解對方「令人惋惜」，希望三國實現眞正的包容與寬容。

朴槿惠提到，東亞地區在經濟領域的相互依賴日益加深，但始終未能解決政治、安全領域的矛盾和問題；她說，三國之間無限的合作潛力未能得到發揮，是相當可惜的。朴槿惠也希望以這次會議爲契機，實現中韓日三國合作正常化，共同克服阻礙三方合作的障礙和挑戰，建立眞正的夥伴關係，在東北亞樹立和平與合作秩序。

安倍晉三則回應，日本一貫主張中日韓三國儘早舉行領導人會議，日方高度評價，韓國在事隔三年之後重開這項領導人峰會。他也認爲三方在促進東北亞地區的和平與繁榮富強重大的責任，三方因此應加強所有層面的對話與合作，並且提議三方能在地區和國際事務方面「坦率地」交換意見，安倍也寄望於這次之後，三國元首的高峰會能重新走上正軌。

南韓與日本之間的關係最爲複雜，日本觀察家則語帶樂觀地看待三國峰會，認爲峰會對兩國而言都是「跨出了重要的一步」。確實也是如此。南韓緊追日本不放的議題，包括歷史遺留問題和慰安婦，但國際觀察家都認爲安倍不可能在會議當中就這些議題做出讓步。三國代表都聲稱願拋開歷史仇恨，商討共同的安全和貿易問題。會議的結論之一，是通過了「走向和平繁榮」的一份聯合宣言，三國代表還同意日後將「定期」舉行峰會和加強秘書處功能。

歷史上的中日韓高峰會

中日韓首次領導人高峰會於 2008 年 12 月在日本福岡舉行，會議簽署了《三國夥伴關係聯合聲明》，確立了三國合作的方向和若干原則，會議也通過了《國際金融和經濟問題的聯合聲明》、《三國災害管理聯合聲明》以及「推動中日韓三國合作行動計畫」。2009 年 5 月，第二次的中日韓領導人高峰會在北京人民大會堂舉行。會議期間，溫家寶、鳩山由紀夫、李明博等三人對國際和地區問題交換意見，當時三國還決定了共建「東亞共同體」作爲共同合作的大方向。

2010 年的三國領導人高峰會議，在當年 5 月韓國濟州島舉行，三國領袖還爲天安艦遭到擊沉事件共同表示哀悼。2011 年的三國領導人高峰會在 5 月於東京舉行，溫家寶、菅直人和李明博出席會議。會後的共同宣言包括以下的幾個重點：三國希望在 2011 年在韓國建立三國合作秘書處；2011 年完成三國自由貿易區聯合研究；儘早針對三國投資協定談判達成實質性共識；以及探討建立三國循環經濟示範基地。2012 年 5 月，第五次中日韓領導人高峰會在北京舉行，溫家寶、野田家彥與李明博共同出席。當時的熱點曾是中日韓正式簽署投資協定，並同意在當年內啓動中日韓自由貿易區談判。

2012 年 9 月 11 日，野田佳彥政府突然宣布將釣魚台（日人稱尖閣群島）「國有化」，因而爆發了中日之間劇烈的領土爭執，雙方關係直入谷底且數次幾乎爆發軍事衝突。加以日本與韓國關於歷史遺留議題懸而未決，李明博在獨島登陸，獨島歸屬成爲日韓不合另一導火線，雙方關係迄未回溫，2013 年與 2014 年的中日韓高峰會便無以爲繼。2015 年 11 月，高峰會才重新召開，不過世局和東亞局勢已發生重大改變。其中包含日本更大規模地爲其自衛隊被派遣至日本以外地區的限制予以解禁，美日兩國在 2015 年 4 月再次修正雙方的防衛指針，使日本有更大的主動權力和美國軍力「並肩作戰」，以及美國在亞洲進行「再平衡」的深化等等，中國大陸與美國日本的矛盾正在加深，韓國夾在中美日之間，固然其經濟力可觀，但韓國更需要在夾縫當中維繫有利於自己的均衡態勢。

差距極大的韓日與中韓關係

國際觀察家曾在這次高峰會前預測，以中日韓之間的關係，日本很難對中韓做出讓步，中韓也對日本的作爲群情激憤，看來並無空間產生哪些具體的成果。以日韓間糾纏多年的慰安婦議題爲例，日本主張此項第二次世界大戰期間所牽涉的侵略事項，早在 1965 年日韓復交條約簽訂時就已經「解決」了，可是韓國並不這樣想，韓國認爲慰安婦並未得到應有的人道性賠償。

在首爾日本大使館對面的人行道上，一條長板凳上坐著一位慰安婦的銅像。正面看慰安婦，是一位年輕女子，神情落寞，低頭沉思，腳旁放著一雙布鞋，不過在長板凳的後方有一條彎腰駝背的身影，象徵著女子的年華老去，終究未能得到應有的照顧，特別是沒能等到日本政府的公道。南韓受害的「慰安婦」快速凋零，至 2015 年僅剩 20 餘位，她們很快地也將接連離開人世。日本的回應正是韓日關係無法「正常化」的重大原因。

即使如此，北韓核武仍然是日韓兩國共同焦點，這是日本向來有求於韓國的議題。日本始終認爲北韓核武是以日本爲假想敵，日本、北韓迄未建交，北韓對日本敵意仍深，主要基於過去日本在朝鮮半島殖民三十五年，加以日本長期支持韓國圍堵北韓，更重要的是，日本被北韓視爲侵略者美國帝國主義的鷹犬。不過韓國認爲基於民族主義的立場，北韓不會無端對南韓施加毀滅性的打擊，韓國的傳統武力早已超越北韓，在武力對峙形勢上，韓國站在有利的地位，與日本對北韓的疑慮大異其趣。

日本既然和美國加強防禦合作，美日的主要目標依然是北韓，日本自衛隊倘若應美國之請參加朝鮮半島或周邊戰事，會否自行其是逕自派軍至朝鮮半島作戰，會否與韓國商量軍事大計，關於這點，韓國需要日本一個承諾，必須先與韓國協商而後謀定。日韓之間的矛盾深刻，朴槿惠在青瓦台會見了安倍，竟然連午餐都沒準備給安倍，雙方心結可想而知。

與韓日關係氣氛完全不同的是中韓關係。除了朴槿惠在 9 月初赴大陸參加抗戰勝利慶典和閱兵，可看出雙方領導人的互信之外，中韓雙邊往來一直快速增進當中。爲了推動三方高峰會，習近平曾先在北京與朴槿惠會商，他一語道破雙方人民曾團結對抗日本的殖民侵略，才獲得民族解放。因此共同對抗日本的思維，還是在中韓領導人的內心底層從未離開。現行支撐日本軍國主義復甦最大的推手還是美國，因此中國大陸鼓舞韓國的抗日情緒，有「敲山震虎」、給美國顏色看的意味。南韓則希望北京在北韓核問題上能做到遏制北韓挑釁的意志和行爲。因此，不論是經濟的或政治的，中韓之間的相互依賴關係正在快速深化。這是無論中日或韓日兩對雙邊關係所最欠缺的質素。

美國的角色

中韓日領導人峰會的焦點還包括經濟議題。三國峰會的召開，相當程度上即已表明經濟務實主義，應該超越歷史反感和領土對抗，積極朝向更大的經濟合作以便爭取雙贏和多贏的局面。早在三年前三方即同意將啓動自由貿易區談判，但當年的不和導致了延宕。設若中國大陸所提的亞太自由貿易區（Free Trade Area of the Asia Pacific, FTAAP）以及涵蓋東協國家、印度、日本、韓國等的區域全面貿易夥伴關係（Regional Comprehensive Economic Partnership, RCEP）遭受美國的杯葛，那麼將說明中國大陸的經濟統合前景受到極大的挫折，美國所主導的 TPP 既然排除了中國大陸，北京的憤慨將更無可消除。美國歐巴馬政府所致力的再平衡政策，除了加強在亞太地區的軍事聯盟和加強美軍介入能力之外，就是 TPP 對於中國大陸的圍堵了。無論 TPP 或 RCEP 都有南韓的身影，對於中國或美國而言，只能選擇其一，或遭排除在另一個之外，因此南韓具有相當的優勢。首爾主辦第三次中日韓三國高峰會，曾積極促成「中日韓自由貿易協定」的繼續開展，無論成或不成，已經獲得中國大陸的肯定。朴槿惠可藉此達成中韓自由貿易協定的平台，也可以爲將來的中日韓自由貿易協定使出更大的推力，超過日本而站在優勢的地位。

可以看出，美國也促成了這次的中日韓高峰會，原因是美國與日本、南韓都維持著軍事同盟關係，但日韓兩國卻因爲各種因素而無法合作，使美國在東亞的安全保障體系出現了一個巨大的缺口。美國急於希望韓日關係能儘快做出彌補達到緩和，透過中韓日峰會，南韓賣了美國的人情，回應了美國的要求，由朴槿惠和安倍碰面，南韓可藉著日韓對話，改善和日本的關係，並爲未來的日韓關係制度化，及作爲連結美國 TPP 的橋梁，日本也希望藉助於韓國的牽線，進一步達成和中國大陸的高層對話，維持搖搖欲墜的互動。

結語

中日韓高峰會議對任何希望看見東亞地區走向和解合作的人來說，都可稱爲進步之舉，當初創建此項對話的人士，深具先見之明。他們深知東北亞地區不能跳脫中日韓的合作，否則無以支撐整個東亞的經濟發展。他們也深知，中日韓如果持續二次大戰時期的戰爭仇恨、不能化干戈爲玉帛，則東北亞將永無寧日。不過，由於日本的角色特殊，中韓與日本的歷史情結將無法快速冰釋，且日本迄未對於她在二次大戰期間所犯下的罪行做出反省，更緊密聯繫美國企圖掩蓋歷史，或進行翻案，這是中日韓三國和解合作最大的障礙。吾人不能期待三國高峰會能夠立竿見影，蓋因三國恩怨情仇極其複雜，但吾人認同這樣的嘗試，並期待相關國家能捐棄前嫌面向未來，亦希望境外強權也樂觀其成，努力促成並提供協助。

◆《海峽評論》，第 300 期（2015 年 12 月號），第 10-13 頁。

14 北韓氫彈試爆牽扯的國際利害

北韓在當地時間 2016 年 1 月 6 日上午，於北部咸鏡北道吉州郡的豐溪里核子試驗場進行該國的第四次核試爆，當天中午再由北韓政府確認那是一次「氫彈」試爆，也是北韓有史以來最大規模的核子試爆。這次試爆，引發了芮氏規模 5.1 地震，規模相當於 2.2 萬噸黃色炸藥威力。北韓當局宣稱這是「氫彈」，不過它的炸藥當量與 1945 年 8 月轟炸日本廣島、長崎的兩顆原子彈威力相當，北韓的說法，並不能廣受各國認同是「氫彈」，大多懷疑這顆所謂「氫彈」具有的軍事威脅到底有多少。儘管如此，這顆氫彈帶來的政治效應，卻是不同凡響。

伊拉克、利比亞殷鑑不遠

首先，中國大陸的東北地區，因這顆「氫彈」而深受震撼。靠近北韓邊境的吉林省延吉、琿春、長白等縣市均感覺明顯地震。中國延邊地區由於事先並未受到北韓知會將有核子試爆，原以爲這是自然生成的地震，但立即有推定地震屬於人爲的，議論紛紛直到北韓正式承認。

北韓核子試爆在此之前已進行三次，分別在 2006 年 10 月、2009 年 9 月、2013 年 2 月，過去的北韓核爆，都爲平壤帶來全球敵視，特別是西方國家的強大壓力，及聯合國安理會的經濟制裁，也使北韓在國際社會更加孤立。多數國家認定北韓民窮財盡，卻又窮兵黷武。前幾次核爆，北韓領導人似乎並不放在眼裡，因爲國家戰力，特別是擁有核武器，是他們高過於一切的生存憑藉。

從北韓立場而言，擁有核武是和美國及西方世界對抗的終極武器，也可抵禦南韓的統一攻勢，是至高無上的必需品。況且，過去幾個獨裁政權的垮台，或因爲這些國家沒有高瞻遠矚的領導人，或由於缺乏核武器作爲後盾，被美國與西方盟國消滅，伊拉克、阿富汗、利比亞的殷鑑不遠，這是金正日和金正恩尤其念茲在茲的。

金正恩指稱，北韓試驗氫彈，是「保障朝鮮半島和平與區域安全的自衛性措施」，是北韓作爲主權國家的合法權利，也是「堂堂正正的行爲」。而 1 月 8 日正是金正恩的生日，那次氫彈試爆，顯然有爲金正恩「祝壽」的味道。不過，北韓無視國際反核意識，以及國際維護核不擴散的努力，而刻意做出這樣的挑釁，實在令人嘆息。

明顯針對日本

感受核爆最直接威脅的是南韓。南韓政府立即發布聲明，譴責北韓進行氫彈試爆，並敦促北韓以「不可逆轉」的方式銷毀全部核武器，進一步要求安理會討論此議題舉行相應制裁。朴槿惠政府強硬地聲明，任何來自北韓的挑釁或攻擊，無疑都將遭到南韓「徹底無情的回擊」。朴槿惠政府的制式回應，並不能制止北韓的冒險主義核試驗，也無法促使安理會有效制裁北韓，南韓反應純屬痛苦無奈。

日本首相安倍晉三立即表示這是對日本和區域和平的重大威

脅，強烈譴責北韓的氫彈試爆。日本常常是北韓冒險主義外交和戰略行為的假想敵，北韓抨擊日本作為美國帝國主義幫凶，指責迄未停止。又基於朝鮮民族主義，強烈批判日本對朝鮮三十五年的殘酷殖民統治。因此北韓的氫彈試爆，對日本是有針對性的，東京感受的威脅甚於南韓。日本向來有美國核子傘保護，過去兩年來，日本在安倍首相的強力推動下，自衛隊的集體自衛權限制鬆綁——換言之，自衛隊的行動自由擴大許多，日本正思索如何加強對北韓的偵蒐和防制行動，但更有可能招惹北韓更大的反彈。

北京政府針對北韓氫彈試爆，做出了空前強硬的回應。外交部發言人華春瑩表示，中國政府堅決反對這次的核試驗，並強烈敦促北韓信守朝鮮半島無核化的承諾，「停止採取任何惡化局勢的行動」。她說，中方將堅定推進朝鮮半島無核化目標，堅持透過六方會談的框架解決朝鮮半島的核武問題。重要的是，華春瑩也表示，中方事前不知道北韓要進行氫彈試爆，中方堅決反對北韓的行動。外長王毅也指稱，中方將堅定維護國際的核不擴散體制，對於北韓不顧國際社會反對，再次進行核武試爆，北京已通過外交部聲明表明立場，就是「堅決反對」。

華春瑩和王毅的聲明，說明了北京歷來對北韓外交的侷限。中國大陸敦促北韓信守朝鮮半島無核化的承諾，已經不是第一次，而是許多次了。可是並不能有效敦促或制止北韓的脫序行動，中共當局也常成為國際社會攻擊的箭靶，認為北京在節制北韓冒險行動上，該做卻沒能做到。再者，六方會談已經在 2009 年中斷，截至氫彈試爆為止，六方會談停頓將近七年的時間。固然六方會談的延宕，不能全怪北韓，不過身為重要當事國之一（另一重要當事國為美國），北韓一意孤行實難辭其咎。王毅的聲明提到了 1968 年生效的《核不擴散條約》，惟當時僅有五大強權擁有核武器，從北韓角度看，他們限制別的國家擁有核武器，就是不公平，更無法忍受。即使是以色列、巴基斯坦、印度等國都可成爲核武國家，爲何唯獨北韓不行？要北韓遵守《核不擴散條約》，從來就不是一件容易的事。北韓若無絕對保障，絕無可能「棄核」。

美國不滿北京對北韓的軟弱態度

美國的回應也相當迅速和強硬，不過美國還是以其亞洲盟國安全爲念，強烈譴責北韓的挑釁，並再次聲明必將捍衛其盟國。美國在北韓氫彈試爆事件當中，顯示美國對於中國大陸的不滿，美國國務卿凱瑞甚至直白指出，北京對北韓的軟弱態度似是養虎遺患，對中共表示不滿。就在事發第二天，凱瑞就在給王毅電話中，語帶指責地說，北京對北韓的作爲是一方面給壓力，另一方面又想改善長期緊張關係，這樣的做法，「已經證明是一項失敗」。凱瑞甚至對王毅說，美國過去尊重北京對北韓政策，也認爲對北韓需要時間和空間去操作。但凱瑞說，美國要跟北京說清楚的是，這種方式不奏效，而且美國不能容忍再繼續這樣下去了。

凱瑞進一步提到：在北韓進行氫彈試爆之後，北京只同意不對裝載軍事物資前往北韓的貨輪放行，針對某些和試爆有關的公司和個人提出制裁，可是在安理會卻掩護北韓，使制裁案不易排入議程或通過。知悉美國政策的外交界人士說，美國正積極草擬一份制裁案，提出安理會讓它通過。不過，以中國大陸爲首的幾個國家，如俄國等，還是會讓聯合國制裁無法成案。

美國想提給安理會較嚴厲的制裁構想之一是，要求聯合國各會員國，不讓北韓的船隻靠泊在各國港口，特別是與北韓有密切商務關係又鄰近的中國大陸和俄國等，將是首當其衝被監督的國家。不過，裝載醫藥或人道救援物資的北韓船隻將不在此限。正因爲這樣，北韓還是有漏洞可鑽，有些軍事物資甚或戰略物品，仍可通過這樣的管道送進北韓境內。

美國研擬的第二個制裁北韓方案是，斷絕北韓和外國的金融聯繫，亦即凍結北韓在海外銀行的資金資產。美國曾經主導安理會就核武問題與伊朗談判，其中一項武器即是砍斷伊朗與各國資金往來以及該國在世界各地銀行的資產。過去在柯林頓總統時代，美國也曾以凍結北韓在澳門盤谷銀行（Banco Delta Asia）的 2,500 萬美元資金，作爲壓迫北韓就範的手段。這種手段固然可以暫時對北韓高層生活造成不便，但北韓高層總有其他漏洞可鑽，美國最後還是在南韓反對之下鬆手。但是這次事件，美國並未放棄同樣策略，美國可能認爲，凍結北韓銀行資金可在相當時間內擾亂北韓高層的決策，讓金正恩政權面臨難題。

北京不會讓北韓垮台

美國認爲對付北韓最有效的做法，應該是請中國大陸限制，或砍斷對北韓的石油補給。北韓是高度依賴中國輸出能源糧食和人道救援的一方，以石油來說，北韓極度仰賴幾條從中國延伸至北韓的輸送管線，如果一旦切斷，自然北韓外來物資供給中斷，北韓的工業生產、人民生活就完全失序。不過，北京很反對這麼做，因爲中國大陸深怕如此使得北韓政權瀕臨崩潰，崩潰的北韓將是周邊國家的夢魘，大批北韓難民將四處流竄，中國大陸東北各地以及山東半島均無法倖免。

不但如此，可能連南韓、俄羅斯、日本等各國都將遭殃。事實上，中國大陸也不會冒著南韓統一北韓的危險，對平壤見死不救，中國不願意南韓統一北韓，這意味著中國將直接與美國所支持的一個新的韓國接壤。

美國的這三個做法，顯然都不可能獨力做到。其一，聯合國的強力制裁，過去已有多次，一次比一次強烈，但奈何不了金正日或金正恩，且搧起了北韓的嫉世仇美氣焰。聯合國的制裁，看來各國立場一致，但中國大陸和俄國網開一面，北韓就可在夾縫中找到生機突圍而去，有效的制裁幾乎不可能。新一次的制裁，想必無法超越過去任何一次，美國如期望聯合國，可能將大失所望。再者，倘若不讓北韓船隻靠岸停泊，恐也傷害自由貿易精神，也無法完全攔阻藉由人道救濟管道進入北韓的「違禁品」。

其二，斷絕北韓的資金恐沒那麼容易。當前國際基金的往來極其自由、祕密，美國不可能掌握每筆北韓有關的資金，如由於防制北韓，而侵犯到其他國家、公司或個人資金流動或權利，美國將承擔更大風險與責任，將成爲衆矢之的，乃至國際共同憎恨的對象。

其三，要求中國大陸切斷和北韓的經濟聯繫，更是無法想像的事。北韓有 2,500 萬人口，北韓政府必須維繫內部政治基本的穩定，民生有關物資供應不可或缺。事實上，北韓動輒進行核子試爆，無非也是爲了維持內部的穩定和金氏政權的有效統治。倘若金正恩政府被逼急了，有可能進行軍事科技輸出賺取外匯，再以外匯維繫足夠物資以滿足民生需求。一則中國大陸不會放著生意不做；更重要的是，唇亡齒寒，北京不會讓北韓垮台。

倒是南韓在美國的鼓勵下，重啓對北韓的心戰喊話。即使 2015 年 8 月南北韓已同意不再進行類似的挑釁行爲。在北韓試爆氫彈之後，南韓再度恢復對北韓的心戰廣播，這是朴槿惠政府所能想到的直接回應。南韓還是婉拒美國所提的，在韓國儘速建立一套高空飛彈防禦系統（Terminal High Altitude Area Defense, THAAD，亦即「薩德」系統）。美國以北韓的挑釁升高爲由，再以薩德系統拉近南韓，促使南韓、日本接近，結成美日韓連線，壓制中國大陸、俄國和北韓。

南韓婉拒的理由是，設若引進薩德系統，北韓民族主義將受到更大刺激，且重要的是，南韓不願因薩德系統刺激重要的經濟夥伴國中共。美國自從 2013 年北韓第三度試爆核武後，就在南韓進駐 B-52 戰略轟炸機、B-2 長程轟炸機，北韓試爆「氫彈」後，更增加 B-52 和 B-2 軍機巡邏頻率，屢次在南北韓交界空域保持警戒，美國自身的對策，仍以嚇阻北韓並避免南北韓雙方衝突爲著眼。

六方會談成了擋箭牌

美國的軍事情報專家指出，如果北韓繼續核武研發，六方會談停開可能更是北韓規避國際查核的最佳擋箭牌，如此則在 2016 年之內，北韓最多可製作出 20 枚核彈頭。北韓一直努力使核彈頭在當量一定時體積最小化，如此可順利裝載火箭發射至攻擊目標。過去歐巴馬政府採取的「戰略耐性」（Strategic Patience）漸被質疑爲對北韓並無遠見，也無具體可行的政策，完全是被動無作爲且失去先機，有專家甚至說這是「戰略消極」。

美國對北韓核武政策的立場，一向是堅持北韓必須承諾先放棄核武、凍結一切核武設施、容許國際原子能總署人員查核。在北韓尚未做到這些先決條件之前，美國將不舉行新一輪六方會談，並要求日韓採取同樣立場。這樣的立場決無法使北韓信服，六方會談陷入僵局且復談無望，也與中國大陸恢復對話的意願相違。美國杯葛北韓，北韓不回談判桌，平壤愈益樂此不疲，結果北韓核武發展完全得不到控制，外界更是無從知曉。

至此，北韓核武科技愈來愈先進，彈頭愈來愈多，平壤是唯一的贏家，其他則全是輸家。長此以往，設若北韓核武終將引發列強壓制而形成全球危機，則全球皆是輸家，自然也包含北韓自己。屆時，包括美國在內的強權豈能無過？

◆《海峽評論》，第 302 期（2016 年 2 月號），第 13-17 頁。

15 北韓再度牽動東北亞強權敏感神經

1945 年 8 月，美國以兩顆原子彈投擲日本廣島和長崎，提早結束二次大戰，世界自此進入核子時代。所謂核子時代，即是武裝先進國家以熱融核爆炸形成巨大殺傷力取代傳統武力，給敵方致命打擊。此後美國意欲獨占核子科技，防止敵方擁有同樣或類似的武器，以維持戰場絕對的致勝優勢，進而再以核武作爲外交工具，作爲壓制使敵方屈從的憑藉。

1940 年代結束前，美國一直是獨占核子武器的國家，不過，蘇聯在 1949 年也發展出核武器，美國的獨占維持不過四年之久。英國在 1950 年、法國在 1960 年也試爆核武成功，中共則在 1964 年 10 月，在新疆羅布泊首度試爆成功，至此世界五強便都成了核武國家。

擁有核子武器是一回事，將核子武器投射至敵國則是另一回事。美國在 1945 年以原子彈攻擊日本，載具是 B-29 轟炸機，時至今日，戰略轟炸機固然仍是不可缺少的載具，惟 1970 年代之後，美蘇兩國發展出長程火箭，並使核子彈頭縮小及精緻化，加強長程火箭精準度，終於可將核子武器裝載於洲際彈道飛彈（Intercontinental Ballistic Missiles, ICBMs），給遙遠的敵國致命打擊。

正因爲美蘇兩國都具有同樣的毀滅性能力，即使雙方擁有的核武器及推進器數量不一，同樣擁有毀滅對方的能力。即使萬一被對方攻擊，被攻擊國家的核武不會完全被消滅，即使少數核武存活，該國也有「第二擊能力」（second strike capability），反過來亦可給對方毀滅性的打擊，此即是「相互保證毀滅」（Mutually Assured Destruction, MAD，與「發瘋」同意）的概念。衡諸冷戰結束前美蘇兩國即使嚴重敵視，可用盡其他方式削弱對方，卻始終不敢以核武相向，得以維持長久以來的「恐怖平衡」（balance of terror）。

北韓政權與核子武器已成孿生兄弟

從過去歷史發展看來，核武國家必然要在發展核武強大打擊力的同時，增進載具（中長程飛彈）的精確度，方能成為具有威懾力的戰略武器。過去西方列強和中共如此，今日的北韓亦復如此，因此世人不必驚訝北韓在 2016 年以來進行的連串動作，雖然這些動作絕非始自今日。國際社會因為北韓的冒險主義，再次受到震撼，導致東北亞區域再次出現動盪。

由於核武是有效的終極武器，擁有核武是強國的象徵，處在世界強權周圍，又面對逐漸強大的南韓，北韓領導人自然深感擁有核武的迫切性。加以冷戰結束之後，蘇聯瓦解，俄國不再視北韓為兄弟國，即使中共也不再對北韓言聽計從，有時中共甚至加入其他強權壓迫北韓服從國際《核不擴散條約》，放棄核武研發。北韓從金日成、金正日、金正恩等三代領導人，念茲在茲者，正是決不放棄核武發展，當成本國求生、對抗強權的壓箱寶。

任何想叫北韓放棄核武努力的嘗試，不是徒勞就是受到強悍抵制，從 2002 年北韓承認發展核武為國家決策以來，北韓和國際社會的對立，一直就是核武議題所帶動，成為新舊世紀之交，最棘手的國際安全難題。

時至今日，不可避免地，北韓與核武器已成為一對孿生兄弟。從北韓而言，核武與長程彈道飛彈也是一對孿生兄弟，必須齊頭並進，這也是為什麼繼 2016 年 1 月 6 日（農曆小寒），北韓宣布成功試爆氫彈之後，再進一步於 2 月 7 日（恰巧是除夕）發射了長程導彈（北韓自稱是「光明星人造衛星」）。此舉再一次挑戰聯合國加給予北韓的制裁，且再一度牽動東北亞強權敏感的神經。

北韓視國際警告與制裁如無物

1 月 6 日北韓宣布進行氫彈試爆，立即引發國際社會反彈，除聯合國安理會發出強烈譴責之外，美國總統歐巴馬和日本首相安倍晉三等安理會成員國首腦積極研擬制裁案，並要求中共和俄羅斯等國呼應。南韓總統朴槿惠也在事發後與美日方面聯絡，據稱三方都同意應該與其他安理會成員國商討對北韓的制裁。由此看來，北韓的動作正在加速美日韓等國的重新聯手。

不僅如此，就在 2015 年 12 月 28 日，對於日韓兩國「順利解決慰安婦問題」，美國表達「由衷的祝賀」，因「慰安婦」問題的解決，使美國長期促成其遠東重要盟國合作，終於成為事實。加以北韓的冒險主義行為，加速華府達成過去多年改善日韓關係的計策。

北韓在氫彈試爆一個月後，發射了長程導彈，這是平壤整體計畫的一部分，固然是金正恩所在必得，自然引來各界撻伐。安理會在射彈次日立即表達強烈譴責，這是經過安理會包括中國大陸在內的 15

個理事國一致同意的。安理會當中，美國的角色最爲重要，也對強烈制裁北韓主張最力，美國亟欲加強制裁，但北京仍不願呼應美國的提議。

針對北韓的挑釁，美國對北韓兩次回應最爲強烈，包括 2 月 10 日參議院一致通過針對北韓實施更嚴厲制裁的議案，2 月 12 日又經眾議院通過，歐巴馬在 2 月 18 日簽署這項法案。法案要求美國總統對大規模殺傷性武器、軍火、奢侈品、網路犯罪及侵犯人權等事項與北韓有往來的個人及團體施行制裁，包括凍結資產、禁止入境美國和中止與美國政府的合約等。法案同時授權美國政府在今後五年每年花費 1,000 萬美元購買通訊設備加強對北韓的廣播。

南韓反應也很強烈，在 2 月 10 日宣布關閉在北韓開城的南北韓合作生產線「開城工業園區」，北韓則在隔天（11 日）宣布將工業園區劃爲軍事管制區、驅逐所有南韓人員、切斷聯繫兩國之間的「熱線」通訊，並指稱南韓的關閉園區「形同對北韓宣戰」。據南韓統一部統計，開城工業園區自從 2003 年開工以來，南韓各方面透過工業園區流入北韓的現金高達 6,160 億韓元（約新台幣 170.73 億元），南韓政府和民間團體又對北韓進行了約 10,190 億韓元（約新台幣 282.43 億元）的投資，統一部相信這些資金被北韓挪用在提升核武和導彈能力上。2 月 16 日朴槿惠總統在國會演說時指出，南韓中止開城工業區運轉，旨在切斷北韓外匯來源，不使其支用在軍事用途。朴槿惠並強調，將採取更強力、更積極的措施，讓北韓覺悟開發核武無助於其生存，進而不得不努力尋求變化，並稱將與美日等國加強合作，以外交力量因應北韓挑釁。

中國大陸對北韓政策小心謹慎

中國大陸的反應相當關鍵，但不見得兩面討好，至少在國際社會矚目下，再也不能對北韓曲意維護，但也不能壓迫北韓過甚，以免把北韓逼成北京的敵人。據《紐約時報》報導，中國大陸曾派遣資深外交官武大偉去北韓，試圖說服北韓領導人金正恩不要發射火箭，金正恩不但置之不理，還比外界預測早了一天，也就是在除夕發射。

中國大陸向來須謹慎拿捏與北韓相處的方式，中國大陸不喜歡金正恩的冒險主義與挑釁行爲，習近平也刻意保持與金正恩的距離，反而與金的死敵朴槿惠走得近些，都可說明北京與平壤關係正在走向質變。據大陸學者時殷弘的看法，雖然大陸對金正恩失望，但大陸很可能繼續容忍金正恩的行爲，因此反對美國主張、日本南韓跟從、針對北韓進一步的「強烈制裁」。

針對朝鮮半島情勢發展，中國大陸有些人士有較悲觀的看法，解放軍少將王海運就呼籲中共應做好在半島開戰的準備，以應付「可能在家門口發生的戰爭」。他指出，應做好美日韓軍事打擊北韓核子設施所可能造成中國大面積核污染的應對舉措，並且避免北韓大規模「難民潮」和「散兵潮」湧向中國。王海運直接點破戰爭在所難免，顯示北京的立場趨於明朗和強硬，以及中共對美日韓的「合謀」提高了警覺。他也強調中國大陸不可能再次以民族犧牲以拯救一個不聽勸告的政權，解決北韓核武危機的唯一選擇是「動員國際社會輿論、力促重啓六方會談、通過對話促使北韓棄核、進而簽訂和平條約」。

南韓對薩德系統態度各方矚目

對於北韓的試爆氫彈和發射長程飛彈，美國近年已加強在南韓的軍事部署。2 月 13 日，駐韓美軍司令部決定將增加部署 PAC-3 型愛國者飛彈。美國更在 2 月 17 日派遣四架 F-22 猛禽匿蹤戰機飛抵南韓執行勤務，據稱匿蹤戰機的優勢，是可潛入北韓平壤空域執行任務，並可對金正恩住所或北韓核心軍事設施進行精準轟炸。美海軍「北卡羅來納」號（USS North Carolina SSN-777）核動力潛艇駛入釜山港，3 月份「史坦尼斯」號（USS John C. Stennis CVN-74）核動力航空母艦進入朝鮮半島水域參加新一輪的「關鍵決斷」（Key Resolve）軍事演習。

在爆發新一輪北韓核武危機同時，南韓國防部部長銜命至美國，和美國商討部署「薩德（戰區高空防衛）系統」的可能性。以美國過去力勸南韓加入，南韓考慮中共反對遲遲不肯加入的情勢看來，南韓這次顯示了高度的興趣和配合度。就連朴槿惠在國會演說時，也透露了她的意向，朴稱如能和美國建立薩德系統，將可防衛南韓並保持對北韓的威懾力。

在北韓威脅下，南韓改向美國傾斜，同時拉動複雜的美中關係。美國積極推進在韓部署薩德系統，是長期的布局，眼看即將成為事實。薩德系統固然表面上是用於對付北韓，倘裝設成功，靠近北韓的中國東北各省軍事動態也在薩德系統籠罩之下，這是中國大陸感受威脅的原因。過去中共曾透過各式管道告知南韓北京反對的立場，北韓新一輪的盲動冒進，為中國大陸帶來棘手的難題。

針對美國的薩德系統，中國大陸提出了具體回應。春節期間，中國大陸中央電視台「軍事紀實」節目播出共軍火箭部隊施行「冬訓」，畫面顯示共軍火箭部隊在東北嚴寒氣候之下進行演練實況，出現的公路機動型三級固體推進洲際彈道飛彈包括「東風 31」基本型、「東風—31A」改進型，以及「東風—31」增強型等。在這敏感的時機，特別是薩德系統是否終究安裝、美國是否繼續「圍堵中國」，中共火箭部隊的「冬訓」畫面，已出現了相當的戰略含意。

天塌下還有高個兒頂住？

北韓常在強權夾縫當中找尋機會和利益，過去相當時間經常得逞。平壤曾經借助於和美國與南韓談判獲得實質的物資援助，也利用地緣政治和戰略價值，向中國大陸提出能源和糧食等需索。不過設若北韓玩得過火，也將傷及中共的利益。平壤無論進行核子試爆或發射火箭，都未曾尊重老大哥北京，繼之引來美國、南韓、日本同仇敵愾，即將加大對北韓的制裁。聯合國過去幾次對平壤制裁都缺乏效益，正因爲中國大陸不願見到北韓政權崩潰。時至今日，大陸有些專業人士方才頓悟，北京不能排除朝鮮半島可能爆發戰爭，中共可能也牽扯其中。眼下的薩德系統讓中國大陸深感芒刺在背，如何應付，將成爲北京和平壤共同的承擔。常言道，「天塌下來還有高個兒頂住」，以朝鮮半島形勢看來，還頗爲寫實，北韓的冒險盲動，北京不得不「概括承受」其風險。

◆《海峽評論》，第 303 期（2016 年 3 月號），第 17-20 頁。

16 制裁北韓和美韓軍演：北京的懸念

安理會一致通過制裁決議

2016 年 1 月 6 日北韓宣布進行氫彈試爆，繼之 2 月 7 日發射遠程彈道飛彈以來，圍繞在朝鮮半島周邊情勢愈發動盪，敵對雙方叫囂、恐嚇，無日無之，這樣的發展以極度危殆來形容蓋不為過。國際社會對北韓的冒險主義軍事挑釁的回應在 3 月初之後完全明朗，具體來說分成兩條主線，一是聯合國安理會發動的加強制裁，另一則是美國與南韓進行的聯合軍事演習。

3 月 2 日，聯合國安理會通過一項制裁北韓的第 2270 號決議，這項決議由美國提出，在包括中國大陸的 15 個理事國贊成，一致通過。「決議」指出 2016 年 1 月 6 日的北韓核子試爆違反了《核不擴散條約》以及國際「在加強全球防止核武器擴散機制的國際努力」，並對「朝鮮半島區域內外的和平穩定帶來危險」。在這決議當中，中國大陸的態度已經相當明顯，即是站在國際社會共同關切和共同責任的角度，給北韓明確的信息和極大的壓力。這也說明，北京對於平壤在氫彈試爆之前完全不知會中國大陸，以及事後又不理會北京感受表達了堅定的立場。

這項決議案決定，包括在機場、港口、自由貿易區，所有國家應檢查本國境內或通過本國過境的從北韓運送或運往北韓的貨物；會員國應禁止本國國民和本國境內的人將懸掛北韓國旗的船隻或飛機租賃或包租給北韓，或向北韓提供機組人員或船員服務。「決議」還決定，北韓不得從其領土、或由其國民、或使用懸掛其國旗的船隻或飛機直接或間接供應、銷售和轉讓煤、鐵、鐵礦石、黃金、鈦礦石、釩礦石、稀土礦產、航空燃料，所有國家均應禁止本國國民或使用懸掛其船旗的船隻或飛機從北韓購買這些材料。

倘若這些條款終將具體施行，北韓貨物不得運送流通、人員不得經由國際往來、北韓僅有之生財資料無法輸出，無疑將斬斷北韓對外的所有經濟聯繫、斬斷北韓的銀根及北韓據以生存的經濟來源，這已使孤立的北韓更將因安理會的制裁而導致經濟「窒息」。

不僅如此，第 2270 號決議尚且規定，資產凍結措施適用於相關安理會決議和「本決議」禁止的北韓核計畫、彈道飛彈計畫，或其他活動有關的，由北韓政府或朝鮮勞動黨的實體直接或間接擁有或控制的北韓境外所有資金、其他金融資產和經濟資源。決議並對於「向北韓移送黃金可能被用於規避制裁措施」表示關注，確保此類黃金的移送「不會有助於北韓的核計畫或彈道飛彈計畫」。

重申對六方會談的支持

「決議」的這部分是前項的具體補充，可謂對北韓境外資產凍結做到了鉅細靡遺的地步，且無論是北韓國家和黨的所有資產都在禁止管控之列。甚至爲管制黃金移入北韓，對於北韓黃金輸入的嚴密監視，也將更加壓縮北韓的財政與資金運用。

再者，「決議」決定各國應禁止在本國領土內設立和營運北韓各銀行的新分支機構、附屬機構或代表處，還決定各國應禁止本國境內或受本國司法管轄的金融機構與北韓各銀行建立新的合營關係，獲取其股權，或與其建立或保持代理關係。如此一來，則北韓駐外的僅有金融聯繫，也或被立即孤立、或遭拔除、或完全失去效能。

第 2270 號決議更加重了對於北韓駐外人員的管制。基於國際條約，一般國家交往時普遍遵循《維也納外交和領事關係公約》，但這項新的決議使北韓外交人員權利受到剝奪。這個部分指出，如果會員國認定北韓外交官、政府代表或以政府身分行事的其他國民代表被指「規避制裁措施」，則應依照適用的國家法律和國際法，將其「驅逐出境，以遣返回北韓」。以現有北韓爲數不多的駐外使領館人員而言，他們在外的活動更加受限，將無法執行平壤所交付的任務，所有對外活動將爲之中斷。

當然，「決議」在最後不忘重提，「安理會承諾以和平、外交，和政治方式解決這一局勢，歡迎安理會成員及其他國家爲通過對話實現和平及全面解決提供便利」，以及「不採取任何可能加劇緊張的行動」。該項「決議」重申「對於六方會談的支持，呼籲恢復六方會談」，重申支持「中國、北韓、日本、韓國、俄羅斯和美國在 2005 年 9 月 19 日共同聲明闡述的承諾」，這些「承諾」包括「六方會談的目標是以和平方式實現可查核的朝鮮半島無核化、美國和北韓承諾彼此尊重主權並和平相處、六方承諾促進經濟合作，以及所有其他相關承諾」云云。

第 2270 號決議洋洋灑灑，對北韓的經濟制裁發揮到了極致，除了立意剝奪北韓獲取經濟資料、禁止進行國際貿易、窒息其國際金融，北韓駐外人員的行動也受限，北韓的極度不滿可想而知，平壤就在 3 月 3 日向日本海發射了幾枚短程飛彈作爲抗議。至此，固然六方會談恢復無望，再對 2005 年「9．19 共同聲明」做出檢視，更發覺當時參與六方會談諸國所承諾者，不但已如昨日黃花，更令人覺得諷刺。

美韓聯合大規模軍演

除了安理會經濟制裁，緊接在後的是美韓聯合軍演，用以宣示對北韓強大的軍事反制能力。3 月 7 日，美韓雙方聯手展開「關鍵決斷」和「鷂鷹」（Foal Eagle）兩場年度聯合軍演，這是自從 2010 年 3 月發生南韓「天安艦」遭擊沉事件以來規模最大的一次。據稱這次聯合演習，將由超過 30 萬名南韓軍人和 1.5 萬名美軍聯合操演。

兩項軍演期間，美軍將出動戰鬥航空旅團、海軍陸戰隊機動旅團、斯坦尼斯核動力航空母艦、核子潛艇等，投入的戰鬥力量在質與量方面，均超越了 1976 年以來的最大規模。其中斯坦尼斯號核動力航母排水量 10.3 萬噸，搭載美國海軍 F/A-18「大黃蜂」戰鬥機、EA-6B「徘徊者」電子戰飛機和 E-2C「鷹眼」預警機，美國在這次軍演當中，將有兩艘核動力航母到位展示打擊力。

北韓面對這等大陣仗，平壤「國防委員會」聲明抨擊：「朝鮮軍民將奮起投入總攻，全面應對美國及其追隨勢力悍然侵犯朝鮮的主權和安全，甚至將朝鮮的生存空間推入核子浩劫的陰謀。朝鮮將不會失去時機，以正義的統一聖戰實現朝鮮民族統一的最終夙願。」3 月 4 日南韓傳媒「聯合通訊社」稱，北韓領導人金正恩當天已下令軍方，要做好準備隨時動用核子武器。該報導引自北韓中央通信社消息說，金正恩表示北韓將調整軍事態勢，已被「發動先制攻擊」。每次美韓進行軍演，北韓照例抗議並以大動作反制，不過，北韓的反應，卻是安理會制裁與美韓聯合軍演雙重壓力下的產物，殆無疑義。

北京不容家門前「生戰生亂」

北韓在此內外交困環境下做出的回應，固然看似有理，但也同時讓朝鮮半島及其周邊緊張情勢更加升級，終至進入一輪惡性循環，似是毫無轉圜餘地。中國大陸已經注意到朝鮮半島周邊出現的態勢，3 月 2 日在中國大陸的支持下，安理會第 2270 號決議案始得以通過。不過針對美韓軍演，北京更由於北韓的強烈反應而「嚴重關切」。中共外交部發言人王磊就說，「朝鮮半島與中國山水相連，中方在半島保持穩定方面有重大關切」。他又說，「中方堅決反對任何在半島挑事惹事之舉，決不允許家門口生戰生亂」，因此「強烈希望各方務必保持克制，不要相互刺激和加劇緊張」。

北京方面的想法固是自然且可理解，但近年來北韓總認爲它是中國安全的前沿，是中國大陸不能放棄的戰略要地，致使中共對北韓核武研發和發射飛彈出現重大歧見，對美韓態度上也形成難以融合的互斥立場。在安理會，北京的態度至爲明顯，中方要成爲「國際社會負責任的利害相關者」，不能讓北韓胡作非爲，此舉已使北京、平壤之間關係出現緊張與裂痕，但北京始終無法拴住北韓這隻脫韁野馬，這對中國大陸顯然是重大的危險與負擔。看來北京除了配合安理會的制裁措施之外，對北韓的一意孤行逐漸無計可施。

在國際社會，包括美國，常以中國大陸和北韓的地緣接近，大陸與北韓的綜合國力對比，更重要的以雙方維持的悠久關係，據以論斷北京對平壤的關鍵影響力，並寄望北京對平壤對外行爲適度給予「導正」。不過，效果顯然極其有限，理想與現實的落差過大，使國際社會（特別是美國）經常質疑北京制裁平壤的承諾，讓北京有苦說不出。

眼下經過朝鮮半島雙方敵對勢力較勁，倘緊張情勢更加惡化，則美國有理由敦促南韓接受華盛頓長期推動的薩德系統，以遏制北韓可能發動的導彈攻擊。薩德系統倘植入南韓領域，則不但整個朝鮮半島，甚至中國華北東北都在美國偵蒐系統籠罩之下。

3 月 18 日，北韓又對日本海域發射兩枚中程彈道飛彈，立即引來各方撻伐，北京外交部發言人陸慷僅能呼籲「朝鮮要遵守聯合國決議」。正因爲北韓因素，中國大陸國際承擔加重，難題並未解決，中國北方存在威脅，六方會談遙遙無期，說明它和北韓的關係，果眞是剪不斷理還亂。

◆《海峽評論》，第 304 期（2016 年 4 月號），第 18-21 頁。

17 「薩德」系統衝擊東北亞戰略結構

前言：威脅中國安全的另一戰場

菲律賓向荷蘭海牙國際仲裁法院要求仲裁彼與中國大陸在南海的島嶼主權之爭，在北京拒絕參加仲裁之下，仲裁法院依然宣布對此事有「管轄權」，並在 2016 年 7 月 12 日裁決北京所主張「九段線」內區域資源主張歷史性權利「沒有法律依據」。「裁決」同時也認爲中國大陸在南海的填海造陸和相關捕魚活動造成海洋環境的損害及導致南海爭端加劇。「裁決」也宣告南沙群島「無一能夠產生延伸的海洋區域」，據此以觀，就是無一能擁有 200 海里的專屬經濟區（Exclusive Economic Zone, EEZ）。言下之意，就連南中國海最大的太平島，也一夕之間被降格成爲「岩礁」。

消息傳來，海峽兩岸同時表示嚴重不滿與抗議。北京更表示無法接受，堅持一貫的「不參與、不承認、不執行」政策，嚴厲譴責國際仲裁法院一面倒向菲律賓的偏見荒謬裁決。台灣政府則表示對「裁決」不能接受，理由之一是台灣並未受邀參加仲裁，仲裁單位亦迄未實地瞭解太平島現況，因此堅持擁有太平島的主權。惟蔡英文政府並未提及中華民國當初劃設 11 段 U 形線南海海域歷史，顯然只將重點置於太平島主權，其他則避重就輕。南海出現山雨欲來之勢，美國航空母艦戰鬥群在南海巡邏，中國大陸也提升戰備，稱南海是全球可能爆發軍事衝突的熱點並不爲過。

在南海趨向情勢緊張的同時，朝鮮半島也出現爆炸性的發展。就在國際仲裁法院發布「裁決」的前幾日（7 月 8 日）美國和南韓同時宣布將在南韓設置「薩德系統」，並指出雙方目的在於針對北韓日益快速的飛彈發展，該系統係作爲防禦性武器，以護衛南韓以及駐韓美軍使用。是項消息已經引來中國大陸和俄國的同聲抗議，惟美韓設置薩德系統的心意已決，北京和莫斯科的反對恐無法改變特別是美國的戰略構想。檢視南海，中國大陸如今不但在南疆受到威脅，即使北疆也不平靜，薩德系統果眞設置完成，將似一把尖銳的匕首，對中國的國土防衛造成嚴重威脅。

薩德系統功能初探

早在 2008 年薩德系統即研發完竣，至 2015 年爲止已生產了 24 套之多，日本已經購買了一套，現存相當數量的薩德裝備，看來南韓是最好的買家，美國也有意願出售給南韓，作爲抵禦北韓導彈威脅之用。進入 2016 年，美國在南韓設置薩德系統傾向更趨明朗。2016 年 2 月 7 日，北韓發射火箭之後的幾個小時，南韓宣布將與美國「磋商在朝鮮半島部署薩德系統」。不過就在 2 月 12 日，大陸外長王毅在慕尼黑接受採訪時表示，「中國對美國有可能在韓部署薩德反導彈系統的動向嚴重關切，中國堅決反對任何國家借用半島核問題侵害中國的正當權益」。顯然當時王毅早已注意到薩德一旦設置之後，當是劍指中國。

根據專家詮釋，薩德系統是一種反導彈系統，目的在保衛美國和同盟部隊、人口密集區，和重要軍事設施不受短程和中程彈道飛彈的襲擊，且薩德系統精準度可靠，能在大氣層內外摧毀飛彈威脅。薩德系統也可與其他的飛彈防禦系統組件共同運作，如可與「愛國者」PAC-3 型飛彈、「宙斯盾」彈道飛彈防禦系統、前沿配置的傳感器和 C2BMC（指揮、控制、作戰管理和通信系統）等配合運用。薩德系統有強大的機動性，也可較快速地部署移動。它能塡補僅用於大氣層內防禦的「愛國者」飛彈和僅用於大氣層外防禦的「宙斯盾」飛彈防禦系統之間的空白。軍事專家對薩德系統的效果較多稱道，認爲薩德系統的優勢展現在其「動能殺傷技術」，它既可在大氣層 40 公里以上的高空，又可在大氣層外 180 公里以下的高空攔截來襲的導彈，因此可使飛彈攔截效果提升許多。

薩德反導彈系統的精密度高，一部雷達即可完成探測、搜索、跟蹤和目標識別等多項任務，它的雷達天線的作用距離超過 500 公里，號稱是迄今全球最大、功能最強的陸基移動雷達，中國大陸的軍事專家推算薩德系統的雷達探測距離超過 2,000 公里（更有推測爲 3,000 公里爲半徑者）。中俄兩國對薩德系統耿耿於懷者，蓋在於它設置在南韓境內，將比它在日本，更向西、向北推進了至少 300 公里的距離，對美國而言是一大利多，可用薩德系統監視中國大陸大部分地區，以及俄羅斯遠東地區大部分的中長程飛彈發射活動和各種參數，將使中國與俄國處於不利態勢，無怪乎中俄兩國堅決反對。倘若北韓不聽勸阻再度發射導彈，將立即給予美韓聯軍藉口，動用薩德系統。美國也可藉機將日韓兩個原先步調不一致的亞洲盟國拉到一起，修補美日韓軍事網絡，加重對中俄北韓的壓力。

朴槿惠考慮再三接受薩德系統

美國固然是力邀南韓加入薩德系統，南韓敲定加入該系統，也是朴槿惠經過反覆周折、多次考量的結果，原因是中國大陸的壓力相當大，但與美國的盟友關係又不能不維繫，可想而知這是一個極爲困難的決定。

本來在2016年3月南韓與美國磋商時，關於部署薩德系統的時間、地點和費用分攤等仍然喬不定，到了6月初的新加坡香格里拉峰會時，南韓還有保留的態度。朴槿惠最終做出這個決定，歸納是幾項推力促成。其一，是北韓的咄咄逼人，2016年上半，北韓試射飛彈和「人造衛星」（一般相信是長程火箭）等共計超過10次。僅僅在3月，北韓至少發射了5次短程導彈，4月24日北韓成功發射潛射導彈、舞水端（北韓稱「火星10號」火箭）在幾次失敗後，終於在6月22日發射成功。南韓則受「國際飛彈技術控制機制」（Missile Technology Control Regime, MTCR）的限制，一直無法望北韓項背發展中長程飛彈，朴槿惠心急如焚，只有以國家安全作爲最終考量，因此加入薩德系統。

其次，朴槿惠曾在北韓核武及導彈問題傾向中國，希望能得到北京的支持，以共同因應一個桀傲不遜的北韓。北韓在成功發射「火星10號」導彈之後，態度更是倨傲，在北京舉行的東北亞合作會議上，北韓外務省官員直言不再考慮重啓，或進行六方會談。北韓外長李洙墉更向習近平表明，北韓不會放棄核武器。北韓勞動黨第七次全國代表大會結束後，李洙墉再訪習近平說明會議經過。南韓指望北京約束北韓的可能性逐步消失，南韓轉而更傾向美國的提議。

其三，朴槿惠也受到國內的壓力，4月14日的南韓第二十屆國會議員選舉，朴槿惠所領導的執政黨「新世界黨」慘敗，朴槿惠成了

「跛腳鴨」。朴槿惠原先所說「對北韓政策不會過寬過嚴，要走第三條路」，但是「第三條路」一路走來，看到朴槿惠對北韓關係不但停滯，更是倒退。南韓加入國際對北韓的各項制裁，也無法阻止北韓的一再測試核武與導彈。這就意味著，朴槿惠的北韓政策出了大問題，由於她的任期不多（原訂 2018 年 2 月屆滿卸任），只能跟著美國的意向部署薩德系統了。

既然美韓合力部署薩德系統已成定局，那麼部署的地點究在何處，也已成爲南韓上下爭議的焦點。南韓國防部在 7 月 13 日宣布慶尙北道星州郡的星山里作爲部署地點，預計在 2017 年底完成部署並啓用。消息一出，當地立即有超過 5,000 名民衆集結抗議，不希望自己的居住地成爲薩德部署地，或者是一旦南北韓開戰的首要箭靶。

由於薩德系統的最大攔截距離爲 200 公里，完成部署之後，位在平澤和群山的駐韓美軍基地、位於忠清南道的南韓陸海空軍總部和江原道部分地區，都在防衛範圍內。星州距離南北韓停戰線 270 公里，超出北韓新型多管火箭砲 200 公里的射程，據稱是考量的原因。但由於薩德飛彈攔截範圍僅及 200 公里半徑，居然無法涵蓋南韓首都首爾全境，輿論因此譁然。爲了彌補首爾防衛薄弱問題，南韓計畫在首都圈增強部署新型愛國者飛彈。由於星州當地民情激憤，朴槿惠在 7 月 14 日發表公開談話，說明薩德系統的重要性，她還說，薩德部署的位置很高（大約是在 400 公尺的山上），距離民居甚遠，不會有過量的輻射問題，不過她的說法不能化解民衆的疑慮和反對的聲浪。雖然國防部也要求當地的 45,000 名居民「應以國家和國防爲重」，但當地居民深怕南韓著名的瓜果城鄉就此葬送，政府與民衆自然衍生尖銳對立。

結語

薩德反彈道飛彈系統是美國研發的高度精密武器，薩德系統的軍事功能當然有利於美國壓制北韓。但是問題的複雜性，是美國在歐巴馬政府全力推動「重返亞洲」以及「再平衡」戰略的當口，把薩德系統帶到朝鮮半島。很少有人會相信，薩德的配置不是「項莊舞劍、志在沛公」，而這「沛公」顯然呼之欲出。以薩德系統的精密度，可對中國大陸和俄國等相當地區的軍事動態通盤瞭解，薩德系統一旦啓動，等於是中國、俄國失去了國防縱深，這是極爲嚴重的問題。倘若美國執意這樣做，南韓又完全加以配合，南韓與中國大陸好不容易建立起來的「中韓戰略夥伴關係」，將面臨極大考驗，能否持續都成問題。

除了北韓，中俄兩國是美韓配置薩德系統最大的輸家。2017 年薩德系統完成在南韓布局後，美國在東北亞即擁有完整的導彈防禦系統，不但在戰術上享有優勢，在戰略上也造成對中俄兩國嚴重的威懾。不過，想必中俄兩國不會束手就擒，他們將會更緊密進行軍事合作，藉以扳回一城。雙方對美國的軍事對峙成爲必然，東北亞地區將更有可能產生新一輪的軍備競賽，也將更刺激中國火箭軍的成長與壯大。

美國與南韓合作建構薩德反導彈系統，說明朴槿惠與其前任李明博類似，將南韓安全完全仰賴美國，有如將所有雞蛋放置美國的「唯一籃子」裡，如此不但刺激中國大陸、更刺激北韓。2010 年 3 月在李明博任內發生南韓海軍天安艦被疑似北韓魚雷擊沉的嚴重事件，可謂殷鑑不遠。再者，南韓星州地區被選爲配置薩德系統的地點，出現了極大的民怨，這對朴槿惠所剩的一年多任期，並非好事或易事，倘若南韓政府處理不當，朴槿惠恐承受不起，甚至可能爆發大規模的反美示威浪潮。

◆《海峽評論》，第 308 期（2016 年 8 月號），第 48-51 頁。

18 北韓進行第五次核爆探析

前言

2016 年 9 月 9 日北韓在其北部咸鏡北道吉州郡豐溪里核子試驗場進行了該國的第五次核試爆，距 2016 年 1 月 6 日在同一地點進行的第四次核試爆僅八個月又三天。2016 年 1 月的核爆，經北韓政府確認是一次「氫彈」試爆，是北韓有史以來最大規模的核試爆。不過，這第五次核試爆，更進一步採用了作戰用的彈頭測試，代表北韓核武的實用性和小型化已經成爲事實。

北韓的核試爆在過去已進行了四次，分別在 2006 年 10 月、2009 年 9 月、2013 年 2 月及 2016 年 1 月。過去的北韓核試爆，都爲平壤帶來全球的敵視，特別是西方國家的強大壓力，以及聯合國安理會的經濟制裁，過去幾次的核爆，也使北韓在國際社會更加孤立，被多數國家認定爲民窮財盡，卻又窮兵黷武的極權政體。即使如此，北韓仍然不會停止這樣的挑釁行爲。

最新一次的核試爆，因爲有了具體的突破，已不再是「核子裝置」而是更具有對敵殺傷力的「核彈頭」，這樣就非同小可了。只要北韓發展出具體的投射技術，亦即距離夠遠、精準度更高的話，將可鎖定打擊目標，進行毀滅性的行動。這次的核爆，給北韓更大的鼓舞，卻也一定導致國際更大的制裁，北韓痛恨聯合國、美國、日本、南韓。甚至於中國大陸站在國際安全的角度，支持對北韓的制裁，金正恩政權不再理會北京的關切，其我行我素的態度，將使北韓的處境更孤立，對國際社會更加敵對。如此惡性循環下去，受累的不僅僅是北韓的群衆，整個亞洲，甚至世界的安全，都將被北韓綁架。

第五次北韓核爆實況

在北韓領導人眼中，核武器是他和美國爲首的西方世界對抗最有利的終極武器，部分原因是北韓核武器技術已經趨近成熟，核武原料不難取得，核武器比傳統武力相較便宜，又具有極大的殺傷力和震撼力，北韓領導人便樂此不疲，一定要「搞出來」。核武器的作用，也可用來抵禦南韓的統一攻勢，平衡南韓在經濟外交更方便對北韓展現的優勢和壓力，是至高無上的戰略必需品，可一時不用，但不能無備。北韓深知過去十數年幾個獨裁政權的垮台，是因爲這些國家沒有高瞻遠矚的領導人，缺乏核武器作後盾，排除美國的訛詐甚或進攻，伊拉克、阿富汗、利比亞殷鑑不遠，金正恩承襲其父金正日的一貫思想，必須具備核武打擊能力，外界的制裁哪怕多嚴厲，也不能壓制北韓發展核武的決心，北韓與國際社會的衝突，在未來更是國際政治一個難解的習題。

北韓前幾次的核爆，均受國際社會的嚴厲譴責，尤其是聯合國安理會，它認爲北韓違反了安理會的相關決議，已經成爲慣犯，卻也無計可施。聯合國 2016 年 3 月曾對北韓實施更加嚴厲的經濟制裁，包括凍結北韓在外資產、不准北韓出口原料賺取外匯、也不准北韓鄰近國家和北韓貿易、不准北韓船隻停泊全球各國的港口，甚至限制北韓的外交人員的自由活動空間，一旦發現北韓的外交官有與其身分不符的言行，駐在國可將他們驅逐出境等，這些制裁，不可謂不嚴厲，但北韓不為所動，仍立志突破技術瓶頸，終有較大進展。

2016 年 3 月間，正是聯合國制裁北韓的時節，金正恩下令儘快試爆彈頭並試射可攜帶多彈頭的核子彈道飛彈，但並未試爆核彈頭。北韓勞動黨在第七次代表大會期間，金正恩再度下達全力做好第五次核試爆的命令，國外觀察家一直揣測北韓是否引爆小型化核彈頭的方式，強行推動第五次核爆，不幸再一次被言中了。

北韓選定 9 月 9 日建國六十八年國慶進行核試爆，確有其宣示意義。其一，告訴北韓人民，北韓（朝鮮）已非吳下阿蒙，具有強大的軍事實力。其二，警告美國及其「走狗」，北韓已有能力，且願意進行對他們的攻擊。其三，北韓藉此向南韓示威，提升南韓人民對於本國政府的不滿，並且塑造北韓不屈服於帝國主義者（主要是美國）的壓迫，形成正面的國際形象。其四，北韓用核武來挑起國際矛盾，使平壤在外交國防一體獲利。但是北韓能做到這樣的一石數鳥之計嗎？怕是有困難，而且可能引發朝鮮半島及其周邊更複雜的戰略戰術對抗，甚至擦槍走火而發生更意想不到的戰爭。

北韓第五次核彈頭試爆，外界對其彈頭當量的說法不一。有人說是 1 萬至 2 萬噸的黃色炸藥，有人指出應在 2 萬至 3 萬噸黃色炸藥之間。

針對第五次核爆，北韓中央電視台稱核彈頭爆炸試驗「取得圓滿成功」，並報導說，由於實現了核彈頭的標準化、規格化，北韓完全掌握多種分裂物質的生產及應用技術，將任意按照需要製造小型化、輕量化、多種化，打擊力更強大的各種核彈頭，北韓的核武器「兵器化」完全達到了更高的水平。還強調試驗未對周邊生態環境造成任何負面影響，並對美國等「敵對勢力」進行警告。北韓的態度堅決、行動迅速、進步快速，已使世界各國不安。

國際社會強力譴責回應

北韓的獨斷獨行和罔顧聯合國警告，已加深平壤在國際社會的孤立情勢。不過北韓的動作頻頻，是不把國際制裁看在眼裡，無論是發射長短程飛彈或進行核爆，北韓不計較周邊國家的痛恨，而且勢在必得，顯然金正日等北韓領導人深知核武對北韓安全的重要性，無論如何也不能放棄。

南韓總統朴槿惠知悉後提前結束在寮國的出訪，兼程回國，她嚴厲批判金正恩熱衷核武的行徑，說明了金正恩的魯莽，又說北韓的挑釁只會加速其自我毀滅，但仍寄望北韓幡然悔悟。國家保安室第一次長趙太庸再度呼籲北韓立刻以完整、可驗證、不可逆的方式廢棄核武與飛彈計畫。南韓 7 月 8 日和美國同步宣布將在其境內部署薩德系統，該系統偵測範圍涵蓋北韓全境，並深入中國大陸以及俄國的東亞地區，引來北韓強烈敵意，同時也惹惱北京和莫斯科。美國雖不承認薩德的戰略目的是爲包圍這三個「兄弟國」，但明眼人一看便知，薩德系統早已將這三國逼到一起去了。

日本的回應極爲明快，而且堅定地譴責北韓。首相安倍晉三發表聲明稱，北韓核爆對日本的安全構成重大威脅，「嚴重損害了地區和國際社會的和平與安全」，日方「決不容忍」，並給予「最強烈的譴責」。日本殖民統治韓國三十五年，加上支持美國和南韓，和美國綁在一起，成了北韓的「雙胞胎敵人」，日本的說法，更刺激北韓上下的同仇敵愾。

美國總統歐巴馬在白宮的聲明指出，北韓的挑釁與對國際社會安全的破壞，是造成北韓孤立、人民貧困的關鍵原因，也因此譴責北韓的行徑「威脅地區安全和國際的和平穩定」。美國是解決北韓核問題的關鍵因素，不過長年以來，美國堅持北韓棄核之後才會與平壤討論是否簽訂《朝鮮半島和平條約》，以及北韓與美國建交的議題，惟北韓認為美國不能為雙方談判設立任何前提條件。美國支持南韓並加派先進戰機出入接近北韓領空，給了北韓更大的刺激，金正恩懼美國就此對其施行外科手術式攻擊。正因如此，擁核事關生死，決不可放棄。美國與北韓雙方的立場距離過於遙遠，也是朝鮮半島爭議一直揮之不去更無法有效解決的因素。

對這次北韓核爆，北京的外交部聲明：「對北韓不顧國際社會普遍反對再次進行核子試爆表示堅決反對，並強烈敦促北韓信守無核化承諾，遵守安理會相關的決議，停止採取任何惡化局勢的行動。」外交部發言人華春瑩甚至指稱北韓幾次行為「並未告知中國」，言下之意北韓並不在意北京的意向。她表示中方強烈敦促各方著眼大局，謹言慎行，避免進一步刺激，共同推動朝鮮半島無核化進程。中國大陸對北韓核爆，除了聲明反對，並在過去幾次積極參與安理會對北韓的制裁。

俄羅斯外長拉夫羅夫（Sergei Lavrov）針對北韓事務做出回應，對北韓的核爆「深感憂慮」，聯合國安理會的決議應該堅決執行。俄國外交部聲稱，北韓對國際法和國際社會意見的蔑視應受到最嚴厲的譴責，並要求北韓停止危險的冒險主義行爲，放棄核武和核爆，並重新回到《核不擴散條約》的框架裡面來。不過，俄國對美國主導的薩德系統心存戒心，立場與北京相仿，對北韓核爆，北京不僅僅指責北韓，也指責美國從自身利益出發解決北韓核問題，是走進「死衚衕」。中、俄兩國固然反對北韓的繼續核試，但也經常指責美國在朝鮮半島的部署先進設施，是爲圍堵並削弱中國和俄國，而北韓核問題只是美國政策的「幌子」。

這些相關國家之外，聯合國秘書處和國際原子能總署也分別做出回應。潘基文秘書長以最強烈的嚴詞譴責北韓的核爆，安理會在北韓核爆當天舉行緊急會議，發表譴責北韓聲明。國際原子能總署日本籍總幹事天野之彌對北韓行徑表示「深感不安和遺憾」。國際接二連三的譴責並未超過今（2016）年 3 月的聯合國制裁案範圍，對北韓的實質影響相當有限，也無法就此制止北韓的行爲。

北韓核問題尚無解藥

北韓的核武研發和進行實驗，已經到了成熟階段，進一步在增進火力的強度和精準度。北韓已將金正日時期的「先軍政治」理念提升爲「軍經並進」，亦即軍事強大和經濟發展不可偏廢。經濟發展的基礎在國家安全，加上不願被南韓統一，又須防範美國的進犯，發展核武的思維根深蒂固，無法自拔。

北韓此次核爆在核武器的精進和提升與過去幾次已有本質上的不同。未來在技術上，北韓愈來愈有能力攻擊美國太平洋地區領土和它的亞洲盟國。國際社會現有的《核不擴散條約》是對北韓的主要限制，安理會的制裁也像德摩克里斯的劍一般，時時牽制平壤。但北韓一直認為國際社會對核武方案出現「大小眼」，1998 年印度巴基斯坦同時進行核爆並成為「核武國家」，國際制裁雷大雨小，不了了之。

北韓核武技術成熟後，就如當年的印度、巴基斯坦，國際社會必須試著跟她相處，並且學習如何相安無事。北韓的核武研發問題，關鍵在它缺乏安全感。這事不解決，不會有解藥。況且美國在南韓部署薩德系統的結果，中國大陸、俄國、北韓均認為受到威脅，北韓在夾縫當中，伺機端出核爆，也可見其擅長精打細算，北韓能否發揮統一戰線，拉住中、俄，反將美國一軍，值得進一步觀察。

◆《海峽評論》，第 310 期（2016 年 10 月號），第 36-39 頁。

第 4 篇

國際政局導致危機升溫

19 閨密陷朴槿惠於政治風暴

朴槿惠「閨密」世人始料未及

朴槿惠政權搖搖欲墜，牽扯著朝鮮半島周邊各國的利害糾葛。美國擔心的是它在亞洲的堅定盟邦之一是否持續和美國的緊密盟約，日本則關切朴槿惠任內與日本多少已有改善的關係是否毀於一旦。朴槿惠任內大力強化和北京關係，北京則寄望於南韓的穩定，但也關切薩德系統的裝置是否朝向中國大陸有利方向轉變。俄國與北京有類似的立場，惟也審慎觀察朴槿惠的政治命運。

朴槿惠執政以來的幾次重大爭議

朴槿惠是南韓前任總統朴正熙的女兒，朴正熙是上個世紀南韓著名軍事強人，他的崛起始於 1961 年 5 月 16 日的軍事政變，他和一些少壯軍人推翻了民選的總統尹潽善和尹氏所任命的總理張勉。朴正熙的軍事行動號稱不流血政變，雖然如此，也爲之後數次南韓軍事政變提供了不良示範。作爲朴正熙的女兒，朴槿惠也住進「青瓦台」，經歷了一段時間的第一家庭生活。不過其父朴正熙愈來愈趨向軍事第一，政策也愈來愈獨斷獨行，壓制異議人士，威權政治在 1973 年開始的「第四共和」後達到高潮。

由於學生示威激烈、反對黨被壓制、國會遭到解散、媒體被關閉、反對黨議員被軟禁甚至判刑。當時南韓政治氣氛相當緊繃，朝野對立至爲嚴重，朴正熙政權也面臨嚴重的政治危機。朴槿惠母親陸英修女士先是在 1974 年遭持日本護照的北韓人文世光暗殺身亡，1979 年 10 月朴正熙也遭到其任命的南韓中央情報局局長金載圭刺殺，第四共和也因朴正熙去世而結束，一段時間的混亂政局後，軍事強人全斗煥再發動政變，攫奪政權自命爲「第五共和」，藉著七年總統任期，全斗煥繼續施行南韓的威權政治體制。

數年內朴槿惠失去雙親，必須離開青瓦台而獨立走向新的人生。經過多年的國外旅行歷練，1998 年朴槿惠當選了國會議員，走上參政之路。終於在 2012 年 12 月的總統選舉獲勝，再次進入青瓦台。朴槿惠任內大體承繼了前任李明博總統的內政外交路線，包括親美外交，加強與美國合作防範北韓，但也使得兩韓關係陷於低潮。

2010 年李明博在任時兩韓關係陷入最低潮，當年 3 月南韓海軍「天安艦」疑似遭北韓魚雷擊沉，艦上 46 名官兵喪命，同年 11 月再度爆發北韓砲擊兩韓邊界南韓所屬延坪島事件，南北韓關係極度緊張。朴槿惠任內曾向北韓推出「信任政治」，嚮往建立兩韓基於相互信任的機制與政策，最終走向和解邁向統一。

幾件南韓國內事務，卻極大程度打擊了朴槿惠政府的聲望。2014 年 4 月 15 日南韓發生「世越號」沉船事件，首爾檀園高中學生多人搭船由仁川港前往濟州島畢業旅行，船體因故翻覆。船上高中生有 236 人死亡、66 人失蹤。由於南韓民衆責怪船東和教育當局未善盡職責，朴槿惠在事發後危機處理不如預期，學生家長長久駐留首爾市中心搭帳棚紀念或抗議不願離去，學生家長和反對黨議員，持續就該事件對朴槿惠政府窮追猛打，對朴槿惠個人和政府威信造成極大打擊。

2015 年韓國與日本達成協議，由日本提出賠償 10 億日圓，以「資助韓籍慰安婦」的名義解決日韓之間爲慰安婦賠償道歉長期存在的爭論。朴槿惠政府在美國的穿梭鼓舞下，接受了日本的條件，決意解決此項議題並發出一部分補償金，惟日本迄未讓步，僅稱「慰安婦爭論已經解決」，並要求韓方移除一尊日本駐南韓大使館前的「慰安婦」銅像。韓國朝野拒絕，惟「慰安婦」議題仍在發燒，韓國「慰安婦」代表對韓國政府和日本協議深表不滿，並群起抗議，認爲朴槿惠政府對日本「示弱」。

尤有進者，既然美韓合力部署薩德系統已成定局，部署在何處便成爲南韓朝野攻防的焦點。韓國國防部在 7 月 13 日宣布慶尙北道星州郡的星山里，作爲部署薩德系統的地點。消息一出，當地民衆群起抗議，表示不希望自己的居住地成爲薩德系統部署地。薩德系統最大攔截距離爲 200 公里，但星州距離停戰線達 270 公里，該系統居然無法因應首爾市的安全所需，韓國輿論因此譁然。朴槿惠在 7 月 14 日發表談話以安撫民衆，但她的說法不能化解民衆的疑慮和反對聲浪。

朴槿惠日後更陷入空前的私人困境，成爲壓垮她的「最後一根稻草」。朴槿惠的閨房密友崔順實被發現與總統過從甚密，過去曾幫助朴槿惠處理公務、撰寫或潤飾講稿，甚至涉入向政商界募集政治資金，行爲已涉及不法，讓朴槿惠相當難堪，事件如同滾雪球擴大，最終演變成國會彈劾總統。

崔、朴「理還亂」的閨密關係

據悉朴槿惠與崔順實已有近四十年交情，朴槿惠母親遭暗殺後的兩、三年內開始，崔順實的父親崔太敏牧師告訴朴正熙，說崔牧師夢見陸英修女士，陸女士請崔牧師代為傳話，崔牧師的說法讓朴正熙信以為眞，之後兩家往來頻繁。崔太敏還寫信安慰朴槿惠，成為朴槿惠的「心靈導師」，朴正熙過世後，朴槿惠更加依賴崔太敏。崔順實則是崔太敏的第五個女兒，朴槿惠較崔順實年長四歲，崔順實因此稱呼朴槿惠姊姊，負責照料朴的日常生活起居和一般對外聯繫。崔太敏於1994年離世，崔順實則繼續陪著朴槿惠料理一切，嚐過人間冷暖。

據南韓媒體報導，朴槿惠與崔順實的關係比其弟朴志晚、妹妹朴槿令還要親密，崔順實已完全參與朴槿惠的日常生活，甚至朴槿惠進入青瓦台後也是如此。崔順實沒有任何職位，但青瓦台的大小官員都知道有這號人物。崔的前夫鄭允會還曾經是朴槿惠擔任國會議員時的辦公室主任，在他與崔順實離婚後才卸任。崔順實干政，是2016年9月20日由《韓民族日報》對外披露。據報導，崔順實每天會核閱青瓦台送來的約30公分厚的總統報告資料，並主持商討對策的「祕密會商」。

10月31日崔順實以嫌疑人身分前往首爾市中央地方檢察廳接受調查，承認她「犯了死罪」，請求全體國民原諒。如此更坐實了媒體的報導，對朴槿惠更趨不利。為緩和民怨，朴槿惠在11月4日發表「對國民談話」，就「閨密干政」的風暴向全民致歉，她流淚表示如果有必要，願意接受檢方甚至特偵組調查，而放棄偵查豁免權，不過仍無法遏止之後超過百萬人集中首爾街頭的反朴槿惠大遊行。

重創美日韓戰略布局

南韓政府已然出現重大危機，正因爲朴槿惠表示將「退居第二線」，未來她的施政可能將著重國防和外交，但是內政與外交不可區分，不穩定的內政，亦無穩妥的外交作爲，因此朴槿惠的外交、國防形式和能量也正在急遽惡化。朴槿惠因此缺席了 11 月在秘魯召開的亞太經濟合作會議（APEC）領袖峰會。

朴槿惠原已在 2016 年 7 月與美國共同宣布裝置薩德系統，並付諸施行，期望在 2017 年 12 月之前完成部署。當時朴槿惠政權傾向不穩，美國曾擔心南韓是否有能力實踐設置。日本與南韓的關係也承受衝擊，因爲朴槿惠先前與日本達成的「慰安婦」協議，在下任政府接事後，未必答應。如此，則日韓將無法擺脫歷史仇恨，而走向新關係里程，美國全力促成日韓和解共同對付中共北韓的計畫，將更難實現。北京與莫斯科預見南韓倘若更換領導人，許多相關情勢即將改變的事實，也寄望能影響南韓新政府，以緩和薩德反飛彈系統對兩國的壓力。

結語

受到「閨密事件」的拖累，未來朴槿惠的政治生命極不看好。朴槿惠兩、三次全國範圍的演說，並未爲她爭取太多的同情，她表示將會切斷與崔順實的所有私人關係，但南韓民衆已無法接受這樣的一個識人不明、又形同受到擺布的領導人，他們會懷疑崔順實是否聽命於朴槿惠之命辦事，僅僅是一名事發之後的犧牲者。他們痛恨富有階級的貪婪無度，也無法接受這樣的國際醜聞，他們也就不會至此罷休。

在切斷和崔順實私人關係，再次向全國民眾道歉後，朴槿惠已經意識到她必須考慮「放權」而「退居第二線」。這有點像是虛位元首，但依據南韓憲法，總統原本就是具有實權的，朴槿惠的退居第二線，雖是她的嚮往或承諾，但只是權宜之計，難以獲得朝野的共鳴。

另外可能的兩條路，其一，遭到國會彈劾。以當時南韓國會席次的分布而言，執政的新世界黨僅有 122 席，在野黨與無黨籍議員擁有 178 席，後者占多數，但因需三分之二多數同意才能彈劾總統，因此也不易過關。其二，請辭，但這不是朴槿惠的風格，也並非她非走的一條道路，朴槿惠寧願拖，也要拖過她的任期，否則一旦失去總統身分保護，很可能立刻遭到檢察機關的調查起訴。這是朴槿惠自己無奈、世人唏嘘之處。最後，朴槿惠受到國會彈劾失去總統職位，經法院審判後身陷囹圄。

◆《海峽評論》，第 312 期（2016 年 12 月號），第 24-27 頁。

20 川普的韓國政策與美中關係

前言

川普（Donald Trump）在美國時間 2017 年 1 月 20 日就職，成爲美國第四十五任總統，在他的就職演說裡，貫穿整個施政理念的，無非就是「讓美國再次偉大」。這是他先前一直提到的「美國優先」主張，誓言美國不應繼續擔任「世界警察」角色，與他持有的孤立主義和保護主義傾向相一致。

川普甚至說，「數十年來，美國產業付出代價卻是讓外國產業牟利，對其他國家支援軍隊，卻是犧牲了美國的士兵，美國保衛其他國家的邊境，卻拒絕捍衛美國自己的邊境。在海外花費上兆美元，但美國本土的公共設施卻老舊破損。美國讓別的國家富有，但自己的財富、力量和信心卻逐漸消失。」

川普要求，「從今天起」，所有的政策都是「美國優先」，「所有貿易決定、稅務、移民和外交都要基於有利於美國工人和美國家庭上」。又說，「我們要保護邊境、免於受外國掠奪，不讓外國製造我們的產品、偷走我們的公司或破壞我們的工作」，「我們會和世界其他國家建立友好關係，但要他們瞭解，視自己的利益爲優先是所有國家的權利」。最後川普說，「我們會讓美國再次強大、讓美國再次富有、讓美國再次驕傲、讓美國再次安全。」

經過歐巴馬總統的八年，或許川普發現了美國經濟的萎縮下滑、競爭力低落，以及外貿赤字的擴大，川普簡單地認爲這些都是外國對於美國的利用或掠奪，他要把美國的國力給「恢復過來」。但川普發現到的缺失許多都是美國自己的問題，包括美國的外交政策和領導人的特質，不能全怪「外國勢力」，他可說是「病理家」，亦即瞧出美國生病來了，但川普卻並不適格被稱作「生理家」，他並未發現美國落後或失敗的底層原因，以及如何來「救美國」。

川普的內政和外交政策，正在關鍵性地影響著美國與世界的關係，和世界變化的走向。美國也是亞太國家，它在東亞和朝鮮半島的外交影響力和駐軍，都牽動著朝鮮半島及周邊情勢的發展，本文在探索川普主政之後的美國在朝鮮半島政策的持續與變遷，以及預測日後的大國戰略競合情勢。

川普就職前的政策與發言

川普與朝鮮半島不如他與日本的關係，他對後者的興趣可能大些。川普在 1998 年和 1999 年曾經兩度訪問南韓，之前南韓的大宇公司曾跟他合作在南韓蓋了七座川普大廈，川普的商業收益據估高達 700 億美元以上。此外，川普對於萬里之遙的南北韓關注是相對少的。川普在 2016 年 4 月發表言論指出，「如果南北韓發生戰爭，日本陷入戰火，那是他們的事，祈禱他們幸運！」一副事不關己的回應。2016 年 5 月，川普進一步說，爲了阻止北韓的核計畫，他願意直接與北韓領導人金正恩進行談判。也曾經大聲提到，美國在亞洲的防衛花費美國太多的軍費，南韓和日本必須增加軍費承擔，否則美國將考慮撤軍。川普就職演說的一部分，想必一部分也是針對日韓而發，換言之，美國爲了支持它的亞洲盟國，美國花了大把人力物力，盟國有了安全保障之後，轉而在貿易上吃盡美國的便宜，拉大美國與盟國的貿易逆差，川普對於這點極其不平，語氣一次比一次激烈。

以南韓爲例，2015 年美國與南韓貿易逆差高達 258 億美元，使美國在這期間減少了 7.5 萬個工作機會，這些在 2016 年的數字恐更拉大，川普必須表態，可能改採貿易保護主義的立場，特別是增多南韓產品輸出美國的障礙，不過這將影響兩國的經貿氣氛。分擔軍費的部分，因爲美國在南韓維持 28,500 人的駐軍，軍費數字擴大，南韓的負擔加重，現在南韓支付駐韓美軍總費用已達半數，即是，每年支付美國 8 億 6,000 萬美元。如川普的壓力加大，南韓爲了國家安全，可望增加到每年總費用的 60% 至 80% 之多。不過，因爲美國在南韓設置薩德系統用以嚇阻北韓的挑釁，卻引來當地民衆的恐慌和反對，部分南韓人士的反美聲浪高漲，增加南韓軍費負擔的趨勢，也爲反美浪潮火上加油。

2016 年 4 月，川普在接受《紐約時報》採訪時，還曾表示南韓和日本都有自己的「核武庫」，這樣兩國就無需那麼依賴美國的保護了。針對北韓核問題，川普的解決方案，不但是包括和金正恩談判，更將對「北韓最親密的盟友」中國大陸施加大量壓力，以幫助遏制北韓的野心，他還認爲美國可以藉助於對大陸的經濟壓力達成目的。

川普表示可以和金正恩直接會談的說法，由於牽動著美國是否撤軍，曾使南韓領導階層大爲震驚，北韓官方喉舌「勞動新聞」則對此讚揚川普「可以交往」，且趁此機會大罵南韓是「美國的傀儡」、北韓將「歡迎川普與金正恩會談」等等。處在朴槿惠爆發「閨密醜聞」之後，朴槿惠面臨國會彈劾，南韓政情大亂，最快的話，南韓將在

2017 年 5 月舉行新任總統大選，內外交困的朴槿惠政府，更是受不了這樣的衝擊和動盪。

北韓發射飛彈區域緊張升溫

北韓發展核武已經成爲國策，已在北韓憲法序言當中明訂該國爲「核武國家」，2006 年至 2017 年已進行五次核子試爆，發射多次中短長程飛彈，國際社會固然深受干擾，惟身負國際和平與安全的聯合國，除歷次聲色俱厲地祭出經濟制裁之外，對於北韓政權毫無有效對策。北韓「親密戰友」中國大陸，也愈發覺得北韓不受中國規範，甚至有意將中國拉下水爲北韓的核武發展背書，北京與平壤關係已然發生質變，中國大陸在安理會的投票當中，已不再支持北韓的一意孤行。

2017 年北韓的第一次大動作發生在 2 月 12 日，北韓成功地發射一枚「北極星二型」中長程彈道飛彈。由於這種飛彈使用固體燃料推進器，可將燃料預先置於飛彈內，能加快發射飛彈準備時間和發射速度，提升其機動性，外界對它的偵察也有較高難度，也有更高的隱匿性。外界的揣測，也稱北韓已使用冷發射系統，飛彈先利用壓力彈出升空，再於空中點燃，有較佳的活動力和較低的脆弱性，這是北韓飛彈系統的改善和先進化，外界出現更多的疑慮，怕北韓的飛彈發射將更遠更準、更難追蹤更難擊毀，倘若飛彈彈頭爲核武器，則其後果更難設想。北韓媒體毫不保留地指出，「北極星二型」飛彈是地對地的，能攜帶核彈頭，是「具朝鮮特色的新式戰略武器系統」，平壤武器的升級已昭然若揭。

北韓發射新型飛彈，對南韓和日本尤其震撼，南韓與日本同時對平壤發出強烈抗議，雖然飛彈在 500 公里之外落入日本海，但南韓情報機關確認北韓的導彈，飛行射程可超過 2,000 公里。安理會立即召開會議，譴責北韓違反聯合國規章和過去反對北韓發射飛彈的協議。川普則在事件發生後、安理會處理前，表示北韓是一個大問題，揚言將會「非常強烈地去處理」，但沒有詳細透露美國將採取什麼樣的行動。

大陸方面在事件發生後，聲稱中方反對北韓違反聯合國安理會決定進行有關的發射飛彈活動，並呼籲有關各方不應做相互刺激，或可能加劇朝鮮半島緊張局勢的事情，也要求各方保持克制，共同維護朝鮮半島地區的穩定。不過，北韓駐聯合國代表卻在日內瓦裁軍會議上發言，強硬回應說明北韓發射飛彈是「建立自衛能力、保護國家主權和人民免受敵對勢力的直接威脅」。

中國大陸要求各方保持理性其來有自，爲的是北韓發射導彈的基地位在北韓西北部，距離中韓邊境丹東市僅僅 70 多公里，距離中國大陸最近距離更只有 50 多公里。北韓幾次的核試爆與飛彈發射均距離大陸較近，中國大陸顯然已有警覺，一方面深怕北韓綁架中國大陸的安全，拉北京下水，讓美國和日韓安理會等投鼠忌器，不敢大規模報復。另方面則做出進一步要脅，讓北京不得不做出對北韓的容忍和支持，合力承擔美國的壓力。

北韓發射飛彈的真正意義

有觀察家認爲北韓的作爲，在針對川普，想威嚇川普，給他下馬威，事實上北韓並不必然要做出這樣的行動，因爲給川普「下馬威」不見得有效，反而立刻將川普逼成了敵人，使美國、北韓未來的交往更行困難。

北韓從來沒有放棄核武發展的最終目的，不會因爲北韓任何領導人的更迭而改變，同樣地也不會因爲美國總統換屆而改變意圖。況且過去多次的安理會決議下的制裁，北韓都硬是挺了過來，倘若今後北韓的政權持續存在，則北韓不會放棄這項已經到手的核武技術。再則，爲了鞏固北韓的內部高壓統治，核武試爆與飛彈的發射，成爲激發北韓民衆愛國心、用以同仇敵愾的積極因素，這對孤立於國際社會的北韓政權極爲重要。

核武器也是用來逼迫美國和相關國家最後走上談判桌時的有利武器，用來交換對手的讓步，求取自保與議價之用。在北韓領導人的眼中，有核武器及中長程飛彈即擁有一切，反之將毫無討價還價的空間。北韓歷來最在意的，將是與美國簽訂和平條約、建立外交關係及獲得經濟援助等，北韓領導人認爲這些利益只有在北韓核武發展成熟時才有更大的收益。

飛彈用以作爲核武器的載具，北韓的發展迅速，核武器必須有精準的載具，才對敵國有更具可信的威脅，北韓的核武器研發與飛彈試射已非近年之事，安理會的制裁顯然對這一趨勢毫無作爲，北韓在美國和南韓大軍壓境之下，爲了國家存亡，免於被南韓「吸收統一」，也順理成章地昭告其民衆和世界，金正恩的出格行爲是「勢在必行」。

美國與南韓每年 3 月都會舉行例行的聯合軍事演習，這項代號爲「關鍵決斷」和「鷂鷹」的聯合軍演，原本是爲了展現對北韓的嚇阻力。早在 2017 年 1 月，南韓的《東亞日報》就披露，剛進駐日本山口縣巖國基地的 10 架美國新一代隱形戰機 F-35B（F-35B Lightning II）有可能參加 3 月的美韓聯合軍演。在此之前，9.3 萬噸級的美國核動力航空母艦「卡爾文森號」（USS Carl Vinson CVN-70）在 2 月 10 日抵達關島基地。北韓曾經警告，美韓舉行的聯合軍演將帶來「災難性後果」，並希望南韓和美國改變這樣的軍演態勢，不過，其結果並不令人意外。美韓軍演的假想敵，是北韓，更且包含中國大陸。中國大陸固然是嚴陣以對，北韓更無法輕鬆面對，在此壓力之下，試射飛彈恐係北韓認定的必要反制舉措。

更早之前，川普總統新任的國防部部長馬提斯（James Mattis）在 2 月 1 日分赴南韓與日本訪問。他上任之後的第一個訪問目的地，即是美國的東北亞兩盟邦，美國國防部說馬提斯到訪東亞，形式上是爲強調美國對日韓兩國的承諾，並進一步加強三國的安全合作。更重要的信息是，川普已經在嘗試和錯誤當中，必須因應現實環境重新調整他原來對日韓的理解和政策。當然馬提斯的訪韓，有更要緊的關口需突破，美國與南韓將設法加速部署薩德系統，希望在朴槿惠卸職、新任總統選舉前完成，不過這還要看南韓憲法法院如何裁決朴槿惠的罷免案而定。

過去經常是北韓進行核試爆或發射飛彈後，聯合國立即通過譴責或制裁，北韓又變本加厲地提升技術水平，再度挑戰周邊國家的緊張神經，安理會除了照本宣科之外再無良策，而惡性循環因此一再重演，國際核武危機始終難解。

結語

解決北韓核武器極其困難，其中有北韓的不安全感，也有強權政治的因素，無論是何種原因的牽動，倘若一旦失控，均足以造成極其嚴重的後果。如同前述，北韓發射中長程飛彈是爲了完善推動核武器的載具，已成爲國際安全最深刻的威脅，衝擊的程度對朝鮮半島和周邊國家而言已無差別。

2 月 17 日大陸外長王毅就在德國表示「國際制裁的循環不能再持續下去」，且認爲仍然有機會恢復六方會談，他說「復談還有希望，和平仍有希望」。王毅也指出，美國與北韓在這方面是「最直接的當事方」有必要儘快做出政治決斷，做出進行談判解決紛爭的考量，而「中國作爲朝鮮半島的最大鄰國，願意從中斡旋，發揮積極的作用」，來促成六方會談的重新召開。

重啓六方會談應是解決北韓核問題及不斷試射導彈的根本做法，王毅的期望或許值得各相關國家考量。不過，川普總統新上任，會不會做這樣的政策選擇，值得期望，但也無法預料。一般認爲，中國大陸與美國的磨合期會拉長，才逐漸出現更穩健的交往，吾人希望北韓核問題在長期嘗試錯誤過程當中，得以通過外交手段達成共識。

◆《海峽評論》，第 316 期（2017 年 4 月號），第 27-28 頁；《海峽評論》，第 317 期（2017 年 5 月號），第 15-17 頁。

21｜文在寅的內政與外交初探

與過去迥異的總統選舉

代表南韓共同民主黨參選總統的文在寅，以壓倒性多數擊敗他的幾位對手，當選南韓第十九任（亦即 1987 年南韓政治民主化以來的第七任）總統。

南韓第十九任總統選舉原訂 2017 年 12 月 20 日，新任總統也原訂 2018 年 2 月 25 日就職，但因前任總統朴槿惠任內涉嫌閨密醜聞、貪污、濫用職權，遭國會彈劾並經憲法法庭裁定彈劾案成立後去職，依南韓憲法規定新任總統必須於六十天內選出，因此文在寅是非常時勢下造就的英雄，且已立即就任。換言之，文在寅任期比憲法原訂的五年任期足足多了九個月又十五天。

朴槿惠黯然垮台後，所屬新世界黨支持率一落千丈，內訌繼之，2017 年 2 月 1 日，29 位不挺朴槿惠的議員另組新黨，逼得新世界黨改名自由韓國黨，淪爲南韓第二大黨。新總統大選一共 15 人參選，可謂競爭激烈，後來兩人退選，選票上僅印製 13 名候選人。總統選票的排名順序，是按照各政黨在國會議員席次多寡順序，比如文在寅所代表的共同民主黨，是國會第一大黨（有 119 席）、文在寅就是第一號候選人，自由韓國黨的洪準杓是第二號（第二大黨，有 93

席）、安哲秀第三大黨（39 席）、劉承旼（排序第四，33 席）以及沈相灯（第五大黨，僅有 6 席）。

以上這五名候選人都由政黨推薦，惟國會無席次者，則按黨名的韓文字母順序決定，無黨籍的排在最後，也以韓文的字母順序排定。選舉結果，文在寅以 41.09% 的選票大勝第二名洪準杓的 24.04%，這跟原先民調距離並不遙遠。文在寅的勝選，顯示政權重新回到傾左的韓國「進步派」政治人物手中。

文在寅的成長背景和施政風格

文在寅當選時 64 歲，從政經驗出於過去不凡的人生淬鍊。他父母在韓戰期間逃出北韓咸鏡道，輾轉流離南韓。小時家境清寒，常至教堂領取發給窮人的奶粉糧食。文在寅在慶熙大學攻讀法律時，因反對朴正熙改行「維新憲法」被捕，在全斗煥時代違反戒嚴令再度被捕。

文在寅靠自修通過司法官考試，但因「留有案底」無緣成爲法官，旋考上律師，2002 年，成爲盧武鉉參選總統的競選總幹事，2007 年受盧邀請擔任青瓦台秘書室室長（即總統府秘書長），並在盧武鉉任內促成 2003 年 8 月首次六方會談。盧武鉉繼承金大中的「陽光政策」，推動「和平與繁榮政策」，主張南韓作爲朝鮮半島的「平衡者」，並與美國保持距離，以增進和北韓交往與和解。盧武鉉 2007 年 6 月訪問北韓，與金正日舉行高峰會，文在寅曾隨行。

2012 年文在寅以些微差距敗給朴槿惠，當年選上國會議員任職至再次參加總統大選，他享有高知名度與高民調，他的勝選代表著歷經李明博和朴槿惠兩任總統長達九年多保守派主張親美、疏離北韓、維護財團利益等路線的終結。文在寅對朴槿惠的施政深惡痛絕，朴槿惠爆發醜聞後，文在寅即糾合反對派勢力，預備拿回政權，他痛斥朴槿惠施政不力，對北韓失去同理心，更批評南韓對美國的屈從，導致國家安全受威脅。

不過，對如何看待與北韓關係，南韓民意趨於兩極化。南韓國會是單一制，299 席，2016 年 4 月才全面改選。傾向保守主義，主張強硬對待北韓，態度親美人士仍舊支持自由韓國黨，若與脫離朴槿惠新世界黨的新黨相較，得票率分別是 24.04% 和 6.76%，兩黨在國會的席次分別爲 93 席和 33 席，加起來比文在寅的共同民主黨多，可與安哲秀的 39 席、沈相灯的 6 席合縱連橫，給予文在寅莫大壓力。

文在寅首先須平復選戰期間出現的社會分裂，告訴民衆他不是「親北韓派」，而是堅定防衛南韓安全、不向北韓妥協的領導人。至於對美關係，文在寅雖不能逼迫美國撤走薩德系統，但對美國表示與前政府不同的觀點，希望能在朝鮮半島安全議題上儘量維持南韓的主動。不過，求取主動，談何容易？

文在寅和盧武鉉一樣，可望推動兩韓對話、重估美韓關係、接近北京，惟這些主張不完全符合美國在亞洲的利益。美國將擔心，文在寅是否將刻意親近北韓與北京，疏遠和美國的聯繫。這個趨勢迥異李明博、朴槿惠時代，南韓與美國之間的互信怎樣維持，將牽動南韓安全和南北韓互動。

文在寅正極力推動多邊外交

就在 5 月 14 日，也正是文在寅上任的第五天，北韓從平安北道龜城一帶向北方的日本海域發射一枚「火星—12」型洲際彈道飛彈，這是文在寅上任後的第一枚導彈，看來是要給他下馬威，但也再度觸發當地的緊張氣氛。針對這枚導彈，各國咸認飛彈「在技術上有實質進展」，雖然韓、美、日立即商議對策，且放話重申「與北韓對話的大門始終敞開，惟強調將堅決應對一切挑釁」。美國及其盟國語氣強硬，卻也無計可施。

根據日本防衛廳判斷，那枚「火星—12」型飛彈飛行 800 公里，升空高度達 2,000 公里，專家估計，倘若飛彈以拋物線發射，則距離將達 6,000 公里以上，對美、日、韓三國而言，當然不是好消息。川普總統深知，北韓飛彈技術如不受節制，總有一天能將核彈頭投擲在美國本土。

文在寅深刻瞭解北韓核武發展與改善投擲技術的用意，以及各相關國家的憂慮，他也表示過願意和北韓直接對話，因此在相當程度上，文在寅政府扮演的角色，不再像李明博和朴槿惠時代完全偏向美、日的利益。這是他就職後密集派遣特使分赴美國、中國大陸和日本與各國協商的基礎。

南韓《中央日報》前社長洪錫炫與川普總統會談後，提到川普說「願意在條件合適的情況下，通過接觸實現和平」。經川普的邀請，美韓峰會 6 月底在華盛頓舉行。川普對邀訪文在寅相當積極，於其就職一個多月後即提出邀訪，頗不尋常，象徵美國對南韓新總統的善意。

文在寅多次強調，南韓必須準備和北韓談判，盧武鉉執政期間文在寅和北韓曾有交手經驗，他有相當信心。至於薩德系統，文在寅曾主張需在新政府成立後安裝，不過顯然它已成爲現實。

文在寅的特使李海瓚 5 月 18 日在北京會見大陸外長王毅，王毅在會見李海瓚時，特別提到 2016 年 7 月美國與南韓同時宣布將設置薩德系統以來，雙方關係「遇到不應有的挫折」，這是「中方所不願見到的」。不過，李海瓚仍強調「韓中充分對話，以推動務實的戰略合作夥伴關係」，當時言談外交辭令居多，北京不見得照單全收。

文在寅頻向中國示好以彌補設置薩德系統而爲雙方帶來的齟齬，殆可預見。尤其是解決北韓核武，仍須仰賴北京介入。對於南韓，川普不乏大聲吆喝，南韓夾在其中，怎樣在兩大強權之間維持動態平衡，是文在寅必須面對的棘手問題。

5 月 21 日，北韓又從平安北道的同一發射場發射了一枚飛彈，這雖然不是洲際飛彈，卻也被定位爲中程導彈，這已是文在寅任內的第二次（也是 2017 年以來的第八次）。今後北韓發射飛彈，將會日益成爲例行公事，成爲文在寅的夢魘，倘若無法壓制北韓氣焰，可能使他的左派自由主義政策難以施展。

川普認為有可能與北韓談判

連川普都認識到有朝一日，美國與北韓都不免一談，因此未來美國一北韓關係仍有藉由對話而出現契機。針對朝鮮半島緊張關係，美國、日本、南韓三方面仍以過去參加六方會談代表爲主體，積極研商對策。設若未來可望恢復六方會談，北京將恢復成爲每次會談的東道主，對會談議程有積極的引導作用。

對中國而言，可謂「外交形勢大好」，除了文在寅可望不斷靠攏，美國也更仰賴北京的「善意」。川普似比以前鬆軟，他甚至讚揚金正恩「不簡單」。美國藉由北京「傳話平壤」，只要北韓棄核，一切好說，包括金正恩訪美，甚至可能包括雙方建交。

北京則一直提醒美國，中國在意朝鮮半島「不亂、不戰、無核」，尤其是「不許在中國門前出亂」。川普政府爲了加強和北京關係，不會挑戰這點。北京以逸待勞，擁有較大的外交優勢。在這樣的情勢下，台灣最是「顧影自憐」。當東亞各國都以外交接觸求取自家利益，唯獨台灣不動如山（或更是「無處使力」）。蔡英文屢次說她要「維護台海現狀」，可是蔡政府的「去中國化」與「推動台獨」絕非「維護台海現狀」，反而是「改變現狀」。世界變動不居，原本的「現狀」絕無一直維持下去的可能，蔡英文自詡「維持現狀」，顯係脫離現實。

美國和北韓改變過去彼此威脅放話的「邊緣政策」，雙方展現對話意願時，北京外交力道可望進一步提升，蔡英文政府則更加被國際社會邊緣化。當蔡英文政府就是否能參加世界衛生大會（World Health Assembly, WHA）多次「推特」（Twitter）、「嚴正譴責」北京時，說明蔡政府已無力招架。蔡英文堅拒「九二共識」，不理會中華民國憲法就是「一中憲法」，將來只會面對更多的外交挫折！

◆《海峽評論》，第 318 期（2017 年 6 月號），第 37-40 頁。

22 北韓核武危機：美國會否動武？

北韓核武危機現況

2017 年初以來，朝鮮半島形勢極度緊張，已至風聲鶴唳程度。導火線在北韓領導人金正恩和美國總統川普不斷互嗆，放出挑釁意味強烈的重話，雙方誰也不願讓步，敵對不斷升級增溫，已接近「不可挽回的臨界點」，像是大戰前的言語交鋒。

平壤核武發展舉世關注，也因核武發展與世界爲敵。北韓至今仍是極權獨裁又封閉的國度，北韓情況不爲外界所知，北韓民衆也無從知悉外面的世界，因此自從北韓在 2006 年退出旨在解決核武爭議的六方會談之後，到底北韓的核武器發展到了什麼程度、北韓的洲際彈道飛彈射程多遠、核彈頭輕型化和微型化進展如何，都引起外界的揣測和不安。外界也僅止於揣測，並無確切數據，這對於美國在內的國際社會而言，和北韓較量之時，無疑是「敵暗我明」。

北韓的努力突破已經收到效果，它的洲際彈道飛彈射程不斷提升，火力愈發增強，倘若連準確度也提高，美國原先擁有的戰略優勢將不復存在，設若與時俱進，美國超級強權的光芒和實戰能力也將大受懷疑。這是川普必須解決卻無從解決的難題。川普政府，刻正大傷腦筋，到底要採取什麼樣的手段壓制北韓的氣焰，聯合國制裁不頂用、美國期待中共發揮影響北韓的角色落空、川普灰頭土臉之際，就連他的國內支持度也因這樣的「信任危機」而岌岌可危。

2017 年 8 月北韓宣告首次成功發射可以攻擊美國本土的長程飛彈，金正恩並且宣稱，北韓可將微型化的核彈頭設置在這些飛彈上，就在 8 月中旬以前，可發射四枚火星－12 號洲際飛彈攻擊美國關島基地，導致川普總統的憤怒和關島上下的緊張氣氛。川普立即表示美國如受攻擊，北韓將會嚐到「美國空前未有的憤怒與火力回應」（response of fury and fire）。

雙方的大動作，已非僅限雙方你來我往回嗆，北韓官方媒體 8 月 15 日報導，北韓軍隊已進入備戰狀態，隨時可以突擊關島。但金正恩又說，一切都要看美方的態度再決定，「如果美方在半島周圍繼續輕舉妄動」，他將做出重大決策。不過金正恩沒有說明何謂輕舉妄動。美國國防部部長馬提斯則在同一天也警告說，如果北韓攻擊美國本土，可能會立刻激化成爲戰爭，並表示將會設法擊落所有針對關島發射的飛彈。

美國可能的因應政策

自川普執政之後，美國才發覺北韓竟如此強悍和有恃無恐，頻頻向美國叫板，讓川普覺得面子掛不住。不過，川普既然凡是歐巴馬的都不要，川普也不會再複製歐巴馬時代的「重返亞洲」或「再平衡」的名詞，也不會再拷貝小布希的「戰略耐心」，只有極力展現他針對北韓寸步不讓，或以眼還眼的做法。只是美國的作爲深受限制，尤其是中共已經多次警告，北京不容許美國與北韓在中國門口「生亂、生事、爆發戰爭」。最近進入 2017 年後，中共又拉住俄國，表示不容許美國與北韓（主要仍是美國）在「中俄門前」製造戰爭。如此，川普在朝鮮半島主動發起戰爭的可能性便微乎其微。但準備戰爭的動作還是不可或缺，因此將繼續 8 月 21 日和南韓舉行的年度聯合軍演，美日在北海道舉行的聯合軍演也將持續至 8 月 28 日。美國雖然說話嚴厲，但並未動員駐韓美國軍隊，雖也增派軍機至朝鮮半島巡邏，但仍不放棄外交作爲解決方式。

首先，美國已在 8 月 5 日的聯合國安理會提出由華府起草的對北韓經濟制裁案，且獲得安理會 15 個成員國（包括 5 個常任理事國）的一致同意。這項經濟制裁案，制止北韓以其自然資源向外國輸出，賺取外匯，禁止出口的項目包括各類的礦產，這影響到北韓的外匯收益達每年 10 億美元。北韓則在 8 月 7 日發表強烈的譴責聲明，堅稱平壤將繼續走強化核武的道路，並揚言會讓美國爲犯下的罪行付出千百倍代價。美國的想法，是以經濟封鎖的方式揉合武力展示，向北韓施壓，迫使北韓改變態度。

外交方面，美國也鋪陳多元的壓力，朝向北韓而來。國務院官員指稱，美國與北韓還不到可以談話的地步，重點在於北韓迄未表示停止將發射飛彈。訪問拉丁美洲的彭斯（Mike Pence）副總統，8 月 16 日強烈敦促智利、巴西、墨西哥、秘魯等國斷絕與北韓的外交及商業關係，認爲透過經濟與外交孤立北韓，將更能達成和平解決方案，並重申美國的戰略耐心時代已經結束。美國對北韓的外交和經濟壓力排山倒海，只是北韓仍然不動如山，美國政府的挫折可以想見。

在朝鮮半島局勢緊張之際，美國參謀首長聯席會議主席鄧福德（Joe Dunford）上將接連訪問大陸和南韓、日本，一方面想藉由北京勸服北韓回歸正途，同時安撫日、韓兩國的情緒，並說明美國的防衛決心不變。北京是鄧福德訪問的第二站，最後一站方爲日本，他在 8 月 14 日下午會見了中共中央軍委聯合參謀部參謀長房峰輝，雙方就「緩和朝鮮半島局勢和台灣問題」交換意見，並共同簽署了《中美兩軍聯合參謀部對話機制框架》。雙方聲明突顯美國有意在未來進一步「發展中美兩軍關係」。有跡象顯示，中美雙方在此時增進軍事合作與對話，正是考慮到朝鮮半島的局勢，雙方有不可迴避的責任。恰如人民大學國際關係學院副院長金燦榮指出的，鄧福德訪問北京，正是要「確保若朝鮮半島出現戰事，至少美中兩國不要有衝突」。

中共外長王毅則在 8 月 15 日晚間與俄國外長拉夫羅夫通電話，就當前朝鮮半島情勢與俄方交換意見。王毅強調，當前情勢下，中俄應進一步加強戰略溝通，「聯手管控局勢、全力維穩促談」，「不允許任何人在中俄家門口挑起事端」。中方則宣稱不再進口北韓的煤鐵原料，以配合聯合國對北韓的經濟制裁。北京還是希望透過外交或制裁方式對北韓施壓，美國看來更急，因此仰賴北京的協助更加急迫。北京先前提議「兩個暫停」（或「雙暫停」），即美國暫停和南韓、日本等盟國的軍演，以換取北韓暫停核武發展或發射飛彈，不過這樣的提案，卻未受相關國家青睞。

北韓核武危機對東亞安全的影響

北韓核武危機考驗著川普與金正恩的「戰爭邊緣政策」究竟如何收場，這只是虛晃一招，還是等待雙方或其中一方使出「殺手鐧」？歷史上大多數的國際危機來自「戰爭邊緣」政策，這種政策爲敵對雙方想盡辦法以恐嚇手段逼迫對方讓步，以賺取自身最大的利益。倘若雙方或其中有一方讓步，戰爭即可避免。但是「不信邪」的心態，常是雙方迎面對撞而玉石俱焚。

白宮安全顧問戈卡（Sebastian Gorka）告訴福斯電視記者，這次的危機「使人想起 1962 年的古巴飛彈危機」，這是適當的比喻。當年蘇聯領導人赫魯雪夫（Nikita S. Khrushchev）的心態，是欺負一個 40 歲出頭的美國總統甘迺迪（John F. Kennedy），甘迺迪則是歷史上少見的勇者，敢於正面對抗赫魯雪夫。即使如此，甘迺迪總統和赫魯雪夫都是冷靜的政治人物，他們決不莽撞行事，決定能和緩危機，最終和平解決。然而現今美國與北韓領導人並不具備這樣的行事作風。

北韓核武危機誠然足以危害美國的安全，至少北韓今非昔比，美國不能單靠自身之力解決此一重大難題，只有結合南韓、日本和中共。但美國仰賴北京過度，也讓日韓看破手腳，發現美國不再像過去一樣可以充分信任，此一趨勢，會更刺激日本走向右傾，加大自衛隊的建設，也將加大和中共的戰略和戰術衝突。安倍晉三執政的日本，除外交上與美國亦步亦趨，也將加強與南韓情報合作，融合成緊密的美日韓戰略三角。為了因應北韓的威脅，防衛省在 2019 年即將日本納入陸基神盾系統以提升彈道飛彈的防禦能力，並以將近 200 億日圓研製第二代警戒雷達。

南韓則是北韓核武危機首當其衝的國家，最關心核武對朝鮮半島的威脅，並祈求相關國家自我節制。不過南韓與美國簽有安保條約，首爾的角色也特別尷尬。川普與金正恩先前只顧互嗆拉抬了緊張情勢，卻無法收尾。南韓總統文在寅終於在 8 月 16 日，亦即就職一百天的記者會上坦率表示，「未經南韓同意，任何一方都不得在朝鮮半島動武」。美國各屆政府曾多次表示，採取軍事選項的目的在向北韓施壓。但文在寅說，川普已經承諾，「不管對北韓採取何種措施，都會先與南韓充分協商並獲得同意。」南韓的立場基本上與北京完全符合，即完全不主張半島爆發第二次韓戰，不過，首爾與北京正爲著薩德系統在南韓部署存有心結，雙方關係不像以往融洽，正好給美國機會。

文在寅雖向南韓民眾保證，「朝鮮半島肯定不會爆發戰爭」，但這會不會流於不切實際，檢驗的難度極高，可能代價也極大。文在寅說明半島情勢有條「紅線」，北韓正在接近這條紅線。文在寅界定這條「紅線」是北韓完成開發部署搭載核彈頭的洲際彈道飛彈，並警告北韓「不可跨越」。事實上，北韓是否完成開發只是早晚而已，且外界無從知曉爲何時。

結語

平壤恰似吃了秤砣鐵了心，美國終需面對一個核武的北韓。北韓新憲法宣告，它已是核武國家，處心積慮要求得到核武國家的地位。但是美國和相關國家反對，北韓就一直會作對下去。北韓常說，爲何印度與巴基斯坦可以成爲核武國家，爲何同屬主權國家的北韓就不可擁有核武？爲何美中英法俄這些大國就可以，爲何北韓不可仿傚？

在北韓核武議題上，中共的地位將更形重要。美國與北韓互嗆疲乏之後，少不了仍需解決問題而召開國際會議，中共一直鼓吹重啓六方會談，在美國與北韓經過一段時間沉澱，六方會談恐仍是比較符合各方利益的出路，中共重新作爲東道主，享有決定議題的特權，對北韓的影響則更強大。

朝鮮半島該不會因核武危機而爆發戰爭，因為這是大家都「無法接受的」，戰爭的代價也是「無法想像的」，只是川普和金正恩的組合，就會有人想像會否出現「無限的可能」。世人都想盡全力，拉緊這兩人不要興起一場毀滅性的戰爭。

台灣無法決定朝鮮半島是否爆發戰爭，因為台灣沒這個能量。只是一旦發生戰爭，台灣絕對會受深刻影響，類似當年的韓戰（雖然並不完全一樣，因今日中共的綜合國力並非當年所可比擬）。倘若不幸爆發第二次韓戰，有些國際策士可能會進言，台灣不如為美國所用，作為「反中」基地，民進黨政府可能對這新情勢見獵心喜。但台灣朝野應反思的是，這樣是否傷害台灣及整個中華民族的利益？台灣設若沉迷於「反中」，引來大陸的制裁，寧非陷入立即的險境？

朝鮮半島倘若爆發戰爭，明顯對各方絕對不利。其他國家利益交關處不辯自明，台灣也可能由於國際強權介入，成為美中在朝鮮半島交易的籌碼。美國官方雖屢次否認這樣的說法，但國際政治有力量才有發言權，沒力量常被出賣，是屢試不爽的。

◆《海峽評論》，第 321 期（2017 年 9 月號），第 9-12 頁。

23 美國與北韓都在「等飛彈落下」

北韓核武危機日益高漲

進入 2017 年以來，東北亞局勢就沒有穩定過。美國新任總統川普在 1 月 20 日就職，他的四年任期開始，引領了不僅是美國內部分裂，還有世界也無所適從的困局。金正恩則繼續努力充實他的核武庫存，不但北韓核武庫存更加豐富，核武試爆的頻率愈發密集，彈頭當量愈來愈大，直到北韓宣布 2017 年 9 月 3 日試爆氫彈。

川普和金正恩代表兩個素來敵對的國家基於仇恨不斷互嗆，放出挑釁意味強烈的重話，甚至以戰爭相威脅。他們不畏懼國際輿論，也似不把核戰在朝鮮半島引燃的威脅放在眼裡。雙方誰也不願讓步，敵對不斷升級增溫，已接近「不可挽回的臨界點」，美國和北韓的戰事隨時可能會爆發，周邊國家更害怕，將以東北亞的諸多國家作為犧牲。

2017 年 7 月 28 日北韓宣告成功發射了洲際彈道飛彈，技術的成功進展，使北韓更有信心應對美國、盟國和安理會的壓力，即使不能使美國屈服，至少北韓具備了強大嚇阻能力，而且這樣的嚇阻能力進步得出人意料地快速！不但日本、南韓，相關的大國如中、美都無法預料。

北韓誇稱其洲際彈道飛彈可攻擊關島和阿拉斯加，甚至美國西海岸城市，東亞的美國盟邦就更不在話下了，因此北韓的威脅看來立即且危險。川普上任之後，美國與北韓領導人增加隔空叫陣的頻率，朝鮮半島為核心的地區大有風雨欲來景象，美國與北韓領導人在想什麼？他們彼此叫囂的本質又是什麼？危機升級的情況至今怎樣？有無升高至大戰的危險？更重要的，這地區情勢又怎樣影響東北亞諸國的命運？以上問題都不容易回答，但值得思索。

外界不知北韓武器發展程度

平壤核武的發展舉世關注，但也因為政權封閉，外界少有知悉它的武器發展究竟到了什麼程度，起先西方國家咸認北韓武器研發進展緩慢，但愈發對北韓軍事武力躍進大感意外。北韓的咬牙努力，收效宏偉，它的彈道飛彈射程不斷拉大，核武器微型化快速進展，倘若連準確度也提高，美國擁有的核武器對北韓將不再成為罩門，反而是川普的反覆無常和進退荒誕，使東亞盟國如日本、韓國等大失信心，紛紛尋求其他出路。最明顯的趨勢，即在於南韓對中國的積極改善關係，以及日本在東海議題的極力克制。

雙方的大動作，已非僅限於你來我往回嗆，北韓官方媒體 8 月 15 日報導，北韓軍隊已經進入備戰狀態，隨時可以突發攻擊關島。不過金正恩稱，北韓不採取主動，「如果美方在半島周圍繼續輕舉妄動」，他將做出「重大決策」，意涵美、韓聯合軍演也在考量之列。美國國防部部長馬提斯則說，如果北韓攻擊美國本土，將會「立刻激化成為戰爭」，並表示美國將擊落所有北韓針對關島發射的飛彈。這樣「口頭交火」在過去是少見的，成為美國北韓關係的一大特色。

美國及其盟國在金正恩快速發展核武與長程飛彈後，恍然大悟已失去先機。而北韓在核武及洲際彈道飛彈議題上則是頻頻出手，讓美國吃足了被動挨打的苦。北韓的叫囂可能使美國沒面子，這樣的超級強權居然被金正恩擺布捉弄到僅剩耍嘴皮子。

即使如此，北韓眞正想的是，打擊南韓、日本士氣，讓它們不再相信美國，與川普政權離心離德。川普總統就任後先後退出了 TPP、退出了《巴黎協定》、標榜美國優先、壓迫韓、日增加駐紮美軍的財政負擔，川普這麼做，恰巧爲北韓的「離間計」鋪設了最佳的溫床。

川普政府進退失據窘態畢露

川普原本是商人，並無外交經驗，他的脾氣直率、暴躁且口無遮攔，即使自己團隊的高官也常無法與他合作，在他就任之後多人掛冠而去。他對北韓常不假辭色，話說得很重，常威脅北韓將「以眼還眼、以牙還牙」，但通常不會有進一步的行動，或者是持之以恆、前後一貫的政策，致使川普行徑遭到北韓看穿，也使美國與北韓關係說死之後，即無轉圜餘地。

美國的政策還必須仰賴中國的支持。尤其是 2017 年 4 月和習近平在佛羅里達棕櫚灣對話之後，川普似將北韓議題交到習近平之手，寄望中國給予北韓更多壓力，促使北韓重回談判桌，最終外交解決北韓核問題。不過，川普仍不改強悍個性，多次展露軍事壓力的本質，以及不排除軍事（包括對金正恩施行「斬首」）行動的可能，加之以密集的美韓或美日軍演，使原先即薄弱的一點點信任感頓時消逝。

大凡解決國際衝突國際危機，大國與小國的幅員、人力、資源、國際支持度相距甚遠，為達到目的，他們使用的手段大相逕庭。在大國而言，外交與軍事（亦即胡蘿蔔與棍棒）都是有效的工具，兩者交相為用，若非顧忌國際輿論批評，常視一己需要或領導人決策，在棍棒作為壓力之下，可「不戰而屈人之兵」。

而小國各種秉賦相對貧乏，通常較少胡蘿蔔，更少可觀的棍棒與大國抗衡，他們要麼選擇「扈從」、要麼擺出一副「民不畏死、奈何以死懼之」的姿態，採取「戰爭邊緣」的策略，以嚇唬（bluffing）逼退敵人。不過，採取「戰爭邊緣」政策的弱小一方存在高風險，倘若大國不接受嚇阻，沒被嚇退，反掀起一場戰爭，小國弄巧成拙，下場可知。

川普與他的高層外交和軍事官員在處理北韓核武議題不同調已是習以為常，常有媒體形容川普對北韓若不是沒有成熟的政策或想法，就是他自己也不知道自己在做什麼。他或許是想由自己扮黑臉，他的外交官扮白臉，因此話說得很重，國務卿提勒森（Rex Tillerson）常需打圓場，卻根本讓北韓看穿了川普的弱點，也就是美國既無資源，也無意志，更無一致的政策與北韓「周旋到底」。

美國官員說他們希望透過外交途徑結束這場核武危機，但仍說不排除採取軍事行動的可能性。人人都知道，外交官員對軍事行動相對生疏，且不願走到軍事行動那一步，否則說明外交政策的失敗，因此他們在威脅對手的時刻，常是語帶心虛、有氣無力。只有川普總統砲火四射，樂此不疲，且常打臉美國國務院官員，讓他們無所適從。

川普要「徹底摧毀」北韓言猶在耳，10 月 1 日，當提勒森還在思索如何與北韓代表在紐約聯合國祕密接觸時，川普居然說提勒森與北韓談判是「浪費時間」。北韓領導人寧願相信一個情緒激動的川普，也不願相信美國外交官要求對話的誠意了。金正恩在回答川普給他「小火箭人」（Little Rocketman）的綽號時，也給了川普一個從沒想過的艱深英文 totard（瘋老頭），可謂一報還一報，再也沒好話了。

8 月 21 日起至 31 日止，美國和南韓舉行今（2017）年度「乙支自由衛士」聯合軍演，美日在北海道舉行的聯合軍演也持續至 8 月 28 日，顯示祭出大動作對平壤施壓。美國放話嚴厲，增派軍機至南北韓邊界巡邏，引來北韓回嗆將予以擊落。情緒持續緊張之際，美國雖未動員駐韓美軍，但 10 月 16 日美韓開始了爲期十天在朝鮮半島東西兩水域聯合海軍演習，川普派遣了核動力航母雷根號（USS Ronald Reagan CVN-76），核子動力潛艦密西根號和兩國多架戰機參演。同一天，北韓駐聯合國副代表金仁龍在 16 日警告「朝鮮半島核戰隨時可能爆發」。

10 月 23 日至 27 日，代號爲「英勇通道」（Brave Channel）的演習，正是爲「演練美軍人員和家眷準備好因應各類危機事件」，如撤僑、自然和人爲災害等，美國軍方此舉曾造成南韓部分人士恐慌，怕距離開戰不遠了。

正是雙方的你來我往，頻頻亮劍，導致危機不斷升溫，終至距離大戰愈發接近。作爲堂堂大國，美國既無力防範危機於未然，也無法有效遏制其升溫於後，可謂整個策略進退失據，不知如何善了。

對北韓的經濟制裁效果有限

美國曾在 2017 年 8 月 5 日聯合國安理會提出由華府起草的對北韓經濟制裁案，獲得安理會 15 個成員國（包括 5 個常任理事國）的一致通過。這項經濟制裁案，禁止北韓以其自然資源向外國輸出賺取外匯，禁止出口的項目包括各類的礦產，影響北韓外匯收益至每年 10 億美元（爲北韓外匯總收益的三分之一）。北韓爲此在 8 月 7 日發表強烈譴責聲明，堅稱它將繼續走強化核武的道路，並且揚言會讓美國爲犯下的罪行「付出千百倍代價」。美國本以經濟封鎖的方式揉合武力展示，亦即「極限施壓」（Maximizing Pressure）策略，迫使北韓改變態度，但換來更大反彈。

另一場國際經濟制裁，是在 9 月 3 日北韓進行氫彈試爆之後。爲了表示對北韓的憤怒，安理會在 9 月 11 日通過了歷年來「最嚴重的經濟制裁」方案，禁止北韓相當多數的能源礦產出口，禁止各國與北韓進行國際貿易，並要求全球一體遵行。雖然在中國與俄國的協調下，沒有禁絕北韓的外來石油及能源供應，北韓受到經貿重創殆可想見。不過，金正恩不願在壓力下低頭，9 月 23 日，即使在美國軍機 B-1B 沿著北韓外海巡航，北韓外長李永浩兩天後表示，美國「已經對北韓宣戰了」。次日川普又在推特上表示「美國已經完成攻擊北韓的準備」。

美國也祭出了外交制裁，彭斯副總統曾在 8 月中旬出訪中美洲國家，也強烈敦促智利、巴西、墨西哥、秘魯等國斷絕與北韓的外交及商業關係，認爲透過經濟與外交孤立北韓將更能達成和平解決方案，並且重申美國的「戰略耐心時代已經結束」。美國對北韓的外交和經濟壓力排山倒海，只是北韓仍然不動如山。

南韓文在寅政府地位尷尬，在此緊張時刻，南韓固然屢次抨擊北韓窮兵黷武，也要求美國不可跳過南韓逕自採取對北韓軍事行動，南韓的考量在於，首爾 2,400 萬居民的生命財產應受到保全。

中、俄在朝鮮半島的角色，比美國具有地理和戰略上的優勢。他們比較關切北韓是出自本身的重大利益考量，因一旦朝鮮半島開打，他們即無法置身事外。中、俄外長王毅和拉夫羅夫通電同意當前情勢下，中、俄應進一步加強戰略溝通，「聯手管控局勢、全力維穩促談」，「不允許任何人在中俄家門口挑起事端」。中方則宣稱不再進口北韓的煤鐵原料，以配合聯合國對北韓的經濟制裁。

中共還是希望以外交方式對北韓施壓，最好是恢復六方會談，北京又提議「雙暫停」，即美國暫停和南韓、日本等盟國的軍演，以換取北韓暫停核武發展或發射飛彈。這類的提案，首先就不可能爲北韓所接受。儘管如此，北京還是維持每年支持北韓 5 萬噸原油的定量，以維持北韓的生存，否則北韓的經濟將全盤崩潰。倘如此，不僅北韓受害，南韓也將面臨北韓的孤注一擲和奮力一擊，或許淪爲火海。同時中國也不會好受，中韓邊境將出現大量難民，增加東北的不穩或動亂，北韓設若崩潰，代表美國的勢力範圍將拓展直至鴨綠江和圖們江畔，大大不利於中國的國防安全。正由於中國與北韓剪不斷理還亂的複雜關係，北京重也不得、輕也不得，川普因此深感北京做得不夠而頻頻表示不滿。

結語

北韓發展核武、洲際彈道飛彈，是平壤長年進行的基本國策，這是該國舉國上下一致的目標，延續三代北韓領導人的堅決意志、國家的尊嚴、北韓的民族主義、領導人的威權和內部控制等多種因素，對北韓來說，核武與長程飛彈不是一個「可談判的」的議題。自從1982年北韓正式啓動核武研發至今，超過三十五年的時間，是無法取代的國家目標，而且是核心的利益，北韓至死也不會放棄核武，這是有目共睹的事實。

金仁龍在聯合國大會裁軍委員會的說法相當直白，他說：「除非美國完全放棄其敵意政策和核子威脅，否則我們永遠不會在任何情況下將我國核武和導彈火箭放在談判桌上。」美國副國務卿蘇利文（John Sullivan）則在與日本外務省事務次官杉山晉輔會談之後顯現了些許悲觀。他說，「我們致力於用外交手段化解北韓危機。不過，萬一外交手段失敗，我們跟日本、南韓和其他盟邦必須爲最壞的情況做好準備。」

美國現在由川普當家，他的施政實質上出現了官員各吹各的調，以及川普自己並無良方解決北韓核武危機，加以川普支配慾過強，因前後失據，領導力出了問題，且簽了約也不見得忠實履行，相關盟國均視與美國交手爲畏途，更甭說毫無安全感，必須奮力圖存的北韓了。雖然國務卿提勒森說美國正與北韓直接溝通，有兩、三個直接溝通的管道，正設法爲川普和金正恩的關係「降溫」，不過這也僅僅是提勒森的樂觀估計，不是必然可以成就的事情。

蘇利文並沒說「最壞的情況」將會是什麼、或者美國盡力了沒有，以及倘若發生第二次韓戰，核武冬天會籠罩東北亞多久，多少人會因此失去生命。而且，僅僅美國和日本、南韓等等幾個盟邦能處理這樣棘手的難題嗎？顯然也過分樂觀了！倘若北韓態度沒有軟化，中國與俄國加入協調，光靠美國與那幾個「盟邦」的力量是遠遠不夠的。

美國的最終想法是借用外交與軍事力量，把北韓拉到談判桌上來，但這也並非易事，蓋美國與北韓談判多次，常無法履行承諾，1994 年雙方達成的《日內瓦核子框架協議》即是明顯的例證。當初美國答應北韓建造核能電廠、每年供給北韓 50 萬噸石油，以及最終與北韓建交等均未實踐，一切回到原點。

英國《衛報》（*The Guardian*）曾指出，北韓與美國的僵局可能會有以下七種發展，即預防性戰爭、強硬制止、刺殺金正恩、施加經濟壓力、重啓談判、美韓停止軍演，乃至無條件會談等等。其中各種發展看似都是美國可選擇的選項，美國似也具發起之力量，但利弊得失則遠非常理可以預見或樂見。前三種選項必定招徠戰禍，殆無任何一方可以得利，施加經濟壓力已被證明效果有限，美韓停止軍演在今日並非現實，而重啓談判或無條件會談，在對立的雙方均覺得毫無誘因之際，又談何容易？

美國外交官在談到美國和北韓關係時，提到他們會努力以赴，直至北韓丟下第一顆導彈；北韓外交官在提到雙方關係時，卻說北韓在沒確認北韓洲際彈道飛彈能夠攻擊美國本土時，不會與美國談判！美國與北韓，似乎都在等待對方飛彈落在自己頭上！

◆《海峽評論》，第 323 期（2017 年 11 月號），第 12-17 頁。

第 5 篇

兩韓和解外溢效果顯著

24 中韓關係回暖有助東北亞和平穩定

前言

1992 年 8 月 24 日，南韓盧泰愚總統決定與中華民國斷交，承認北京政府為中國唯一合法政府，2017 年為建交滿二十五年。二十五年過去了，雙方經貿關係屢創高峰，中國早已取代美國，成為南韓第一大貿易夥伴；南韓也成為中國第三大貿易夥伴，南韓對中國的投資額不斷提升，一度成為在中國最大的投資國。2015 年 12 月，在歷經十四輪正式談判後，雙方簽訂了自由貿易協定（自貿協定），中韓自由貿易區是中國迄今涉及國別貿易額最大、覆蓋領域最廣的自由貿易協定。根據自貿協定，在最長二十年過渡期之後，雙方貨物貿易將基本上跨入「零關稅」時代。

此外，中韓雙方建交前後政治關係也經改善，不但克服了 1950 年韓戰期間因中共「抗美援朝」，協助北韓南侵的歷史情仇，且逐漸脫離長達半世紀的對抗體制，雙方捐棄前嫌，面向未來，終於建立穩固的互動。南韓體認中國因地緣接近，在朝鮮半島安全占樞紐地位，對北韓政治經濟外交產生重大影響，同時北京在兩韓關係上扮演潤滑劑，不容忽視，因此自盧泰愚以降的韓國領導人，無不重視增進和中國大陸的邦誼。

雖然如此，中韓關係多年來頗受外界因素影響出現困擾，雙方互動難稱平靜無波，甚至常遭遇重大波折。其中包括北韓、日本的因素，但更重要的是美國的介入。和美國一樣，南韓希望北京能參與努力，節制北韓在核武試爆和飛彈研發的冒險行徑，惟結果卻是北韓仍舊我行我素，南韓極感挫折。中國也不滿美國拉攏日韓圍堵大陸的作爲，忌諱南韓與美、日繼續親近形成「反中同盟」。

更要緊的是，2017 年 7 月以來美國在南韓境內設置薩德系統，該系統名爲壓制北韓軍事挑釁，卻可深入掌握並偵測中國大部分地區軍事情資。深感「項莊舞劍，劍指中國」，北京認爲南韓屈從美國意旨而成美國幫凶，一時間雙方關係急遽惡化。歷經一年多的跌宕，期間北京強烈要求南韓改弦更張，首爾也做出相對回應，雙方關係總算回暖。

薩德系統成為引爆點

美韓雙方同時宣布將在韓國南部星州地區設置薩德系統，宣稱該系統旨在偵測北韓的軍事情資以便有效加以反制。消息傳出，星州當地民衆至感憤慨，認爲一旦兩韓爆發戰爭，星州將成衆矢之的。但美韓兩國沒有提及薩德系統的 X 射線偵測雷達可深入前端 2,000 公里以上的距離，將連帶涵蓋中國大陸內部多種情資，遠遠超過對北韓偵蒐的需要，顯然是「劍指中國」。因此北京指責南韓屈從美國的壓力，表面上是壓制北韓，實際上以中國國家安全作爲犧牲，北京反彈的強烈，可以想見。

薩德系統對中國大陸的威脅，美國自然否認，而南韓卻是諱莫如深，深怕愈描愈黑，但雙方的不信任感已然深植，無法轉圜。南韓是美國在亞洲的重要盟邦，她與美國在壓制北韓的目標上有共同的利益，雙方均畏懼北韓核子武器小型化成熟，可以中長程飛彈攜帶，發射至遠近國家。2017 年 7 月底，北韓果眞宣告已成功發射洲際彈道飛彈，射程涵蓋美國的阿拉斯加以及關島，北韓則更誇稱其洲際彈道飛彈可攻擊美國任何地方。

除了壓制北韓，美國早有「圍堵中國」的戰略目標。對壓制北韓，南韓並無異議；「圍堵中國」，南韓與美國並非一致，南韓外交政策上也無此打算。既然重視中國的影響力，意欲改善和北京的關係，倘若挑戰中國的利益，豈非背道而馳？惟半個多世紀以來，美國對南韓外交軍事的支配始終存在，更因呼應日本極右勢力主張，以「圍堵中國」爲職志，如此則南韓就如趕上架的鴨子，身不由己了。

從中美在亞太的戰略競合關係看，作爲一個已經存在的霸權，美國必然要遏制「中國崛起」，不容其分享，甚至取代美國在亞太地區的支配地位。美國聽不進習近平主張的「中國夢」或建立「新型大國夥伴關係」，但美國綜合國力不如從前，力不從心，除了緊緊抓住日本之外，還需南韓的配合。日本忌諱中國國力的崛起，時時以中國爲假想敵，處處防備著中國力量的壯大，因此死心蹋地追隨美國，但南韓卻不能這樣，否則未蒙其利，先受其害。

南韓在薩德系統事件當中，角色頗爲尷尬，可謂典型的「順了姑情、逆了嫂意」，它不得不在美國壓力下低頭，卻也必然迎來北京的不斷責難，甚至祭出制裁。後來的發展果眞如此。夾在大國之間的小國難處，要維持眞正的獨立自主，何其不易。

除了北京，平壤的回應也至爲激烈。美國挾軍事優勢，三不五時以美韓、美日或者美日韓聯合軍演相逼，航空母艦戰鬥群頻繁派至朝鮮半島周邊，隱形戰略轟炸機則飛至兩韓邊境及北韓附近公海展示威力，給北韓的壓力不可謂不大。但金正恩不爲所動，繼續施行其「戰略嚇阻」，快速擴增的飛彈射程併同核子試爆，朝鮮半島周邊局勢更加危殆。除了南韓，中國也對形勢緊張的朝鮮半島深感憂慮，深恐一旦出現大戰，將不可避免地被捲入。中共外交部部長王毅在多個國際場合提到「中國不允許自家門口生變、生亂、發生戰爭」，並一直強調必須以外交或和平方式解決北韓核武問題，堅決反對美國以動武作爲應對的方法，道理在此。

南韓為薩德系統付出高昂代價

爲了扮演美國在東亞的堅強盟友，南韓朴槿惠政府接受美國薩德系統，此舉使中國深感憤慨，大陸網民情緒尤爲激憤。南韓政府面臨多次來自北京的抗議，南韓民營企業也深受波及。樂天集團因支持政府的決策，更交換土地作爲部署薩德系統之用，中國網民將矛頭指向樂天集團，出現「樂天砸中國的鍋，我們砸它們的店」呼聲，大陸各地樂天公司同時遭受民眾強烈抗議與杯葛。

北京對樂天公司採取停業整頓措施，樂天投入 7,000 億韓元資金苦撐半年後，最終還是因爲業績慘淡，不堪虧損而出售「樂天瑪特」（Lotte Mart）在中國的 112 家門市。在大陸許多地方的韓製汽車也遭殃，連續被路人砸毀。首爾《經濟日報》2016 年 8 月報導，隨著薩德系統的部署，中國政府開啓措施，限制在華韓國藝人和節目。

2016 年 7 月 14 日，中國廣電總局發出對韓國藝人在華演出活動進行限制，此項禁令被稱爲「限韓令」，措施包括禁止南韓表演團體在中國演出，停止新的南韓文化產業公司投資，停止南韓偶像團體面向 1 萬名以上觀衆演出，禁止新簽南韓電視劇、綜藝節目合作項目，禁止南韓演員出演電視劇在電視台播放等，並要求各地電視台從 9 月 1 日開始施行。在「限韓令」影響下，南韓 YG 和 SM 等主要娛樂公司股値全面下跌，南韓藝人去中國的商用簽證變得困難，此舉使南韓藝人海外演出受到極大衝擊。

北京外交部發言人耿爽在回答記者詢問時，否認有「限韓令」存在，他說「沒聽說過所謂的限韓令」。但耿爽又說，「兩國之間的人文交流是需要有民意作爲基礎的」，又說「中方堅決反對美國在韓國部署薩德反導彈系統，是中國民衆對此表達了不滿」。耿爽全篇回應對中共政府與「限韓令」關係未置一詞，但字裡行間，很清楚地向韓方表示「是中國人民對韓方非常不滿」，正是「民氣可用」。韓方娛樂界、媒體、表演藝人都深刻感受到「來自中國人民」的報復。如 2017 年 2 月，大陸網民發現網上韓國綜藝的 2017 年新視頻全無法收視，對中國各界的報復，南韓感受至爲深刻。

在此不友善的氣氛下，中韓經貿受到嚴重衝擊，一時間，中國大幅減少韓國貨品的進口，南韓以中國爲第一大貿易夥伴，歷年享有巨額的貿易順差，以 2015 年而言，南韓對中國的貿易順差 469 億美元，雙方關係惡化使南韓對外輸出損害巨大。此外，中國原先每年有 800 萬觀光客赴南韓，占所有赴韓外籍觀光客一半以上，以 2016 年而言，中國觀光客立刻減少 300 萬人，2017 年前七個月中國觀光客人數與去年同期相較，足足少了一半，設若中韓關係無法改善，南韓觀光業所受打擊愈加沉重。南韓當局深知中國朝野對韓國不滿，各方面營運損失嚴重，必須快速予以解決，迫切希望找到適當時機，尋求解套途徑。

「三不承諾」：關係回暖的契機

2017 年 5 月 9 日文在寅當選韓國總統，次日就職。他標榜自己是進步派與改革派，期能匡正前任朴槿惠的外交政策，顯然有意重估南韓、美國與中國的三邊關係，不再重蹈「重美輕中」的覆轍，因此文在寅予人務實的印象，認爲他或許可帶領中韓關係邁入新局。

2017 年 7 月藉出席德國柏林 G20 峰會之便，文在寅與習近平進行首次會晤，兩國首腦就雙方關係進行溝通，達成一致見解，他們認爲應「落實雙方關係溝通成果的第一步，並將儘早恢復各領域的交流與合作，推動中韓關係早日回到正常發展軌道」。針對雙方存在的歧見，南韓與中國大陸積極磋商，2017 年 10 月 31 日，中韓外交部門在對話後達成協議。中方重申了對薩德問題的立場，同時注意到韓方表明的立場，即不針對第三國、不再增加薩德系統的數量，也就是不損害中方的戰略安全利益。南韓則提出「三項承諾」，有助落實雙方關係的具體改善和增進。三項承諾是，「不購買更多薩德」、「不加入美國反飛彈體系」，以及「美日韓安全合作不會發展成爲軍事同盟」。雙方同意推動各個領域交流合作，早日回到正常發展軌道。因此那次的溝通協議開啓了中韓關係改善的序幕。

2017 年 9 月，美軍原已將六套薩德系統進駐星州，若限於六套而不再增加，顯示南韓一方面防衛自身安全抵禦北韓彈道飛彈，同時兼顧中國的安全。另外，美國反飛彈體系帶有攻擊性，正與日本密切合作，南韓無意加入。更有甚者，南韓外長康京和表示南韓雖與日本維持安全合作，但無意和日本建立軍事同盟，對安倍晉三領導的右傾政府深具戒心，不會附身美日而結成三國軍事同盟。三項承諾，對南韓而言，展現對北京的善意；對北京而言，是改善雙方關係必要條件。透過外交談判，南韓對中國做出讓步，中國在此番外交競合中先馳得點，取得了優勢。中韓關係，基本上已快速好轉。

11 月 3 日，美國總統川普啓程赴亞太訪問前夕，文在寅接受新加坡亞洲新聞台專訪表示，既要重視韓美關係，也要與中國建立深厚的友誼。他說，中韓關係極其重要，不僅與中國的經貿合作非常重要，在和平解決北韓核問題方面，與中方的戰略合作變得更加重要。文在寅指出，韓國在中美之間維持平衡至關要緊，他也會努力開展平衡外交。美日韓針對北韓威脅的合作，「不宜發展爲軍事同盟」，文在寅等於選在川普訪問日韓之前，親口否認了美日韓組成軍事同盟的可能性。川普上任後，美日醉心於建立川普所稱的「印度－太平洋」戰略，意指將美國的亞洲盟邦與南亞的印度結合，形成圍堵中國更廣泛的戰略包圍網，文在寅的表態也明確說明南韓做出了分隔。此舉讓北京對文在寅增進了好感，有利於未來的進一步友誼。

中韓關係更大的進展，是 11 月 11 日習近平與文在寅在越南峴港「亞太經濟合作會議」期間舉行的非正式領袖高峰會。文在寅表達希望提升中韓關係爲「務實戰略合作夥伴關係」，以便開啓雙邊關係新時代的意願。青瓦台也在會後指稱，爲和平解決北韓核議題、穩定處理朝鮮半島現況，韓國與中國同意強化戰略對話。習近平則回應，10 月 31 日雙方改善關係的協議是「好的開始」，期待此次高峰會是「兩國發展關係的大好機會」，有意呼應文在寅的說詞。雙方也同意，文在寅將在 2017 年 12 月 13 日訪問北京四天，文在寅也邀請習近平出席 2018 年 2 月在南韓平昌舉行的冬季奧運會。

更令人矚目的是，11 月 11 日起，在朝鮮半島外海舉行的美日韓三國軍演，在文在寅表態三國軍事同盟的理念不適宜之後，改成美韓、美日各自聯合軍演，履行了南韓對中國的承諾，突顯文在寅對提升中韓關係的殷切期待。

結語

中韓關係是東北亞國際政治重要一環，也是最複雜的國際關係。中韓兩國是命運共同體，在過去的數十年裡分分合合，但是雙方最終發現，誰也離不開誰。中共建政的第二年，韓戰爆發，種下了雙方的恩怨，不過時至今日，雙方建交已經歷超過四分之一個世紀，冷戰氣氛也已煙消雲散。雖然如此，強權抗衡依然存在，薩德系統正是一個影響雙方正常關係的引爆點。

從 2016 年 7 月起，由於薩德系統進駐南韓，致使中韓關係受到巨大傷害，中方認爲南韓在經貿受惠於中國，卻以中國安全作爲犧牲，「是可忍，孰不可忍」？處在大國夾縫中的南韓，自覺原先目標在對抗北韓而深自委屈。可見中韓關係中，美國仍處於樞紐地位，美國在東北亞長久駐軍，與日本、南韓有安全保障條約，如果華府有意願，任何舉措對中韓兩國都有重大深遠的影響，這是長久存在的霸權政治。

美國設置薩德系統，按理北京應直接向美國抗議，不過美國是霸權國家，中國抗議無效，南韓夾在中間，深受困擾，正是考驗兩國領導人的智慧，以及決定兩國發展未來的指標。畢竟中國綜合國力的發展已快速龐大至無可忽視，南韓與中國戰略經貿文化教育等關係的增進，有目共睹。南韓與中國的互賴達到空前水平，無法人爲切割，雙方關係發展不穩定，兩國同受其害。

中國大陸藉著外交手段，一方面改善和美國關係，特別是習近平與川普互動沒有太多磨合期。在北韓議題、南中國海、減少美國貿易赤字等議題，川普都仰賴習近平的合作。北京並以「一帶一路」、「亞投行」等經貿努力，贏得更多國家合作，「減少敵人增加友人」，展現其外交行爲的堅持，能照顧各方面的利益。美國因素不再像多年前那樣的絕對或牢不可破。更重要的是，中美關係的改善，已使南韓在中美競合形勢當中，不必一定被迫依附於某一方，因此出現了「三贏」的局面。

文在寅政府深刻感受中韓關係在維護韓國安全和朝鮮半島情勢穩定的重要性，上任之後優先改善雙方關係。文在寅與習近平都是頭腦清楚、實事求是的領導人，弭平雙方關係裂痕，回到正常軌道是當務之急，中韓關係的回暖也是各方所期待。中韓雙方雖曾爲薩德系統出現爭論，所幸南韓推出的「三不承諾」，開啓雙方走回正常關係，有助於引領東北亞局勢趨向穩定，但「三不承諾」是否眞正落實，端賴南韓是否在強權政治影響之中堅持獨立自主、穩健務實外交政策。

◆《海峽評論》，第 324 期（2017 年 12 月號），第 34-38 頁。

25 文在寅訪華後的中韓關係

前言

南韓總統文在寅 2017 年 12 月 13 日訪問北京，停留四天，這是文在寅擔任總統後第一次訪華。對文在寅來說，中國之行非常新鮮，但也並不輕鬆。不但中韓民眾聚精會神地關注文在寅的訪華之行，美、日等南韓的「盟邦」，也仔細觀察文在寅於訪華期間的一舉一動，與美、日、韓的結盟關係相較，看中、韓關係新的走向，會否稀釋他們之間的傳統關係。

文在寅就任後，先是在 2017 年 6 月 29 日到訪白宮會見川普，主談焦點集中在增強雙方的防衛合作以抵禦北韓的威脅，並且再度要求北韓放棄核武與發射飛彈等冒險主義政策。文在寅的訪華，是在中韓關係遭遇南韓在境內裝置薩德反飛彈系統干擾、雙方關係動盪之後，因此文寅訪華的重點，在修補與北京的雙邊關係。

從文在寅訪問中國大陸的時機可見，繼 2017 年 7 月底北韓宣告成功發射洲際彈道飛彈、9 月 3 日又宣告引爆另一輪氫彈試驗，11 月 29 日再度成功發射長程導彈，朝鮮半島局勢比他訪美時更加緊張，南韓更需要維持和周邊國家的良好關係，以因應北韓的進一步挑釁，南韓和中國的互動，愈發顯示其廣受矚目。

文在寅訪華時機並不單純

文在寅以訪問北京為他就職總統後外交之旅的第二站，其重要性明顯，但時間卻選在 2017 年 12 月 13 日，習近平正在南京主持「南京大屠殺」八十週年紀念，自然不會在北京迎接文在寅，而文在寅也不會在紀念會的當天親赴南京參加紀念儀式。

雖然雙方領導人的會晤都經過縝密的安排，但從這些微妙的細節看，可窺知文在寅此次訪華，並未受到中方高規格的接待，按照美國觀察家的分析，2016 年南韓決定在境內裝置薩德系統造成的雙方受損的關係，仍未完全恢復正常。從另一個角度看，文在寅未去南京，是否站在美國與日本的立場，不願在「南京大屠殺」議題上附和中國，不得而知。看來文在寅曾左思右想，卻也左右為難。

2017 年 12 月 11 日，就在出訪中國的前兩天，文在寅在首爾接見了北京央視記者的專訪。他表示南韓是為了防禦北韓，才「不得已引進薩德系統」，並且說南韓將格外注意，不把薩德系統用於防禦北韓核武與飛彈以外的地方，不會損害中方的利益。文在寅說，針對薩德系統，中韓雙方各有立場，因此特別要進行「換位思考」。他指出，10 月 31 日雙方就已進行了溝通，11 月 14 日在越南峴港召開的亞太經合組織非正式領袖峰會上，雙方領導人也有進一步「開啓兩國合作新時代」的認知。不過，文在寅單方面的喊話，是否就能增進互信、盡釋前嫌，具體改善部署薩德系統以來的中、韓關係，恐無法過於樂觀。

對於中國人而言，「南京大屠殺」是最刻骨銘心的歷史傷痛，2017 年 12 月 13 日是日軍在南京所犯滔天罪行的八十週年，也是中國大陸的國家公祭日。文在寅僅在當天於北京參加了旅華韓僑懇談會，他在會中說到「對於中國人經歷的這一歷史創傷，我們韓國人也感同身受」，次日則在和習近平會談時再次提起「向南京大屠殺遇難者表示哀悼、向中國人民表示慰問」的話。針對此，大陸一些網民有不同的看法，他們認爲，文在寅說得很動情，但話中也有話，話外更有玄機。網民認爲，文在寅瞻前顧後，夾在大國之間，必須謹小愼微，注意各種平衡，因此眞是「難爲他了」。

文在寅在中國的重頭戲，是他 12 月 15 日在北京大學的演講。演講中文在寅指出此行「能成爲兩國基於互信深化友好關係的起點」。他重提中韓兩國應「換位思考」，推動雙方關係進一步發展。文在寅倒是提到一個開創性的說法，指出雙方「是合作共贏的生命共同體」，兩國有必要深化戰略合作，韓方希望將其「新北方」、「新南方」政策與中國的「一帶一路」構想掛鉤。在會見李克強時，文在寅再度強調願意將兩國「戰略合作夥伴關係推向雙贏」。並希望中方積極支持中韓關係發展，儘快使一度受挫的兩國企業和經濟交流合作重返正軌。

李克強則回以，中方與韓方相向而行，進一步增進互信，推動「敏感問題」妥善解決，使兩國關係沿著正確軌道再出發。李克強說的「敏感問題」，正是薩德系統的未來發展，言下之意，主動權在南韓，中方將視韓方的抉擇訂定未來的中韓關係。人大常委會委員長張德江會見文在寅時也說，加強中韓友好合作符合兩國人民利益，有利地區和平穩定，不過他話鋒一轉，說希望韓方繼續「妥善處理」薩德問題，確保兩國關係始終沿著正確方向前進。

文在寅是南韓建國以來第一位往訪重慶的韓國總統。他增加這一站，對韓方而言具有重要的歷史意義。他 12 月 16 日在重慶訪問時，參觀了對日抗戰期間，國民政府支持的「大韓民國臨時政府」所在地，並向其所稱的韓國國父金九銅像獻花致敬。文在寅同一天下午也參觀了幾個韓國企業和汽車廠，之後結束中國行程返韓。重慶市為中國西南政治經濟重鎮，也是一帶一路的堡壘，文在寅以實際行動支持南韓廠商站穩在中國的市場，寄望為南韓增進商機。

中韓關係的和與爭

中國與朝鮮半島近鄰，朝鮮半島戰略位置居亞洲的核心，中國國家利益常受朝鮮半島安危的影響，1950 年開始，歷經三年的韓戰就是個例子。當時按照中共甫建立政權的國力而言，是不利於參戰的。惟毛澤東力排眾議，主張參戰，百萬中國部隊開往朝鮮戰場，數以十萬計的中國官兵血灑半島，和美國打成平手，解救了金日成政權，爭得來之不易的國際地位。中共由於參加韓戰，被聯合國安理會譴責為侵略者，徹底打壞與美國的關係，被國際社會孤立二十年之久，直至 1971 年進入聯合國。這是中國在朝鮮半島所付出的代價。

1992 年中韓「建交」，南韓以和中華民國斷交為條件，並將前清時期就留在首爾明洞的中華民國大使館交給北京。南韓以為和北京建交，便可獲得大陸龐大的市場，是一等一的好事。事實上也是這樣，南韓從中國賺取了不少的外匯，也成功地占領了中國大塊的市場。南韓大企業且投下鉅資，攻城掠地成為中國最大的投資國。雙邊貿易額逐年高速成長，韓方享有鉅額的順差，換言之，中方負擔鉅額的逆差。

這樣的趨勢，證明中國與南韓之間的經濟互賴愈發緊密，超越了過去的政治宿怨，是數十年前無法想像的。隨著冷戰結束，經濟因素的重要性提升，加上南韓與中共的經濟依賴程度增強，這些因素與北韓愈來愈危險的冒險主義政策形成巨大的反差。北韓屢次違反《核不擴散條約》，而遭受聯合國的制裁。在美國、南韓的支持下，中國作為安理會常任理事國，也不得不支持國際公約，對北韓加以反制，過去的中國、北韓「血盟關係」終於有了鬆動，使中國、北韓關係愈走愈遠，中國、南韓交往愈來愈密切。

總的來說，中國與南韓有著共同的利益，除了文在寅一直強調的經濟上的合作雙贏之外，在朝鮮半島上的安全利益也趨於一致，中韓雙方都反對朝鮮半島再生變亂。王毅不止一次地指出，北京不允許中國門前「生變生亂爆發戰爭」，這與文在寅「朝鮮半島決不可以爆發第二次韓戰」的說法異曲同工。

文在寅屬於南韓的「進步」勢力，不願與美國走得太近而影響自身利益，因為南韓深知，其經濟發展必須更仰賴快速崛起的中國。這是文在寅與其前任朴槿惠不同之處，後者是將所有雞蛋放在美國一個籃子裡，兩韓關係絕無可能進展。文在寅起初讓美國不是很放心，北京對他反而期望甚高，認為他會跟朴槿惠代表的保守派對美政策完全不同。

話說回來，文在寅仍然是在美國的巨大影響下運營外交政策，正因為南韓的地緣政治不得不然。2009 年北韓在進行核子試爆後離開「六方會談」談判桌，至今八年餘，在核武與飛彈發展進步神速，不但威脅南韓、日本，甚至已經威脅了美國。在 2016 年 7 月初，朴槿惠政府便與美國共同發布將在星州設置薩德系統以因應北韓的挑釁。因此，美國利用北韓武力的壯大，裝置薩德系統爲勢所必然，不過也讓中共深感威脅。南韓也知此舉將觸怒北京，南韓有難處，不過也正考驗首爾領導人的智慧。

南韓與中國關係最佳的時機，大致在 2015 年中期，當時朴槿惠還代表南韓參加在天安門廣場舉行的紀念反法西斯戰爭勝利七十週年閱兵大典。天安門廣場閱兵台上，朴槿惠站在習近平的旁邊，看來躊躇滿志，曾幾何時，朴槿惠卻已身陷囹圄。

不過，正是在 2015 年 3 月時，對於南韓是否接受美國「提議」設置薩德系統，南韓政府受到各方揣測之際，朴槿惠政府對外一概宣稱「美國對裝置薩德系統尚無要求」、「美國南韓雙方尚無磋商」，及「雙方尚無結論」等（人稱「前三不」以對照文在寅政府稍後對中國所保證的「新三不」）企圖掩人耳目。朴槿惠的誠信若此，也令人浩嘆，埋下了中韓兩國信任崩盤的伏筆。

美韓雙方同時宣布裝置薩德系統後，北京與首爾關係急轉直下。事件伊始，中國在當年 7 月對美國與南韓開始嚴厲抨擊，主要集中在薩德系統的功能遠遠超過防範北韓的需要，將以中國的安全利益作爲犧牲，是「項莊舞劍、劍指中國」。中國大陸大規模的報復行動多元多樣，雙邊政治經濟文化互動直接蒙受重大打擊和損失。樂天公司因爲與南韓政府換地作爲裝置薩德系統所在地，直接成爲箭靶，百餘家樂天公司分店關閉。赴韓旅遊的中國觀光客大幅減少、中國人民抵制韓貨、中國政府施行「限韓令」禁止南韓文化及文藝界人士赴中國交流展演等。一個接一個的經濟制裁，造成南韓大企業在中國約

22 億美元的直接損失，更重要的是，中國的反韓國聲浪歷久不息。

文在寅在 2017 年 7 月在瑞士世界經濟論壇第一次與習近平會晤，接著從 10 月 31 日雙方著手改善關係、11 月在越南的亞太經合組織非正式領袖峰會再度見面，直至年底在北京的第四次會面，盼能有助於改善雙邊關係。文在寅訪中帶著龐大的商務人員、大企業代表，以及影星宋慧喬等人，浩浩蕩蕩。宋慧喬的參與，尤其讓外界好奇，是否中韓雙方互動能眞正改善。

結語

文在寅 2017 年 12 月對中國大陸的訪問，目的無非是希望兩國關係能解凍、因韓方裝置薩德系統後雙方冷淡的關係改觀、最終能爲未來中韓關係升溫。中方觀察家的看法是，雙方領導人會面時和諧的表象下，似乎還是暗潮洶湧。北韓持續進行飛彈試射，對國際的安全威脅加大，朝鮮半島周圍緊張情勢加劇，中國接受文在寅來訪，一方面也不願拒人於千里之外，另方面也願給南韓機會修補關係，以免南韓毫無選擇，被迫更加接近美日。再者，適當改善雙方關係符合雙方利益，至少合作比完全撕破臉好。

中韓關係最棘手的議題正是薩德系統。南韓 2017 年 10 月 31 日對中國做出的「三不承諾」，意即「今後不再增購薩德系統」、「韓國不參加美國的飛彈防禦系統」，以及「韓國與美日的軍事合作不會發展成爲軍事同盟」，顯然是在中方壓力下的產物。這樣的承諾是否將因北韓軍事力量進一步增強而改變，誰也不敢保證。此外，南韓不加入美國飛彈防禦系統的承諾，是否將因日後南韓政黨輪替而成爲昨日黃花？最後，南韓不加入美日軍事同盟，檢驗是否會出現困難？連韓國媒體也在問，這樣的「三不承諾」能維持多久？中韓兩國至今仍無法完全抹滅那份不信任感，也不全是美日兩國「離間」所造成。

中韓兩國領導人看起來是相見歡了，習近平也稱文在寅訪問中國，是「重要契機」，指稱雙方在朝鮮半島和平上有廣大的共同利益，雙方也同意就 2018 年的平昌冬奧、2022 年的北京冬奧彼此支持，增進合作。即使如此，兩國領導人並未簽署聯合聲明，這是 1992 年雙方建交二十五年以來的頭一遭；而南韓媒體更傳出不滿中國降低對文在寅的接待規格，責備文在寅此次中國行使韓國人臉上無光。

尤有進者，2017 年 12 月 14 日，文在寅出席北京國家會議中心舉行的中韓經貿合作交流會開幕儀式上，2 名隨行記者遭到 15 名中方保安警衛毆打，青瓦台還爲此事立即向中方提出「嚴正抗議」。這是文在寅訪問中國的另一段意外插曲，中韓關係維持不易，一有衝突，立即放大，而雙方存在長期矛盾，破冰前行尤其困難。因此雙方未來關係仍充滿不確定因素，非以領導人的意志而轉移。

◆《海峽評論》，第 325 期（2018 年 1 月號），第 18-22 頁。

26 平昌冬奧會和平紅利果能持久？

前言

朝鮮半島核戰風雲日緊、美國與北韓相互口誅筆伐、美國航母戰鬥群和先進戰機頻頻湧至半島周邊地區，對北韓制裁並壓迫其就範；平壤當局不甘示弱，叫囂將以洲際彈道飛彈攻擊美國；而處在這動盪漩渦中的南韓，正承擔著第二十三屆世界冬季奧運會的籌辦任務。

經過連續三次辛苦申辦，南韓好不容易爭取到這次冬奧會的主辦權，2 月 9 日至 25 日，冬季奧運會在南韓江原道平昌市正式開鑼，這是繼 1988 年南韓主辦漢城夏季奧運會之後，南韓朝野再次興奮迎接這樣大型的國際體育賽事。

南韓此時辦盛大的冬奧會，相當具有挑戰性。對國際社會而言，朝鮮半島極不平靜，看似隨時可能開戰，各國運動員若以人身安全為首要考量，或對平昌冬季奧運會視為畏途。國際觀察家多懷疑平昌冬奧會是否順利召開，南韓政府是否有能力保障他們參賽時的安全。

不過，這些負面考量，霎時間似已不再成為必要。北韓領導人金正恩在年初發表 2018 新年賀詞時，對平昌冬奧會表示了善意，聲言有意讓北韓派出代表隊參加。緊接著南北韓雙方開通了熱線，並進一步舉行軍事會談，雙方和解似已勢不可擋，一夕間國際社會樂觀主義瀰漫，彷彿戰雲密布的半島出現了和解契機。

對金正恩突然釋出的善意，文在寅政府期望甚高，北京也呼籲各方正面看待，籲請南韓進一步抓住和解機遇，俄國也持類似立場。川普政府則順水推舟表示支持，日本則表示懷疑。

金正恩在新年釋放和解訊息

2017 年是南北韓關係相當不穩定的一年。年初，朴槿惠還當政，政治光譜上朴屬於保守派，主張南韓應與美國維持極大程度的同盟合作關係，以應付北韓的核武威脅，對北韓採取堅決的對抗壓制態度，其代表作是 2016 年 7 月與美國共同宣告部署薩德系統，惟此舉引發北韓、中國大陸和俄國的一致撻伐。朴槿惠旋因閨密案遭國會彈劾下台，5 月 9 日，文在寅當選總統，次日即就職，開啓了「文在寅時代」。文在寅標榜自己爲「進步派」，對北韓政策和李明博、朴槿惠兩前任完全不同，他主張對北韓不應壓制過甚，對美國尤其不應百依百順，南北韓應開啓對話，改善關係。

雖然如此，部署薩德系統木已成舟，無法撤銷，文在寅只好接下這個燙手山芋，北韓對南韓仇視依舊，文在寅與金正恩之間，在 2017 年大半年維持著明顯的磨合期。金正恩持續對美國增強仇視抨擊的態度，同時也維持對南韓政府的抨擊，文在寅反處心積慮，寄望贏得北韓的信任，使金正恩相信他與前朝政府有別，以換取一個穩定、走向對話和解的兩韓關係。

2017 年 7 月底北韓兀自宣稱已研發洲際飛彈成功，8 月 5 日更指稱北韓火星 12 型洲際飛彈可攻擊關島和夏威夷等地，引來川普回嗆，說北韓此舉將保證引發美國「怒與火」的回應。這一系列較勁，僅看見美國和北韓進行一對一相互恐嚇，南韓實則無插嘴餘地，只有被遠遠晾在一旁。9 月 3 日，北韓宣稱又試爆一枚氫彈，據外電估計，這枚 14 萬噸黃色炸藥當量的「氫彈」，約是 1945 年美國投擲在廣島第一顆原子彈的七倍之多，全球為之震撼。

聯合國安理會做出了新的制裁案，但北韓無動於衷。11 月 28 日，北韓更進一步發射了據稱射程可達美國本土的火星 15 號洲際飛彈，為此，安理會在 12 月 22 日以第 2397 號決議對北韓做出更大威力的經濟制裁，嚴格限制各會員國不得出售石油或石油製品給北韓，安理會聲言，這是對北韓最大規模的制裁。一般國際事務觀察家認為，北韓的受創程度，以 2017 年 12 月的那次制裁最大，北韓進口油品的上限，由 2016 年的 450 萬桶陡降至 50 萬桶。這等制裁將重創北韓的工業、運輸和冬天的供暖，實際影響到了其國計民生。

北韓在國際社會紛至沓來的壓力下，辛苦地度過了 2017 年。2018 年元旦，金正恩照例發表新年祝詞，他在祝詞中突然提到，南北韓可以「排除強國的干預」，以「自主的」方式改善關係，並且希望雙方重開談判，恢復中斷已久的熱線。金正恩呼籲，南韓在 2 月舉行的平昌冬奧會應順利舉辦，北韓希望能派出代表團參賽等等。

金正恩的喊話，容易使南韓人民想起四十餘年前南北韓經歷的交往歷史。1972 年 2 月，美國總統尼克森（Richard Nixon）訪問中國，美中和解帶來國際社會緩和樂觀的氣氛，南韓總統朴正熙與北韓領導人金日成的代表，在當年 7 月 4 日簽署了一份「共同聲明」，當時就曾協議雙方必須排除外力干涉，不依賴外力，進行和平統一。當時頗受矚目的便是雙方設置熱線電話，可隨時化解危機。不過那支熱線電話常束之高閣，極少發揮作用，主要理由仍在雙方政治經濟制度的差異極大，尤其北韓仍不排除武力統一南韓，雙方極度缺乏互信，乃至熱線成為擺設。

金正恩在新年的祝詞，深獲文在寅認同，這樣的信息，表示金正恩向南韓和國際社會遞出了橄欖枝，是一個頗受南韓歡迎的行動，文在寅如釋重負，他原本擔心北韓在冬奧會期間再度發射導彈，試爆核子彈或氫彈，或使用恐怖主義等手段，使賽事蒙受陰影。文在寅利用北韓的表態，熱烈地給予回應，2019 年 1 月 3 日雙方熱線開通了三次，決定 1 月 9 日在南韓境內的板門店進行部長級會談。

南北韓會商的進展和瓶頸

南韓朝野把平昌冬奧會看成為南北韓對話，為朝鮮半島和平鋪設橋梁，而在經過一場長時間的對抗之後，金正恩的提議無疑有助於增進文在寅的體育外交。南韓依約由統一部部長趙明均擔任首席代表，其他四人包括統一部副部長千海成、文化體育觀光部第二次官盧泰剛、國務總理室審議官安文鉉、平昌冬奧會委員會企劃事務次長金起弘等。北韓派來官員包括「祖國和平統一委員會」（祖平統）委員長李善權、祖平統書記局副委員長田鐘秀、體育省副相元吉宇、祖平統委員會部長黃忠誠、民族奧運組織委員會委員李景植等。雙方這些官員據稱都是一時之選，是談判經驗豐富的「高手」。深究之，則發現雙方首席代表的層級都夠高，作為各自象徵性的帶隊官，而其他各有關實質部會談判者，可能經驗豐富，但並非都是主管官員，此舉可以保留相當的談判空間，必要時並可拉長談判時間或拉抬未來談判層級。

南韓原本寄望把握 1 月 9 日難得的機遇，和北韓代表談判體育賽事以外的議題。文在寅 1 月 10 日在青瓦台舉行的記者會當中強調，「南韓認爲改善兩韓關係和解決北韓核武問題是不可分割的」，並稱南韓「並沒有單方面放鬆制裁的打算」。但他又指稱，「不應該只用軍事的手段解決北韓核武問題」，他重申「制裁和施壓的最終目的，必須是迫使北韓進行談判」，他強調南韓的國家安全和外交政策的首要目標仍是防止朝鮮半島發生戰爭。文在寅更指稱，韓國及其盟友必須把握住北韓對談判重新表現出來的強烈慾望，說服他加入包括美國參與的廣泛會談中來。提起川普的角色，文在寅認爲川普在迫使北韓恢復對話、改善兩韓關係有幫助，他並將「很多的功勞」歸功於川普，並且「要感謝川普」。文在寅這番話說明他不得罪人的策略，既增加了川普的自我價值感，也可減輕南韓與美國若干保守派人士批評他太過熱衷與北韓對話，憂心他可能會過於遷就金正恩。

南韓代表提議在初次對話討論核武相關議題時，遭北韓代表當場拒絕，理由是「這並非他們這次來談判的目的」。李善權甚至直斥爲「荒唐」，並警告「討論核問題可能會破壞改善兩韓關係的努力」。他補充說，「北韓製造核武器，不是爲了打擊韓國人、中國人或俄國人，而只是針對美國的。」在體育議題上，北韓表現出相當的彈性，如承諾派運動員代表團、啦啦隊和記者團參加冬季奧運會，承諾開幕式中雙方隊伍共同進場，還應允爲緩和緊張情勢和改善雙方關係，願意進行更多會談，包括軍事會談。

南北韓代表團在共同參與冬季奧會有著初步的結果，誠爲改善關係不可多得的機會。兩韓女子冰上曲棍球以聯隊組成已初步敲定。1 月 20 日，兩韓與國際奧委會在瑞士洛桑召開會議，決定北韓派出 46 人組成的體育代表團參加平昌奧運。冰上曲棍球聯隊中，23 名南韓選手、12 名北韓選手，一共 35 名兩韓選手共同參賽。兩韓將在開幕儀式共舉朝鮮半島旗幟進場，聯隊英文縮寫爲 COR，隊服標記爲 Korea，國歌訂爲傳統民謠《阿里郎》。

爲配合朝鮮半島上的緩和氣氛，期待更多的共識，美韓雙方已同意將軍事演習延至冬奧會後，也爲南北韓和美國之間的增進互信提供了較佳的基礎。不過，金正恩並未在核武器與洲際彈道飛彈的議題上鬆口，許多專家擔心，金正恩選在這個時刻表示善意，有著多重的目的。其一，企圖因應南韓渴望和平的需求，和文在寅政府增進對話，謀求和緩關係，最終獲得南韓的經濟援助，包括恢復開城工業區的南韓投資；其二，緩和國際社會的制裁壓力，擺脫日漸加強的經濟制裁，讓國際社會對北韓的外交誠意保有一線希望；其三，利用強國矛盾，使美國沒有發動攻擊的理由，也減輕中國、俄國壓力，並願意適時支持北韓的立場；此外，利用美國和南韓不同的出發點，離間美國與南韓，甚至與日本等盟國的互信。

從今日至冬奧會結束，尚有一個多月時間，北韓將持續派出代表團與南韓會商參加冬奧會的細節，此時並無美韓軍事演習的壓力，等於是爲北韓爭取至少一個多月的喘息時間。國際媒體根據美國情報和部分公開資訊，揣測北韓新一輪的衛星已完成移動車輛的安裝，可能在冬奧會結束後，美韓 2018 年 4 月或重啓聯合軍演之際，再次發射「衛星」。

周邊國家的回應

日本首相安倍晉三 1 月 7 日針對兩韓即將舉行高層會談表示，他正面評價北韓在參加平昌冬奧會展現的合作態度，但又說，兩韓的對話應涵蓋北韓廢棄核武器與發射洲際彈道飛彈的議題，倘若北韓只為了對話而進行對話，「缺乏實質的意義」。因文在寅要求重估朴槿惠時代日韓所簽訂的關於「慰安婦」協議，同時要求日本為慰安婦問題誠懇道歉，引來安倍不滿，拒絕參加平昌冬奧會。文在寅政府與北韓進行對話有了相當進展，對南韓是莫大的鼓勵。針對 1 月 9 日兩韓對話的成果，文在寅先後與川普和習近平以電話交換了意見。1 月 10 日文在寅先與川普通了電話，再次表示感謝川普推動北韓重返會談，韓美雙方存有共識，即兩韓對話不應只討論冬奧會，且要擴及朝鮮半島無核化。

川普則向文在寅保證，美國並未有對北韓進行軍事打擊的想法，而且只要兩韓對話，美國就不會動武。川普也一反過去強硬立場，表示有意在合適的時機和條件下，與北韓展開對話。駐韓美軍司令布魯克斯則說，北韓看來是認真的，但仍呼籲各方審慎評估北韓的動機。亦有華府國際事務觀察家指出，兩韓對話將可以在冬奧會結束之前「帶來相對的平靜」，但兩韓相關的協議不太可能化解緊張局勢或促成實質無核化談判。

文在寅與習近平的通話，則更使南韓官方深受鼓舞。習近平強調，中方一貫支持南北雙方改善關係、和解合作，也希望平昌冬奧會能成為朝鮮半島形勢好轉的開端。文在寅表示韓方高度重視中方在朝鮮半島問題上的重要作用，感謝中方為推動透過對話談判解決問題，維護朝鮮半島和平努力所做的貢獻。韓方也願意和中方一起致力於透過對話談判解決問題。這是文在寅再一次向中方表示和平解決朝鮮半島無核化的決心，在這項努力上，南韓希望與難以捉摸的北韓再次在相關議題的態度做清晰的切割，以換取北京更大的信任和支持，中方也以積極的方式給予回應。

1 月 16 日習近平與川普再次進行電話交談，習近平說願與美國一道加強合作，推動朝鮮半島問題朝著妥善解決的方向取得進展。川普則提及，美方重視中方在朝鮮半島問題所起的重要作用，願繼續加強與中方的溝通和協調。北京外交部副部長、朝鮮半島事務特別代表孔鉉佑表示，解決半島問題只有一個選擇，那就是「對話」。他認爲經由六方會談，各方透過對話才能解決問題。他再次提到中國的「雙暫停」倡議，即美國南韓停止軍演，換取北韓停止核武研發及飛彈試射；他也提到「雙軌並行」思路，即國際制裁與六方會談等管道並用，方能收效。

結語

文在寅曾興奮地表示「平昌冬奧會將成爲朝鮮半島的和平號角」，更令文在寅感覺滿意的，是金正恩還恢復了熱線，有助於推動雙方的系列接觸，文在寅相信「這將使南韓渡過危機，打破僵局，走向和平」。雖然兩韓之間和緩關係已然啓動，過分的樂觀可能使失望更大。南韓爲了冬奧會使出渾身解數，搭起一座橋梁，讓北韓參加。北韓也從參加冬奧會獲得相當的好處，此時，愈來愈多南韓民衆正在爲金正恩的核武邊緣政策擔憂，也開始擔心文在寅接近北韓的策略，將間接鼓勵北韓繼續冒險政策，並且使韓美同盟動搖。以過去北韓處理兩韓關係而言，許多的作爲都是爲平壤爭取時間、空間，發展自身軍事實力，再以南韓利益作爲犧牲，這便是爲何熱線無法持續的根本原因。北韓也絕少尊重國際規範，更遑論兩韓之間的條約協定，這在南韓民眾而言，可謂記憶猶新。

南韓希望辦好平昌冬奧會，也藉著南北韓共同參與，而放大冬奧會的政治效應，南韓固然興致勃勃，北韓看在眼裡則心知肚明，北韓是否真的樂意配合，只有平壤高層或者金正恩最清楚。

有些國際觀察家曾對兩韓在 2018 年初恢復的熱線寄以厚望，希望是好的開始，但有些人士則直指冬奧會的結束是兩韓這次和緩關係的「賞味期限」。他們指稱，冬奧會結束後，北韓核武和洲際飛彈問題等，將重新浮上檯面，朝鮮半島重新回到不安的狀態。這是關心當地安全與穩定的各方不願見到的結果。

正如孔鉉佑指出的，朝鮮半島的和緩和解形勢能否持續，取決於幾個因素，其一，南北韓是否可以持續積極互動；其二，兩韓間現在圍繞解決平昌冬奧會問題的磋商，能否轉化到解決半島的政治問題；其三，美國和北韓能否直接對話。

看來，上述這幾個因素都尚未成熟，對其前景實無過於樂觀的理由。川普總統在朝鮮半島問題上，再次施展了他一貫的施政特質——政策的不連續或不可預測性。由美國和加拿大共同主辦的「朝鮮半島安全穩定外長會議」1 月 15 日在溫哥華召開。會議邀請 1950 年至 1953 年參加韓戰的 20 國出席，討論遏制北韓核武野心，但中國和俄國卻未應邀參加。北京《環球時報》則以「美國召集一個奇怪的圈子討論朝核」爲題，直指那些參加國很多不是今日朝鮮半島局勢的主要攸關各方。

《環球時報》分析說，美國籌劃的溫哥華會議，首先是想向平壤施壓，「傳遞我眞的在準備動武信號」；其次是突出美國在解決北韓議題的領導作用，並削弱中俄的影響力；其三是爲「極端強硬路線找理由」。如果眞如《環球時報》所說，朝向這種方向發展，顯見朝鮮半島事務相關各方在共同努力的道路上有異心，也必然因此出現政策的分歧，對於促進兩韓關係和緩，無疑又增加了許多困難。

◆《海峽評論》，第 326 期（2018 年 2 月號），第 7-12 頁。

27 平昌冬奧後的兩韓和強權政治

前言

南韓總統文在寅接替朴槿惠在 2017 年 5 月就職後，爲實現他改善南北韓關係的理念，改採對北韓較爲寬鬆友善，以和解爲中心的北韓政策。文在寅在北韓核問題固然必須和美國、日本合作，繼續加強對北韓施壓，包括積極回應和支持歷次聯合國安理會對北韓的經濟制裁，及施行針對北韓的美韓聯合軍演，但依然設法開啓與北韓對話的管道。

文在寅屢次強調兩韓的和解事關韓國民族的存亡，也不止一次地提到他不容許韓戰第二度在半島上爆發。這個堅定的態度一方面昭告世人，南韓會回應北韓的攻擊，但決不會主動挑起攻擊性的戰爭，另方面是說給中國、美國和日本聽的，即是期望南北韓不再接受外力支使，南北韓不再以戰爭解決政治衝突，文在寅更希望以外交及各種形式和層次的對話以解決朝鮮半島的爭執。

文在寅深信南北韓雙方在文化體育方面的交往，將是雙方改善互動的鎖鑰。世界跆拳道錦標賽於 2017 年 6 月底在全羅北道茂朱郡跆拳道園舉行時，文在寅在開幕式致詞時即表示，南北韓一起組隊參加過 1991 年乒乓球世錦賽和國際足聯 U20 世界盃足球賽，並取得優異成績。2000 年雪梨奧運，兩韓運動員一起入場，贏得了世界的掌聲，希望能在即將到來的 2018 年南韓平昌冬奧上，重現雪梨奧運的感動。

文在寅發抒的願望，北韓官員一度以雙方政治關係緊張和準備時間不及表示婉拒，不過今（2018）年金正恩的元旦祝辭，表示希望平昌冬奧能順利召開，且北韓希望組成代表隊參加而急轉直下，1 月 3 日兩韓開啓熱線對話，1 月 9 日，雙方正式進行高層會談。果不其然，2 月在南韓平昌召開的第二十三屆冬奧會，在北韓的高度配合演出下，文在寅的計畫初步獲得實現。平昌冬奧的賽事固然精彩可期，但賽事之外的兩韓領導人會面、場外的外交較量，則吸引更多的目光。

平昌冬奧：文在寅與北韓的和解槓桿

平昌冬奧會召開前展現了善意，雙方也開啓了對話和熱線，這是李明博和朴槿惠時代所不可想像的。開幕式前，雙方也決定了北韓派隊參加，共同護持朝鮮半島圖樣的統一旗幟參加繞場，北韓派出啦啦隊和文藝藝術團，共同組成一個南北韓女子冰球聯隊。更重要的是，先前傳出北韓將派出一個層級極高的代表團參加開幕式，並將受到南韓方面的盛大禮遇。

文在寅自然對於平昌冬奧寄望甚深，希望北韓的參與能拉近雙方的距離，使它成爲超越南北韓關係進一步促成美國與北韓對話的契機。在文在寅看來，北韓不會懷疑他的善意，但如何在此時拉近美國與北韓的關係，則煞費周章。美國、北韓並無信任感，川普上台後，更似雪上加霜。借助其強大武力，川普在 2017 年對金正恩多次威脅，雙方互嗆場面，令人記憶猶新。川普聽金正恩說，北韓洲際彈道飛彈按鈕已裝置在他桌上，隨時可以發射，爲此川普回嗆說他桌上的按鈕比金正恩的「大多了」。川普在北韓政策的直率、固執，甚至幼稚，令世人爲之側目。

美國的政策若此，南韓因此不得不戒慎恐懼，蓋美國仍舊是南韓最重的盟邦，尤其是雙方自韓戰結束以來的軍事同盟關係，是南韓外交和安全的基石，不容撼動。美國的一舉一動，特別是川普個人的意志和行事作風，對美韓關係和兩韓關係都是風行草偃。對文在寅而言，撼動川普這座大山，相對不容易，是他必須應對議題的重中之重。

在平昌冬奧之前，朝鮮半島的對立嚴重到無以復加。1 月初，美國把原屬於密蘇里州懷特曼空軍基地（Whiteman Air Force Base）的三架 B-2 轟炸機追加部署在關島的安德森空軍基地（Andersen Air Force Base）。1 月底三架 B-52 戰略轟炸機和兩架 B-1B 在朝鮮半島附近與日本航空自衛隊進行轟炸訓練，核子動力航空母艦卡爾文森號也在平昌冬奧開幕前開抵半島附近水域，與雷根號航空母艦戰鬥群會師。此外，美國還增派核子潛艇助長聲勢。北韓對美國的舉動至感不滿，北韓常駐聯合國日內瓦辦事處代表團團長韓泰松即在聯合國日內瓦裁軍談判會議上警告說，「給正在回暖的南北韓關係澆冷水是很危險的行爲。」1 月 31 日，北韓外務相李容浩致信聯合國秘書長古特雷斯（Antonio Guterres），指控美國在朝鮮半島南北關係開始改善和緊張逐漸緩和時主導的背道而馳的危險軍事行動已「昭然若揭」。

在那當時，國際媒體還甚至傳出美國正針對北韓進行所謂「流鼻血」式的軍事行動，並考量其可行性。所謂的「流鼻血」式軍事攻擊，指的是對北韓若干非核裝置或其他軍事設施進行精準式攻擊，造成北韓心理恐懼，但並非對金正恩造成大規模的損失。即使如此，也對朝鮮半島的安全造成揮之不去的陰影，這也是文在寅所極力避免的，因爲一旦美國發動這樣的「流鼻血」式攻擊，很難讓美國所稱的「自衛性行動」或「先制性攻擊」立場站得住腳，況且美國的攻擊，可能引發北韓報復性攻擊，難保第二次韓戰不會成爲事實，絕非文在寅所樂見。

南韓是朝鮮半島戰略態勢相對較弱的一方，不願意在半島上發生戰事，外交手段被認爲是最佳的選擇。如此一來，讓美國不能打，讓北韓不必反擊，讓南韓不必憂慮再度爆發韓戰，是獲取安全的最佳選擇。因此文在寅希望借助於北韓的和平參與平昌冬奧，拉近兩韓的距離，讓北韓理性參與國際賽事，提供北韓國際舞台，告訴世人北韓對外政策可以合理。平昌冬奧是文在寅與北韓和解的槓桿，此言並不誇張。尤有進者，南韓爲美國、北韓建構新關係，也是原先的考慮，只不過美國並未接受，而北韓也維持其尊嚴，不採取主動，因而最終還是失去了北韓、美國互動的機會。

平昌冬奧的焦點金與正

平昌冬奧 2 月 9 日開鑼，北韓代表團由最高人民會議常任委員會委員長金永南擔任團長，成員包括朝鮮勞動黨中央委員會第一副部長金與正、國家體育指導委員會委員長崔輝、祖國和平統一委員會委員長李善權等，他們也在南韓進行爲期三天的訪問。開幕式前一天，北韓的「三池管弦樂團」在團長玄松月率領下，在江陵藝術中心進行首演，這些來自北韓的演唱曾獲得南韓觀衆的熱烈迴響。11 日他們還在首爾進行另一場表演，兩韓長期中斷的文化交流重新連結，兩韓間緊張情緒一夕間和緩許多。

2 月 9 日的開幕式，金永南爲首的北韓代表團與美國副總統彭斯距離很近，但是彼此並無互動。文在寅熱烈地歡迎貴賓，包括在台階下趨前對台階上的北韓代表團致意。文在寅的行爲語言顯示出，他非常重視北韓代表團的出現，也感激北韓方面對平昌冬奧的支持。金與正下顎略顯抬高的招牌式微笑，是當天晚間報導的焦點，顯示大家關注的是，北韓態度將向南韓及世界透露什麼樣的訊息。

2 月 10 日是個南北韓關係的新起點，也是金與正在平昌冬奧會之外的重頭戲。文在寅當天上午在青瓦台接見了北韓代表團，金與正仍舊是衆所矚目的焦點人物。果然如同外界所料，金與正帶來了金正恩給文在寅的親筆信，邀請文在寅訪問北韓，文在寅表示將爲未來的訪問北韓「創造機會」。10 日晚間，文在寅又與金與正等人一同觀賞南北韓冰上曲棍球聯隊對瑞士的賽事。北韓藝術團和代表團同一天晚間飛回平壤，結束了爲期三天的外交秀。

金與正在接受青瓦台秘書室室長任鐘晳舉行的送別晚宴時，提及她「不擅長說話」，突然被派來南韓「出乎她的意料」，「本來以爲會很生疏，但兩韓相似點很多」，金與正又說「希望能夠提前實現統一，在平壤與大家見面」云云。金與正並未多言，卻自信十足，已是「反客爲主」，要大家「在平壤與她相見」，語意堅定，溢於言表。即使如此，金與正被韓國媒體追捧爲至寶，似已取代南韓主人，形成對北韓有利的主場優勢。

南北韓在平昌冬奧演出一場外交秀，雙方交手極爲小心細膩，可謂身段柔軟但不失體面，舉手投足也贏得國際版面，南北韓雙方都各有所獲。文在寅藉著冬奧會展現他謀取和北韓改善關係的意志力和持續力，並贏得北韓的信任，爲未來爭取赴平壤訪問，博得國際聲望更大的利基。而平壤方面，則派出金正恩的全權代表——他的妹妹金與正，顯示北韓有意改善兩韓關係的努力，拉攏南韓自由派的力量，進一步抵銷美國在朝鮮半島，特別是對文在寅個人的影響。

美日與文在寅不同調

2月9日開幕式當時，美國副總統彭斯坐在北韓代表團前一排的位置，媒體拍到彭斯一副鐵青臉孔，不曾與北韓代表團的任何人打交道，當天的晚宴，見到金永南也坐主桌，彭斯匆忙和周邊其他國家代表寒喧五分鐘之後即走人，這樣的行爲語言，也說明了美國官方的態度，不預備在冬奧會場合改變美國對北韓的態度，也不願向外界透露出任何美國改變對北韓態度的想像空間。

彭斯在訪韓結束返美後表示，他與文在寅同意美韓進一步和北韓交涉的條件，這個交涉是由南韓先與北韓對話，接下來才可能是美國和北韓對話。彭斯說，在這期間，美國與盟國仍將繼續對北韓施壓，要求平壤放棄核武項目。彭斯也告訴美國媒體，美國、南韓與日本的立場一致，都認爲有必要持續致力在經濟和外交上孤立北韓，直到放棄核武和彈道飛彈計畫爲止。

既然如此，美國將難以呼應南韓對北韓的快速和解計畫，特別是如果這計畫對美國在東亞地區整體防衛架構造成影響，不利於美國的防衛或商業利益時。美國倘若強調北韓必須先放棄核武研發及彈道飛彈計畫，平壤勢必斷然拒絕，美國終無與北韓直接對話機會。美國經常提醒南韓，北韓大軍壓境，並無鬆懈的跡象，也顯示美國維持其在東亞傳統優勢兵力的決心。關於這一點，美國未曾動搖，其支柱之一，正是美韓安保條約。

二次大戰結束以來，美國在東亞地區的防禦，主要仍是以日本作爲美國在西太平洋最重要的防衛夥伴。這樣的思維，即使冷戰結束的今天仍然如此。美國與日本的關係既深且遠，美國在遠東需要朝鮮半島的穩定和安全作爲日本安全的屏障。南韓是遂行這項戰略的基礎，因此美國擔心南韓過快或過度向北韓傾斜，美國對南韓採煞車，其來有自，在平昌冬奧出現的現象，美國自然主張南韓需謹慎戒備。

美國的態度有其道理。在平昌冬奧開幕前一日，金正恩將原本 4 月 25 日的北韓「建軍節」提前爲 2 月 8 日，並且舉行了建軍七十週年盛大閱兵儀式。那次閱兵雖然是在結束後才向外以錄影方式發布，仍引起外界的質疑和震撼。大閱兵當中，北韓展示了精銳部隊，集結歡呼群衆，金正恩爲首的北韓領導人觀看先進的洲際彈道飛彈，包括「火星 14 型」與據稱射程可達美國本土的「火星 15 型」通過閱兵台，這舉動兼有向美國和南韓示威的味道，但是第二天，金與正其他北韓高官抵達南韓「表示支持平昌冬奧會」。

北韓領導人一方面威脅南韓，另方面向美國示威，但同時以「外交秀」博取國際社會的認同，認爲北韓是理性的國家。這與 2017 年 11 月，北韓在發射火星 15 型彈道飛彈之後，金正恩向世人宣告，希望大家認識到北韓是「負責任的核武大國」，都是期待國際社會承認北韓核武國家的地位。北韓迄未達到其目的，文在寅已經和金與正等人在平昌冬奧握手言歡，這對爲數不少的南韓民衆而言，是無法接受的。他們多數是反對文在寅的「保守派」人士，就在幾次北韓文藝團演出時，他們聚集展演廳前抗議平昌冬奧已經變成了「平壤冬奧」，他們的憤怒意在言表，文在寅面對的壓力並不算小。

與彭斯不同的是，日本首相安倍晉三參加了平昌冬奧的開幕式，也和北韓代表團握手致意，只不過在 10 日文在寅與安倍會談時，安倍認爲 2018 年尚不是推遲美韓聯合軍演的階段，等於提醒南韓注意防範北韓笑臉攻勢。文在寅對此反駁說，這是涉及南韓主權和內政的問題，安倍不宜親口提及這個問題。日本的憂慮意在言外，只不過安倍吃了閉門羹。即使如此，爲顧及美日韓的合作，青瓦台還是表示將堅持與日本持續安保議題的對話。

北韓核武依然是爭議焦點——代結論

南韓藉著平昌冬奧，意欲以北韓高官訪問南韓當爲契機，營造有利兩韓和解、推動兩韓改善關係，進而促進北韓和美國對話。文在寅回答金與正邀訪平壤時指出，將爲訪問北韓「創造條件」。質言之，文在寅積極努力地辦好冬奧會，是同時爲兩件事「創造條件」，其一當是爲自己訪問平壤創造條件。這點不難，因爲早在 2007 年他以青瓦台秘書室室長的身分跟隨盧武鉉總統往訪金正日時就成竹在胸。文在寅與盧武鉉的兩韓政策可爲薪火相傳，文且一直以盧的傳人自居。金正恩深知這位當時爲盧武鉉釐定「和平與繁榮政策」與北韓和解大業的籌劃人，對北韓充滿憧憬和善意，文在寅赴平壤的「許可證」已經到手。

文在寅正在努力爲另一個計畫「創造條件」，正是有朝一日美國與北韓的直接對話。青瓦台今後將努力向美國在內的周邊四強介紹北韓高層級代表團訪韓的結果和南韓的回應，寄望能獲得各國的理解和支持。文在寅不難得到北京的支持，因爲美國與北韓直接對話向來就是其主張，更重要的是，中國各層級官員都曾堅定聲言，絕不容許第二次韓戰再度爆發，這點與南韓立場完全一致。南韓也不難獲取俄國的支持，俄國也不願意朝鮮半島生亂生事，以免招來更大的美國戰略壓力。

文在寅傷腦筋的是，怎樣才能獲得美國與日本的支持？日本對外政策與美國一致，因此重要的是得到川普政府的支持。文在寅將盡力向美國強調，爲引導北韓實現無核化，有必要與北韓進行對話，以瞭解北韓當局的意圖。鑑於彭斯屢次聲言，將聯合盟國對北韓施加更大的壓力，這次平昌冬奧，又刻意避免和北韓代表團接觸，足證美國堅持己見，文在寅必須更積極地說服美國接受南韓的建議。以美國和北韓各持己見，再加上雙方冷漠的關係看來，這件事相對較難。

北韓核武危機誠然是以美國與北韓爲主角。簡單來說，正是這兩國維持尖銳敵對的關係，拉動周邊各國捲入漩渦當中。重要的是，美國與北韓的目標不能相容，無法和解。其核心問題仍是「北韓是不是核武國家？」北韓堅稱是，北韓憲法序言已聲言自己是核武國家，但美國堅持不承認，還要聯合其他國家壓制北韓，南韓「居然」也是其中之一。

北韓堅持核武，爲的是保障國家安全，而美國要求平壤以放棄核武及洲際飛彈作爲對話的先決條件，以至於長期以來無以解決危機。文在寅知道這矛盾必須解開，意圖引導美國「另闢蹊徑」，川普卻不見得想聽，遑論南韓內部反對力量正在集結質疑，何以文在寅一味向北韓示好，文在寅可謂腹背受敵。

尤有甚者，平昌冬奧正在進行之際，南韓統一部部長趙明均 2 月 20 日在國會答詢時指出，韓美雙方刻正擬議，今（2018）年 3、4 月雙方年度「關鍵決斷」和「鷂鷹」兩次軍演將選在何時何地進行。平壤一向視之爲對北韓的嚴重威脅，並矢言給予反制。文在寅夾在美國北韓之間，姑嫂之意勢將無法兼顧。兩韓關係好不容易回暖，是否將曇花一現，很快地，將考驗文在寅的政治智慧。

◆《海峽評論》，第 327 期（2018 年 3 月號），第 42-47 頁。

28 兩韓對話大幅牽動周邊形勢

南北韓決定「走自己的路」

南韓總統文在寅接替朴槿惠在 2017 年 5 月就職後，爲實現他改善南北韓關係的理念，改採對北韓較爲寬鬆友善，以和解概念爲中心的對北韓政策。文在寅固然必須和美國、日本合作，就無核化繼續加強對北韓施壓，包括積極回應和支持歷次聯合國安理會對北韓的經濟制裁，及施行針對北韓的美韓聯合軍演，但明顯採取兩手策略，同時設法開啓和北韓對話。

文在寅屢次強調兩韓的和解事關韓國民族的存亡，也不止一次提到他不容許韓戰第二度在半島上爆發。這個堅定的態度，一方面昭告世人，南韓會提升國防準備，包括自美國引進的薩德反飛彈系統，以回應北韓的攻擊，但決不會主動挑起對北韓的攻擊，以換取北韓的信任，進而緩和雙方的關係。另方面他意圖明告中國、美國和日本，即期望南北韓不再受外力支使、不再以戰爭解決政治衝突。文在寅更希望以外交及各種形式和層次對話，解決朝鮮半島的爭執。

文在寅深信南北韓雙方在文化體育方面的交往，將是雙方改善互動的鎖鑰。世界跆拳道錦標賽於 2017 年 6 月底在全羅北道茂朱郡跆拳道園舉行時，文在寅在開幕式致詞時即表示，南北韓組隊參加過

1991 年乒乓球世錦賽和國際足聯 U20 世界盃足球賽，並取得優異成績。2000 年雪梨奧運，兩韓運動員一起入場，贏得了世界的掌聲，希望能在即將到來的2018年南韓平昌冬奧上，重現雪梨奧運的感動。

文在寅發抒的願望，北韓官員一度以雙方政治關係緊張和準備時間不及表示婉拒，不過 2018 年金正恩元旦祝詞，表示希望平昌冬奧能順利召開，希望組成代表隊和啦啦隊參加而急轉直下，1 月 3 日兩韓開啓熱線對話，1 月 9 日，雙方正式進行高層會談。2 月 9 日在南韓平昌召開的第二十三屆冬奧會，在北韓的高度配合演出下，文在寅的計畫初步獲得實現。平昌冬奧的賽事固然精彩可期，但賽事之外的兩韓重量級領導人會面、場外的外交大戲，更吸引國際目光。

在平昌冬奧之前，朝鮮半島的對立嚴重，特別是美國和北韓關係緊張至無以復加，這是文在寅最擔心的局面，不但足以左右平昌冬奧會的成敗，更是其和平政策能否持續的關鍵。1 月初，美國把原屬密蘇里州懷特曼空軍基地的三架 B-2 轟炸機追加部署在關島的安德森空軍基地。1 月底，三架 B-52 戰略轟炸機和兩架 B-1B 在朝鮮半島附近與日本航空自衛隊進行轟炸訓練，核子動力航空母艦卡爾文森號也在平昌冬奧開幕前開抵半島附近水域，與雷根號航空母艦戰鬥群會師。此外，美國還增派核子潛艇助長聲勢。北韓對美國的舉動至感不滿，北韓常駐聯合國日內瓦辦事處代表團團長韓泰松即在聯合國日內瓦裁軍談判會議上警告說，「給正在回暖的南北韓關係澆冷水是很危險的行爲。」1 月 31 日，北韓外務相李容浩致信聯合國秘書長古特雷斯，指控美國在朝鮮半島南北關係開始改善和緊張逐漸緩和時主導的背道而馳的危險軍事行動已「昭然若揭」。

冬奧會後兩韓對話交流快速

平昌冬奧會開幕式上，北韓代表團由最高人民會議常任委員會委員長金永南擔任團長，成員包括朝鮮勞動黨中央委員會第一副部長、北韓領導人金正恩之妹金與正、國家體育指導委員會委員長崔輝、祖國和平統一委員會委員長李善權等，他們也在南韓進行爲期三天的訪問。開幕式前一天，北韓「三池管弦樂團」在團長玄松月率領下，在江陵藝術中心進行首演，這些來自北韓的演唱曾獲得南韓觀衆的熱烈迴響。11 日他們還在首爾進行另一場表演，兩韓長期中斷的文化交流重新連結，兩韓間緊張情勢一夕間和緩許多。不過表演現場也出現數百名南韓民衆，抗議北韓團體的到訪。

2 月 9 日的開幕式，金永南爲首的北韓代表團與美國副總統彭斯距離很近，但是彼此並無互動。文在寅熱烈地歡迎貴賓，包括在台階下趨前對台階上的北韓代表團致意。文在寅的行爲語言顯示出，他非常重視北韓代表團的參加，也感激北韓方面對平昌冬奧的支持。金與正下額略顯抬高的招牌式微笑，是當天晚間報導的焦點，大家關注的是，北韓態度將向南韓及世界透露什麼樣的訊息。

更重要的是，10 日成爲南北韓關係的新起點，也是金與正在平昌冬奧會之外的重頭戲。文在寅當天上午在青瓦台接見了北韓代表團，金與正仍舊是衆所矚目的焦點人物。果然如同外界所料，金與正帶來了金正恩給文在寅的親筆信，邀請文在寅訪問北韓，文在寅表示希望兩韓能「共同爲他未來的訪問北韓創造機會」。10 日晚間，文在寅又與金與正等人一同觀賞南北韓冰上曲棍球聯隊對瑞士的賽事。北韓藝術團和代表團同一天晚間飛回平壤，結束了爲期三天的外交秀。

南北韓在平昌冬奧演出一場外交秀，雙方交手極爲小心、細膩，南北韓雙方都各有所獲。文在寅藉著冬奧會展現他謀取和北韓改善關係的意志力和持續力，並贏得北韓的信任，爲未來爭取赴平壤訪問，博得國際聲望更大的利基。而平壤方面，金與正代表其兄金正恩出訪，顯示北韓有意改善兩韓關係的努力，拉攏南韓自由派的力量，進一步抵銷美國在朝鮮半島，特別是美國對文在寅個人的影響。

至於南北韓雙方，特別是北韓，何以做出意料之外的大動作，並以改善關係爲念，致兩韓這次出乎意料地相向擁抱？估計有些具體的因素。其中之一是，和平解決北韓核武及飛彈威脅，爲文在寅的基本理念，這是他繼盧武鉉總統以來一脈相承的心理基礎，北韓也深知這一點，與文在寅的前任如李明博、朴槿惠完全向美國傾斜的政策相較，北韓更信任文在寅的誠意。因此改善雙方關係成爲可能。由於南韓加入了對北韓的制裁，過去曾經出現的兩韓經濟合作、重啓開城工業區問題至今遙遙無期，實質影響了北韓的經濟穩定，通過和南韓改善關係，這些曾經出現在兩韓和解時代的「舊事物」都有逐漸恢復的可能。

再者，北韓在第六次核子試爆之後，歷經聯合國安理會第 2375 號決議的制裁已經超過半年。雖然該次爲有限度的縮水版制裁案，並未凍結金正恩的資產，也未曾對北韓實施全面石油禁運，僅禁止對北韓輸出天然氣，並對原油供應設限，但也對北韓經濟造成相當大的衝擊。外界對北韓的制裁壓力沉重，川普總統所稱「沒有國際的重壓，特別是美國的各種壓力，北韓不會改變其對外態度與最終考慮廢棄核武」，川普甚至認爲南北韓倘若有和解的跡象，「美國厥功至偉」。川普的說法可能誇張，但並非完全沒有道理。金正恩雖咄咄逼人，但面對一個難以預測的川普，美國的壓力確實存在。

第三，核武器發展到一定程度後，北韓有更大信心改採較緩和的政策，無論是對南韓或美國，說明北韓的對外行爲，不僅僅只有一種。金正恩可採取主動，拋出不同議題，比起川普，金正恩甚至更像理性的領導人。拋出議題固然使人眼花撩亂，卻能主導議題，讓金正恩滿足於一種心理狀態，即「金正恩是決定朝鮮半島未來最重要的推手」。

第四，有感於過去冷戰遺緒仍在半島滯留不去，兩韓命運深受外力的支配，無論金正恩或文在寅都有「走出韓國人（朝鮮人）自己的路」的心理意圖。他們深信兩韓是半島上的主人，他們的共同努力，將可以更大程度因應兩韓未來的共同利益。有鑑於此，特別是文在寅和金正恩任內，他們還會朝向對話的道路繼續推動。

繼之而起的發展是，青瓦台國家安保室室長鄭義溶和國家情報院院長徐薰等人 3 月 5 日首訪平壤，受到金正恩的高規格歡迎。代表團轉交了文在寅給金正恩的親筆信，呼籲北韓以朝鮮半島無核化爲前提，與美國重啓對話。同時，南北韓達成了如下的協議：雙方將在 4 月底在板門店召開「文金峰會」、設置高層熱線電話並在峰會前開通、北韓只要確認體制安全且無軍事威脅即無擁核必要、爲促進無核化北韓願與美國對話、對話期間北韓不再核試或發射飛彈、北韓對南韓不使用核武或傳統武器、北韓邀請南韓跆拳道示範團體和藝術團體訪問平壤等七項。

鄭義溶等人回首爾之後，3 月 8 日趕往美國，據媒體報導，鄭義溶等人向美國傳達了北韓「停止開發、並逐步廢棄洲際彈道飛彈」的底牌，還轉達了金正恩所謂的說法：「無核化是金日成和金正日的遺訓，如果軍事威脅解除，體制安全得到保障，就沒有理由擁有核武器」，傳達金正恩親自向川普提議舉行美國、北韓高峰會的意向。最終取得了川普首肯，並同意在 5 月前，雙方舉行峰會，而川普的正面回應稱他相信北韓的誠意，此舉震驚世界。

川普、金正恩決定對話——各國反應正面

川普固然回應同意與金正恩對話，但提到北韓必須先做到具體的一些棄核舉措以顯示誠意，白宮發表聲明指出，雙方見面時間和地點尚待確認，同時維持對北韓的制裁不變，亦即「以最大施壓」對北韓的制裁政策不變。川普推文表示「直到協議達成之前，將維持制裁，正在計畫會議當中」。對於川普宣布將與金正恩會談之事，國務卿提勒森處在狀況外，他在訪問非洲吉布地的途中被記者攔住，他的回答不否認他對這事「並不清楚」。美國軍方對於川普的決定還是謹慎，仍主張維持巨大壓力。美國前國家安全顧問萊斯（Susan Rice）則認爲川普的決定匆促，而且許多重要智囊紛紛離去，川普政府並無太多北韓專家，她懷疑川普給世界過分的樂觀感覺，準備卻毫不充分，可能會帶來危險。前任美國駐聯合國大使波頓（John Bolton）更覺得用外交手段寄望於北韓放棄核武，希望至爲渺茫。參議員理查遜（Bill Richardson）也曾是駐聯合國大使和能源部部長，他說川普的決定令他震驚，表示北韓與美國的會談不應該一開始就由最高領導人對話，過高的期望不切實際，況且複雜的無核化議題，並非一次峰會即可解決。

中國外交部發言人耿爽在記者會對川普、金正恩峰會表示支

持，並「讚賞」雙方所展現的「政治智慧和勇氣」。耿爽提及，朝鮮半島兩個最重要的具不同意見的國家之間展開會談，北京對此持正面並支持的態度。相對地，川普也長期對中方作爲支持美國與北韓對話的角色表示肯定與感謝。有美國學者（如 CSIS 的葛來儀）表示，南韓從中安排川金會，看來文在寅居頭等功，在朝鮮半島外交上先馳得點，如川金會有具體協議，文在寅更有空間「走自己的路」。這次北韓與美國對話如能成形，等於是南北韓都跳過了中國，如此則「六方會談」復談完全失去必要性，中國的立場和利益將遭邊緣化。北韓與南韓將因此可望倒向美國。不過，中國大陸的英文版《環球時報》卻有較樂觀的分析，認爲即使是北韓與美國接近，中國也不會失去對北韓或朝鮮半島和平議題的話語權。

俄國也認爲北韓與美國的對話是走向正確道路的第一步。外長拉夫羅夫在他訪問衣索比亞的途中對記者說，美國、北韓的對話是朝鮮半島走向正常化情勢所必須的作爲。雖然俄國常遭到川普質疑，仍對川金會表示支持。

日本對未來川金會的態度較爲複雜。當南韓 3 月 6 日宣布將於 4 月底在南韓轄區的和平之家舉行第三次兩韓高峰會後，雖然安倍難得鬆口，但仍讚許北韓向無核化邁進，但日本政府內部對北韓仍抱持高度的不信任感。3 月初在美國訪問的自民黨總裁外交特別助理河井克行說，日本首相安倍晉三對兩韓達成舉行峰會的看法有三點：第一，這是因爲對北韓的制裁發揮效果，才有這樣的對話趨勢；第二，必須讓北韓承諾以完全、可能檢證且不可逆轉的方式邁向無核化；第三，持續增加對北韓壓力，與各國合作弄清楚實際情況。

日本內部官員對北韓的和平攻勢不信任，是因爲過去曾經有過北韓撕毀協議的經驗，首相府官員說，不讓國際原子能總署（International Atomic Energy Agency, IAEA）派員進入北韓檢查的話，對話就毫無意義。防衛大臣小野寺五典說，日本的立場非常鮮明，仍會繼續警戒監視北韓的作爲。此外，日本還是重申日、美、韓三方繼續合作，對北韓持續高強度施壓的必要性。

日本憂心川普在未考量日本安全威脅的情況下與金正恩達成片面協議，日本學界有人認爲，暫停核武發展是美國、北韓會談最可能的結果，但僅意味著北韓不持有對美國的核子攻擊能力，對日、韓兩國而言，這樣的威脅並未消除。會談可能曠日廢時，倘若會談失敗，一切重回原點。日本擔心被邊緣化，安倍將在兩韓峰會前，率先在 4 月訪問華府，加強美日共識，並掌握部分先機。

結語

冬奧會召開前後，是兩韓改善關係相當難得的契機，捨文在寅和金正恩，兩韓恐無其他領導人能激發同樣的火花。文在寅相當敏銳地觀察並運用冬奧會作槓桿，引導兩韓的和解趨勢，並進一步作爲媒介，推動美國、北韓的高峰會，可謂外交的成功。北韓不遑多讓，本來金正恩給世人的印象是殘暴不仁，窮兵黷武，堅拒對美方在核武議題上退讓。不過，這次的發展，讓世人耳目一新，認爲金正恩有理性的一面，就看 4 月底文在寅怎樣接招，以及 5 月川普如何與金正恩交手。

在這段醞釀三個國家、兩對峰會的期間，既然北韓答應不再威脅南韓，不再發射彈道飛彈，美韓聯合軍演勢將暫停，當然可以爲朝鮮半島帶來和平穩定的氣氛，惟這些趨勢卻無法為將來的會議成果帶來保證。美國和南韓過去與北韓談判的例子頗多，但都沒有好的結果，特別是 5 月的川金會，地點議程尚無共識，是一個極大的變數。

這段時間，川普總統樂於一人表演，3 月中旬國務卿提勒森被炒魷魚，由強硬派前中情局局長蓬佩奧（Mike Pompeo）接任，複雜性再次增加。未來川金會還需看兩韓峰會得出什麼樣的結果，國內保守派和反北韓人士虎視眈眈，文在寅能否與北韓談判獲得佳績，尚無法預測，更增添川金會的不確定因素。惟朝鮮半島將出現和緩氣氛，將成為未來相當時間的趨勢，緩和到什麼程度，還要看文金會、川金會是否有實質進展。

◆《海峽評論》，第 328 期（2018 年 4 月號），第 15-19 頁。

29 朝鮮半島無核化　中美博奕新形勢

前言

2018 年上半年中，不出幾個月，朝鮮半島風雲變幻快速，令人目不暇給。半島相關國家領導人交鋒頻頻，幾天不看新聞，竟趕不上半島情勢發展步調，這情景雖不是「猿聲啼不住」，卻也似「輕舟已過萬重山」，很可能判斷失去準頭。南北韓是半島上的主人，文在寅總統和金正恩委員長藉 2 月平昌冬奧會交手，創造兩韓走向和解的契機。

進一步觀察，華府與北京在這個發展當中，更充分發揮大國地位，爲兩韓和解添柴增火、提供積極的氛圍，習近平主席和川普總統爲兩韓互動扮演關鍵角色，使得這場朝鮮半島無核化大戲更有看頭。

2 月的平昌冬奧會，金正恩指派其妹金與正親訪運動會現場，並與文在寅同台歡迎來自世界各國選手，此舉緣於今（2018）年元旦金正恩新年祝詞展現的善意，他說希望平昌冬奧會能辦好，並希望北韓能派出代表團和啦啦隊，兩韓合作促進體育交流。其說法立即獲文在寅正面回應，文在寅正想運用冬奧會的機會拉近兩韓距離，也爲美國和北韓拉線。文在寅在青瓦台接見了金與正，並接受她轉交的金正恩邀請文在寅往訪北韓的親筆信。

此前，南北韓已開通熱線，方有冬奧會其間的和平互動。3 月初又有南韓青瓦台國家安全辦公室主管鄭義溶與中央情報院院長徐薰和金正恩晤面，敲定今（2018）年 4 月底文在寅和金正恩高峰會。鄭義溶等迅及出訪美國，會晤川普後，鄭義溶逕自發布川普即將與金正恩展開高峰會的消息，且獲川普確認。南韓和美國在北韓政策上似乎合作無間，尤其川普的立場迅速趨向務實，令各方措手不及，也震驚了世界。

固然是南韓成功引導了川普的朝鮮半島政策，實則金正恩的態度也是關鍵，據稱金正恩表示願意和川普討論半島無核化議題。半島形勢進一步走向明朗化，和解氣氛籠罩。不過，金正恩的動作未曾停歇，3 月底他祕訪北京，拜會習近平，釐清了金正恩與川普高峰會中國遭到邊緣化的傳言。金正恩訪問北京，說明中國在決定朝鮮半島事務上依然占據極重要地位。2018 年 3 月之後，中、美關係並不平穩，在朝鮮半島事務上，兩國都加了把勁，博弈局勢正在悄悄發展。

金正恩旋風式祕訪北京

北京與平壤的關係，一直爲衆所矚目。中共與北韓在韓戰並肩作戰，按照北韓的說法，是中國與朝鮮軍隊建立在鮮血上的邦誼（血盟關係），久經考驗。韓戰當中，敵對雙方死傷數十萬人，毛澤東的兒子毛岸英也死在朝鮮戰場。北韓在韓戰之初受困於聯軍火海，是中共「抗美援朝志願軍」拯救了北韓政權。甚至在 1953 年韓戰結束後，中共軍隊仍留在北韓從事戰後建設，直到 1958 年才撤離，雙方甚至在 1961 年簽訂《中朝互助同盟條約》，這是北京極少數的共同防禦條約，可見雙方關係深厚。

蘇聯解體後，大陸成爲援助北韓最重要的國家，多數的原油由大陸出口至北韓，北韓 90% 的對外貿易仰賴大陸。換言之，倘無大陸的經濟和外交支持，北韓可能早在 1990 年代初崩潰於「蘇東波」浪潮中了。

冷戰期間，北韓依違於大陸和蘇聯之間，求取最大戰略平衡和國家利益，兩邊不得罪，甚至是兩邊討好，爭取其所需經濟支援和對抗美國的籌碼。冷戰期間，北韓領導人金日成擅於運用左右逢源優勢，與北京即處於「既聯合又鬥爭」的微妙關係。北韓相對大陸而言，自然比對蘇聯重要，因爲從戰略環境看，北韓正是中國東北地區直接面對美國勢力的緩衝地帶，北韓與中國正足以「唇齒相依」的關係看待，北韓對大陸長時間予取予求，正是站在這樣有利的位置。

如今中國大陸對北韓的支持，並非全然建基於過去「唇齒相依」的簡單立場，大陸的外交已然走向多元化、合理化、現代化、和平化，現在更多的思維，是建立在「睦鄰、安鄰、富鄰」的基礎，追求互利共贏，和美國等大國關係，尤其不必再考量緩衝國，反而從非傳統安全面切入。北京在意的是，如何維持朝鮮半島的穩定與和平，不再出現大規模戰爭，導致大陸被牽扯進入不必要的大國對抗。大陸外長王毅表示不許中國家門口「生亂、生事、生戰」等等，就是基於這道理。

北京擔心的「生亂、生事、生戰」還包括北韓的內部失控、政治危機或突然崩潰，導致大量北韓難民流離失所，流竄各方，在大陸境內造成恐慌。過去兩年，大量伊拉克和中東難民流竄歐洲各國，導致歐洲國家經濟出現困難，社會矛盾加劇，可爲殷鑑。北京更在意朝鮮半島是否走向原先北韓在六方會談時即曾應允的無核化道路。大陸認爲朝鮮半島無核化，對各方都有好處，北韓尤其責無旁貸。

過去數年北韓曾多次進行核子試爆、發射彈道飛彈，2017 年 9 月 3 日，北韓再度核子試爆，並宣稱試爆的是氫彈，當天大陸正在廈門舉辦金磚五國高峰會議，北京認爲平壤當局極不給面子。北京加入聯合國安理會的制裁，而這已經不是大陸第一次在安理會針對制裁北韓投贊成票了，北京與平壤的緊張關係可以想見。

2017 年 11 月，北韓宣稱已成功發展出可攻擊美國的洲際彈道飛彈，引發川普極度的憤慨，聲言將對北韓施加嚴厲的經濟制裁，必要時考慮進行武力報復，經彼此的不斷叫罵，朝鮮半島局勢更加緊張，美國航母、潛艦、先進戰機均已出現半島附近，戰爭可能一觸即發。

正由於這樣的情勢，北京擔心朝鮮半島失控，2017 年 11 月 17 日至 20 日，中共對外聯絡部部長宋濤以習近平特使身分，進行四天平壤之行，打算向金正恩彙報中共十九大黨代表大會決議，卻遭金正恩有意冷落，未獲接見。

3 月 25 日至 28 日，金正恩突然對北京展開四天祕密訪問，行程保密到家，金正恩乘坐專列火車到達北京後，習近平在人民大會堂裡以軍禮歡迎。主隨客便，整個訪問採非正式方式，等到金正恩返回平壤後，中方與北韓才同時發布金正恩來訪新聞。外界不知雙方會談的詳細內容，但在與習近平會談時，金正恩表達願意促成朝鮮半島無核化的目標，習近平也表示同意，並予以鼓勵，習支持金正恩和川普會談。金正恩提到無核化過程中，美國與北韓必須同步實踐各項相關的努力。換言之，不能以北韓首先棄核作爲未來和川普會談的先決條件。

關於金正恩爲何在與川普會談前往訪北京，多數的猜測，是北京在朝鮮半島事務上仍維持極大的影響力，北韓不得不重視北京的意見。因此金正恩首訪北京，是頗爲正常的事，他也受到習近平高規格的接待。金正恩在玩兩面手法，挾中國以自重，挾美國向中國和南韓示威。習近平則在川普與金正恩會談前，邀到金正恩來訪，面子和裡子兼顧，在朝鮮半島事務中，重新發揮制衡美國的槓杆作用。

美國候任國務卿蓬佩奧祕訪北韓

處在變化多端的朝鮮半島風雲漩渦，日本一直是直接承受北韓導彈威脅的國家，歷次北韓的導彈試射，也常以日本周遭作爲攻擊標的。面對朝鮮半島走向和緩，而北韓無核化議題迄無進展，日本原先和美國亦步亦趨，主張強烈制裁平壤。及至獲知川普即將和金正恩舉行峰會，日本恐將被甩在後頭，孤立而危險。日本對自身未來的角色定位猶豫難定，川普與金正恩峰會，日本應有什麼樣的態度？安倍亟欲尋求和美國的共識，達成一致的外交行動，他選在金正恩訪問大陸、兩韓峰會、美國北韓峰會之前造訪白宮。

4 月 18 日，川普在白宮接見來訪的安倍時，親口證實，美國中央情報局局長、候任國務卿蓬佩奧，在復活節，即 4 月的第一個週末，祕訪平壤，會晤了金正恩。據川普自己說，蓬佩奧與金正恩會談時，氣氛極好，可以預見未來兩人的峰會即將有好的進展。從川普的立場而言，他派出心腹，直取平壤，可算是預知北韓的想法和立場底線，最直接有效的方法，這種做法在國際談判過程當中並不少見。蓬佩奧祕訪平壤，不但民主黨國會議員大爲不滿，共和黨議員也聲稱將聯合反對黨，杯葛蓬佩奧擔任下任國務卿的任命案。

川普派蓬佩奧出訪北韓，是爲 5 月底或 6 月初的川普、金正恩峰會做準備，具體時間和會議地點則仍爲未定之天。對於川普而言，如能在其第一任任內，即 2020 年之前與北韓元首會晤，簽訂和平條約，促成半島的無核化，他將會是大功一件，有助他競選第二任總統。

接見安倍晉三首相時，川普顯然相當有信心，他說「他希望嚴格來說仍處戰爭狀態的南北韓，能夠在即將來到的一系列高峰會爲持久的和平鋪路。」川普對安倍說，「我們希望見到整個朝鮮半島能夠安全、繁榮與和平共存的這一天來到。」他甚至向北韓提出期許，川普說，「就像以前我所說的，當北韓以完整、可驗證且不可逆轉的方式達成無核化，北韓將可走上康莊大道。無核化的協議一旦達成，這對他們和全世界而言，將會是偉大的日子。」

可是川普並未提到，他的北韓政策，或更正確一點地說，「無核化政策」，仍舊和北韓，甚至南韓出現重大的差異。川普一向主張，北韓必須先做出一些成果以取信於世界，必須顯示北韓的誠意和作爲，美國才能和北韓進行實質的談判。從此一直到談出結果之前，美國仍要「維持對北韓重大的經濟制裁壓力」。倘若北韓拒絕，這樣的峰會將無以爲繼，美國如要維持對北韓的制裁而不給予適當的鬆綁，北韓也可能離開談判桌。

即將登場的南北韓峰會至關重要

根據南北韓雙方的協議，文在寅與金正恩的峰會，4 月 27 日將在板門店南韓轄區「和平之家」舉行，雙方已就此於 4 月 4 日召開了工作會議。這是繼 2000 年金大中與 2007 年盧武鉉之後的第三次峰會。南北韓領導人都有意談判，這是前兩任總統李明博和朴槿惠不曾見過的，對文在寅和金正恩而言，這是歷史的契機，稍縱即逝。雙方關注的焦點，應該仍是如何達成朝鮮半島的無核化。

南北韓雙方曾在 1991 年以共同聲明方式，發表無核化宣言，可是由於歷史的因素和國際形勢演變，更重要的是美國遭逢九一一事件，小布希總統改採對北韓猛烈譴責壓制的政策，因此無核化進程中輟，2002 年爆發朝鮮半島核武危機，直至今日。

金正恩既已向世人宣告北韓當局有意朝向無核化努力，文在寅政府可望支持並保持相當的彈性，以敦促金正恩履行諾言。此文撰就時，兩韓峰會猶在籌備階段，雙方尚未透露談判底牌和籌碼，但簽訂兩韓和平協議、促成南北韓經濟合作、人道支援、重新開放開城工業區並恢復營運、促成雙方離散家屬重聚、重開北韓金剛山風景區旅遊等，均可能成爲重點議題。

南韓《民族日報》4 月 13 日曾引述消息人士的話指出，北韓最近在和美國接觸洽談「川金會」時將提出五大條件：美國從南韓撤出核戰略武器、美韓聯合軍演時停止出動戰略武器、保證不使用傳統武器及核武器（對北韓）進行攻擊、將停戰協定轉變爲和平協定，以及北韓與美國建交等。報導特別提到，北韓表明今後若政權安全獲得保障，不會要求美軍撤出。這與各方觀察家原先預測迴異，此前有預測稱，北韓將要求撤走駐韓美軍以作為保障體制安全的方法之一。

這些主題，兩韓高峰會中可望由北韓向南韓提出，北韓像是要藉著兩韓峰會試水溫，南韓則可望在這些議題上儘量滿足北韓要求，北韓則在得到南韓善意合作後，金正恩可望與川普峰會時，提出同樣的要求。

結語

朝鮮半島無核化議題牽動多個國家的安全和戰略競合態勢，冷戰結束以來，國際情勢已不再是「零和遊戲」。川普雖然我行我素，卻是個務實主義者；金正恩雖被認為自大狂悖，也顯現了理性務實的面貌，加以文在寅寄望推動兩韓和解。2018 年 4 月日本報刊有謂：在此氣氛下，日本有意促成首度安倍與金正恩的峰會，最快可望 6 月初舉行。

為了朝鮮半島無核化，美國有意無意正在和北京較量，這是大陸面對的客觀形勢。金正恩擅於遊走大國之間以求取自身最大利益。站在北韓的立場，無可厚非，但北京被拉扯進來後，除了貿易衝突外，還有戰略上的角逐。如同中美貿易戰一樣，鬥而不破，應是北京處理朝鮮半島事務，也是和美國保持競合關係的法則。

◆《海峽評論》，第 329 期（2018 年 5 月號），第 15-19 頁。

第 6 篇

川金會的曲折和懸念

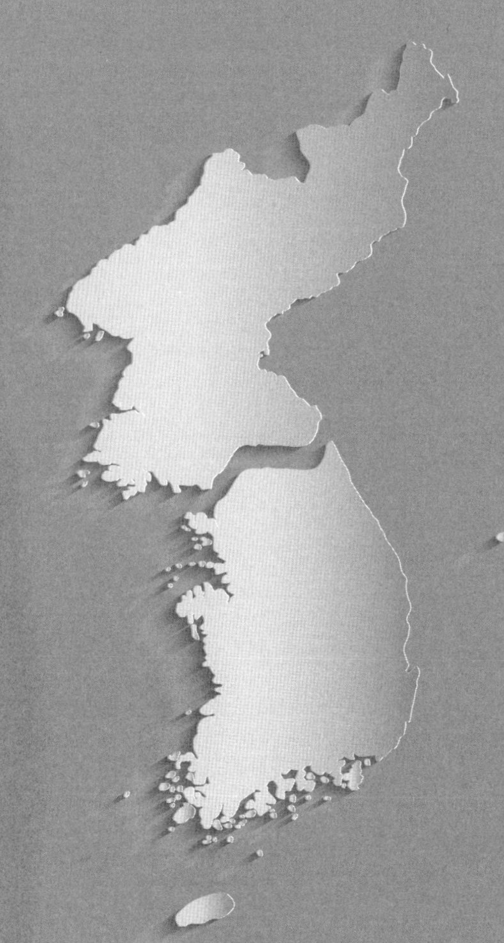

30 文在寅平壤行推進朝鮮半島和平進程

前言

2018 年 9 月 20 日南韓總統文在寅結束訪問平壤的三天兩夜行程，他和夫人金正淑成功進行了和平之旅，繼金大中、盧武鉉之後實現了訪問北韓故土的夢想。文在寅夫婦在金正恩等人陪同下抵達長白山（朝鮮人稱白頭山）共賞天池風光，成爲媒體的焦點，不過衆所關切的是他和金正恩達成的協議所顯示的意涵。

訪問平壤係文金首次會談的延續

早在 2018 年 4 月 27 日，文在寅與金正恩在板門店的南韓和平之家進行首次峰會，是當時國際矚目的大事。雙方在友好氣氛下，特別是 2 月借助南韓平昌冬季奧運會的契機，金正恩胞妹金與正親訪南韓，遞交了金正恩的親筆信，邀請文在寅訪問平壤，當時金正恩也同時表示祝福平昌冬季奧運順利召開，兩韓關係走近的趨勢一發不可遏制。

4 月 27 日峰會後雙方達成「爲促進半島和平、繁榮、統一的板門店宣言」，宣言指出，南北韓將全面改善並發展雙邊關係，連結民族血脈，提前迎接共同繁榮和自主統一的未來，改善和發展南北韓關係是全民族始終不渝的夢想，因此有些迫切的行動，必須努力以赴：諸如雙方將儘快促成高層級的會談，設法落實峰會達成的共識，在開城設置雙方官員常駐的共同聯絡事務所，增進各層級的交流和聯繫，恢復舉辦雙方離散親人團聚活動，以及實現民族經濟的平衡發展和共同繁榮，採取切實措施連結東海線及京義線鐵公路。

關於兩韓共同努力緩和半島軍事緊張和消除戰爭風險部分，雙方決議全面停止引發軍事緊張和衝突的一切敵對行爲。5 月 1 日起，在軍事分界線一帶停止包括擴音喊話、散布傳單在內的敵對行爲，撤走其工具，將非軍事區打造成和平地帶。雙方也決定將黃海北方限界線一帶打造成和平水域，防止突發性軍事衝突，確保漁業作業安全。雙方將採取多種軍事保障對策，促進交流合作，雙方也將經常舉行國防部長會談等軍事部門會商。從 2018 年 5 月開始，舉行將軍級別軍事會談。

關於兩韓致力建構牢固的永久性和平機制，雙方同意終結長期存在的不正常停戰狀態。爲此，雙方再次確認不向對方動用任何形式武力的互不侵犯協議，並將嚴格遵守該項協議，並在消除軍事緊張建立軍事互信之後，分階段裁軍。更進一步地，雙方決定在「停戰協定」簽署六十五年的 2018 年宣布結束停戰狀態，推進停戰、和平機制轉換，建立牢固的永久性和平機制，努力促成兩韓及美國的三邊會談，或兩韓與美中兩國的四邊會談。爲通過完全實現半島無核化的共同目標，兩韓一致盡責發揮應有作用，贏得國際社會對無核化努力的支持。最後，《板門店宣言》決議，文在寅將在2018年秋天訪問平壤。

文金會談後，5 月 26 日雙方又選在板門店北韓境內的統一閣進行第二次峰會。其主要目的，正是再度加強和平自主統一的共識，商討進一步的降低敵意與合作，期待《板門店宣言》的具體實施。文在寅為川普與金正恩的高峰會提供橋梁角色，避免川普原先宣布即將在新加坡和金正恩舉行的峰會生變。經過文在寅的努力和堅持，川普和金正恩新加坡世紀峰會如期召開，文在寅功不可沒。

《板門店宣言》的內容洋洋灑灑，無非是關注朝鮮半島的共同繁榮和自主統一，而這兩大主張，兩韓一再強調是雙方的核心目標。其次是緩和半島的軍事對峙和消除戰爭風險，更重要的是終結雙方都不滿意的韓戰「停戰體制」，進而建構一個嶄新的「和平體制」。「宣言」意味著文在寅必須在秋天跑一趟平壤，促成了文在寅這次的平壤之行。

文在寅平壤之行意義重大

9 月 19 日在平壤百花園國賓館，文在寅和金正恩簽署了《平壤共同宣言》，同時召開聯合記者會，文在寅興奮地表示，兩韓就半島無核化方案已經達成協議，表示這是非常有意義的成果。文在寅說，北韓已經承諾，在相關國家專家的見證下，願意永久廢棄東倉里飛彈發動機試驗場和發射架，也同意永久拆除寧邊核武製造廠等新的無核化措施。他表示朝鮮半島無核化不再遙遠，兩韓當天商定在半島全境消除一切可能引發戰爭的風險。

此外，與文金峰會同時進行的還有兩韓國防高層官員的軍事會談，南韓國防部部長宋永武和朝鮮人民軍武力相努光鐵也簽署了「關於落實板門店宣言中軍事領域共事的協議」，協議指出兩韓將自 11 月 1 日起中止非軍事區附近所有軍事活動，特別是沿著停戰線 10 公里緩衝區內的任何火砲射擊和軍事訓練等活動。雙方也同意，在朝鮮半島東西兩岸海上軍事分界線設置 80 公里的水上緩衝區，以消除雙方海上喋血的可能性。雙方的軍事領導人也同時聲言，將使西部海域和北方限界線成爲和平海域。兩韓更協議，促使雙方在軍事分界線以西 40 公里，北方海上限界線以東 80 公里處成爲軍機禁航區，以保證不再出現空中衝突或突發事件。

這是 1950 年韓戰爆發以來，兩韓所展現的最大幅度善意與和平的意念，彰顯文在寅此行的成功，以及兩韓領導人建立的互信。基於這樣的互信，雙方可推動全面的進一步合作，像是文在寅所說，金正恩已經同意不久之後訪問首爾，意味兩韓關係進入劃時代的轉機。文在寅希望，以兩韓的平壤會談爲基礎，推動美國與北韓眞誠有效地重啓對話。

文在寅證實，在繼續推動無核化的同時，增進兩韓的經濟合作和文化交流。特別是年內將舉行連接東西海岸鐵公路的動工儀式，儘快重啓開城工業園區和金剛山旅遊項目，以及雙方在醫療衛生領域的合作。文在寅宣告，未來將和北韓建立兩韓離散家屬常設會面機制，讓雙方人民實現儘快和對方親友會面的宿願。此外，也希望實現雙方家屬書信往來和視訊會面，增進離散家屬的福祉；極力促成兩韓共同申辦 2032 年夏季奧運會；著手籌備「三一韓國獨立運動」的一百週年紀念活動。

文在寅的努力以赴，於極短時間內進行三度峰會，在韓國內外都建立了極高的聲望。固然有保守派屢次提醒文在寅「勿爲北韓所矇騙」，或者「不要出賣韓國的國家利益」，但終究屈服於文在寅達成的成果之下。文在寅訪問平壤的收穫至關重大。藉此金正恩也提升了其國際形象，兩人互利雙贏，殆可成爲定論。

文在寅平壤行的國際反應頗為正面

針對文在寅的平壤行以及第三次文金會簽署的《平壤共同宣言》，北京對此表示歡迎，對雙方所做積極努力表示讚賞，表示注意到相關報導，認爲兩韓領導人就改善發展相互關係，緩和地區軍事緊張，推動半島無核化與和平進程達成新的重要共識。中國外交部進一步指出，和平與繁榮、和解與合作是半島和中國人民的共同宿願。中國希望雙方「繼續落實有關宣言共識」不斷努力推動雙方互動合作，爲政治解決半島問題，實現地區持久和平發揮積極作用。

獲悉文金第三次峰會成果後，川普表示相當滿意，在其推特上表示「好興奮」。國務卿蓬佩奧除肯定兩韓峰會的成果，也表示美國已準備好立即與北韓展開對話，並期待北韓無核化目標能在 2021 年初前達成。文在寅訂 9 月 23 日赴美與川普進行會談，商討美韓在北韓棄核議題上可進行的合作。值得注意的是，蓬佩奧在聲明當中使用了北韓的正式國名，並邀請北韓外長李容浩在聯合國大會開會期間會面，也同時要求美國北韓政策特別代表畢根（Stephen Biegun）和北韓代表在維也納舉行會談。

對於文金三會，日本則相對低調，安倍曾表示在未來時機成熟時可考慮和金正恩舉行峰會，不過北韓興趣缺缺。日本過去在朝鮮半島的殖民歷史，在兩韓人民的記憶中一直無法抹滅，尤其是日本文部省更改教科書，掩飾二次大戰期間對朝鮮半島的侵略，讓民族主義高漲的北韓無法忍受。日本對「慰安婦」歷史事實的處理更激怒兩韓政府與人民。而日本能給予北韓的好處與利益，南韓都可以給，如今兩韓關係改善，日本更被「邊緣化」。

俄、中在朝鮮半島的利益基本一致，俄國不願見到半島生亂或爆發戰爭，贊同朝鮮半島走向緩和，樂意見到兩韓進一步和解合作，俄國反對美國過度對北韓施加壓迫。俄國外長拉夫羅夫 2018 年 5 月 31 日訪問平壤，會見金正恩，當面對金正恩提出訪俄邀請，說明俄國有意加入牌局，建立俄、中、北韓三國共同陣線，以抗拒美國多年來對東北亞的支配。

結語

文在寅與李明博、朴槿惠等北韓政策的根本不同在他延續著金大中與盧武鉉的「陽光政策」，寄望經由自己徹底結束朝鮮半島的「停戰體制」，最終走向「和平體制」，在這個戰爭陰影籠罩的半島上，特別引起兩韓人民的共鳴，文在寅不畏艱難，不辭勞苦，在 2018 年 4 月的《板門店宣言》之後不久更簽署了《平壤共同宣言》。造就了他個人政治事業的顛峰，他和金正恩實可膺選2018年全球風雲人物。

文在寅和金正恩的自主和平統一行動，昭告世界兩韓排除萬難走向和平的決心，外在的國際勢力如美國、日本，甚至中、俄都必須尊重，在朝鮮半島和平事務上，未來兩韓將擁有更大的自主意志，相當程度地改變過去強權支配朝鮮半島事務的面貌。

◆《海峽評論》，第 334 期（2018 年 10 月號），第 6-9 頁。

31 川普和金正恩新加坡峰會變數多

前言

2018 年 2 月平昌冬季奧運會以來，兩韓積極走向和解，雙方關係迅速改善，帶動了半島周圍的和緩氣氛，和解氛圍加速營造，樂觀期待。先是美國總統川普在 3 月初接見南韓代表，聽取兩韓關係簡報，南韓代表團團長、青瓦台安全室室長李義溶逕自發布川普將與北韓最高領導人金正恩舉行峰會消息，並獲得川普證實。南韓總統文在寅藉著平昌冬奧爲兩韓關係解凍，並促成美國北韓關係融冰的大戲顯然收到具體成效。各界引頸期待未來川普和金正恩峰會將爆出什麼樣的火花，這兩位世界最具特色的領導人，可否將戰爭籠罩的朝鮮半島推向和平。

4 月 27 日的高峰會將朝鮮半島的樂觀氣氛帶到新高點，文在寅、金正恩兩人在 38 度線南北兩端的互動，包括文對金的笑臉相迎，以及金正恩刻意牽著文在寅的手回頭跨向邊界北端，象徵性地歡迎文在寅回訪北韓，不但引發懷抱統一熱望的兩韓人民無限激情，也吸引著無數世人的讚嘆眼光。兩人簽署的《板門店宣言》，洋洋灑灑數千言，向世人表明，兩韓基於民族意識和共同意志，不仰賴外國或受他國支配，獨立自主促成和平及最終的民族統一。

宣言首稱半島今後不再有戰爭。其次，兩韓停止一切敵對行爲，從 2018 年 5 月 1 日開始，雙方停止心戰喊話；雙方致力朝鮮半島無核化，再度予以確認；雙方更同意透過定期高層會談與熱線通話；並將過去經常發生海戰的黃海轉變成「和平之海」；把沿著 38 度線的非軍事區轉變成「眞正和平區」；雙方並決定在 2018 年內轉換韓戰停戰協定爲「和平條約」，爲此兩韓將積極推動包括中、美在內的三方或四方會談。

美國前中情局長蓬佩奧 3 月初銜川普之命密訪平壤，曾就雙方領導人會商交換了意見，兩韓關係的樂觀發展更爲川普決定與金正恩峰會提升進度。幾經周折，川金會地點和日期終於定案，川普 5 月 10 日宣布，2018 年 6 月 12 日他「將飛往新加坡與金正恩會面」。川普發布推文指出，「我與金正恩這場備受期待的會面，將於 6 月 12 日在新加坡舉行。我們將一起努力，讓它成爲世界和平非常特殊的時刻！」

川普的發布消息和推特自然是獲得北韓的應允，不過曾幾何時，就在 5 月 16 日，北韓副外長金桂冠聲言北韓不滿美國和南韓 5 月份進行的聯合軍演，並威脅金正恩不見得將出席 6 月份的川金會。北韓態度翻轉已爲川金會帶來陰影，倘若川金會召開無門，不但北韓的無核化進程將因而推遲，也將重創原已和緩的兩韓關係，4 月 27 日《板門店宣言》能否持續都成了問題。本文意在探討北韓政策反覆的原因、動機、美國的反應，以及將來川金會的動向。

美韓聯合軍演惹議？

正當兩韓關係趨向緩和、川普金正恩峰會受到期待之際，爲期兩週的韓美「超級雷霆」（Max Thunder）聯合軍演 5 月 11 日啓動，美國出動最新的 F-22「猛禽」（Raptor）隱形戰鬥機及 B-52 戰略轟炸機。F-22 戰鬥機最高速度 2.5 馬赫（時速 3,060 公里，最遠航程 3,219 公里，作戰半徑 2,177 公里）。F-22 隱形戰鬥機不僅能躲避敵軍雷達，還配備探測距離逾 250 公里的 APG-77 控陣雷達。美國首次派出 8 架 F-22 參加韓美聯合軍演。

B-52 戰略轟炸機最大航程 16,000 公里，在裝載 32 噸炸彈的情況下仍可以保持 6,400 公里的作戰半徑。B-52 戰略轟炸機還可裝載 35 枚炸彈和 12 枚巡航導彈。除以上戰機外，美軍 F-15 和 F-16 戰鬥機等也參加軍演。韓國空軍派出 F-15K、KF-16、F-4、F-5 等戰鬥機和 E-737「和平之眼」空中預警機。爲顧及北韓感受，B-52 戰略轟炸機未曾飛進朝鮮半島領空。

「超級雷霆」聯合空中演習是韓美空軍從 2009 年開始進行的例行軍演，目的在以對抗方式進行實戰化演練，提升空戰能力。5 月 16 日，北韓突然宣布中止當天和南韓舉行的高層會談，並揚言取消 6 月 12 日在新加坡舉辦的「川金會」；北韓稱南韓與美國展開「超級雷霆」聯合軍演，是「挑釁與對抗行爲」，不得不針對美韓對未來的互動喊停。原本同日召開的兩韓高層會談，受此影響而無緣開會。

對此，美國一開始裝傻，國務院發言人諾爾特（Heather Nauert）表示，將繼續籌備川金會，「我們沒聽到政府或南韓政府暗示會取消演習，或不繼續總統川普和金正恩在下月的會面」。但白宮發言人桑德斯（Sarah Sanders）則說：「我們注意到南韓媒體的報導」，並稱「美國將審視北韓所說的，並繼續和盟國協調。」五角大廈則強調，演習屬於防衛性和例行訓練，顯然北韓並不認同。

4月底兩韓高峰會時，金正恩雖曾表示對韓美軍演的「理解」，但此時美國先進戰機和南韓軍方進行大規模軍演，對北韓仍造成相當壓力，儼然是北韓發飆的導火線，北韓不快，事出有因。何況除了「超級雷霆」，尚有4月1日起一直進行至6月的「鷂鷹」韓美軍演，兩個演習齊頭並進，是美國對北韓「極限施壓」的具體實踐、藉以迫使北韓儘速廢棄核武。美國再次嚐到北韓的高度張力及取消川金會的壓力。

金正恩與習近平二度會晤真有影響？

川普對北韓可能變卦的反應頗爲直接，他質疑金正恩5月初第二次的出訪中國與習近平的會晤，受習影響很大。言下之意，習近平與金正恩達成的共識，對未來的川金會不利。繼3月25日至28日金正恩訪問北京後，5月8日金正恩與習近平於大連再度會晤，短時間內二度會晤，其意義頗不尋常。不過，金正恩與習近平會晤時，焦點在向北京要求經援。《日本讀賣新聞》報導，金正恩對習近平當面表達對美國的不滿。金說，美國雖然承諾會在北韓結束無核化過程後給予經濟援助，但「美國的承諾不可信」。金正恩向習近平請求謂，如果北韓與美國就無核化達成協議，希望中方能在北韓執行廢核的「中間階段」，提供北韓經援。報導稱，習近平給予有前提的「階段性支援」回答。習表示，美國—北韓峰會應該最優先考慮就無核化問題達成共識。如果雙方有共識，且無核化「有具體性進展」，中方就有「正當的理由」支援北韓。

會晤當時金正恩重申雙方的傳統友誼、親密紐帶和堅實根基。

並期望藉由他來推動朝中友好合作關係，使雙方的互動順應新時代的要求，取得更爲密切的全面發展。在談到朝鮮半島形勢時，習近平仍然一如既往表示，中方支持北韓堅持半島無核化，支持北韓－美國對話，協商解決半島問題，中方願繼續同有關各方一道，爲全面推進半島問題和平對話解決進程，實現地區長治久安發揮積極作用。

外界無法知悉金正恩和習近平的會晤是否存在祕密共識，特別是有關未來的川金峰會。但金正恩對美國的不滿則是人所共知，主要也是川普的對北韓的言論讓金正恩無法信任，特別是川普在宣布和金正恩峰會不久，不只一次地主張北韓必須「做出具體的棄核動作」，川普才會考慮和金正恩見面。

長期以來，川普只是在和金正恩的峰會表示意願，且對金正恩的赴會自信滿滿，在金正恩的赴會條件上卻自說自話，似乎完全沒聽見金正恩首次在北京和習近平會晤時即提出，北韓主張無核化進程必須是分階段、同步進行的立場，而且必須是北韓和美國相向採取共同努力。堅持己見是川普的一貫行事作風，也是他和金正恩對北韓棄核進程的最大歧異，川普卻仍視若無睹，不曾正面回應金正恩的說法。

再者，川普怪罪習近平主導金正恩對川金會立場的改變，恐亦站不住腳。前面說過，金正恩覺得他即使讓步了，也對美國原先承諾的提供經濟援助，保障北韓國家安全，以及最終與北韓建交，非常沒有信心，這是雙方最關鍵的衝突點。

習近平大連會晤金正恩時，說明他認識到北韓政局的發展。針對朝鮮勞動黨第七屆三中全會所提全黨全國集中一切力量進行社會主義經濟建設的戰略路線，宣布停止核試驗和洲際彈道導彈試射、廢棄北部核試驗場，習近平表示讚賞，支持北韓「戰略重心轉向經濟建設，支持朝鮮同志走符合本國國情的發展道路」。因此川普對北京以及習近平在 5 月接見金正恩的看法，顯然有相當落差，也不合乎事實。

美國鷹派的利比亞去核模式

北韓當局對美國的不滿，應是積壓已久。先是川普爲滿足美國極右派的脾胃，在答應與金正恩峰會後不久，便誇言北韓須做出具體棄核行動，完全不把北韓的安全考量，以及分階段與同步而行的願望放在眼裡，只自顧自地強調須照美國意見辦，北韓當局已經老大不爽了。加以先前以國家安全顧問波頓（John Bolton）爲首的強硬鷹派，針對北韓的挑釁言論，讓金正恩更覺得美國誠意有問題，倘若跟著美國的步調走，北韓將全盤皆輸。

◆《海峽評論》，第 330 期（2018 年 6 月號），第 17-19 頁。

32｜朝鮮半島和平幼苗仍待扶持

前言

美國總統川普與北韓領導人金正恩已於 2018 年 6 月 12 日在舉世矚目中舉行新加坡高峰會，這項峰會盛況空前，吸引了來自全球 2,500 名記者爭相報導，也開啓各方對北韓核武危機進一步瞭解和對解決危機的一線希望。

早在 3 月 9 日文在寅總統的代表、青瓦台安全室室長李義溶奉派訪問白宮時，逕自宣布川普同意將與金正恩進行峰會，川普總統隨後確認此事，當時看來文在寅政府極其熱切希望美國與北韓會談，且似乎朝向文在寅主導的道路前進，川普同意川金會讓人幾乎跌破了眼鏡，咸認這是不可能的事。

緊接著，兩韓在這和緩的氣氛下，召開了 4 月 27 日的南北韓峰會，文在寅和金正恩攜手來回穿越象徵兩韓分裂的 38 度線邊界，透過媒體傳送全世界，對兩韓人民而言，這場景帶來極大的激動情緒。曾幾何時，雙方領導人可以如此的友善接近，最終文金兩人通過《板門店宣言》，標舉著兩韓放棄敵對、北韓推進無核化棄核行動，以及雙方重啓熱線、進行多方合作，朝鮮半島儼然走向樂觀的和平大道。

即使以川普的多變個性而言，世人也無法預知就在樂觀期待 6 月份的川金會時，他以北韓仍未改變對美國的敵對，以及北韓對彭斯副總統的抨擊等理由，突然又在 5 月 24 日宣告取消川金峰會，爲美國北韓的可能和解澆了一盆冷水。北韓固然懊惱，文在寅更是沮喪。爲此，北韓副外長金桂冠聲明北韓願意考慮和美國以各種形式進行會談，保持一個轉圜的態勢，文在寅則穿梭川普和金正恩之間，充作和事佬。

文在寅 5 月 22 日與川普在白宮就高峰會細節進行確認，川普宣告取消峰會之後，他再派南韓高官進行遊說。同時，文在寅更在 5 月 26 日與金正恩進行兩度峰會，希望能挽回可能破局的川金峰會。經過連串的努力，川普終於又在 6 月 2 日收回成命，表示川金會正在正常積極的準備當中。因此，平心而論，新加坡川金會成爲事實，文在寅的不懈努力，是最重要的推手，他的全力以赴，應居首功。

川普決定維持峰會的因素

事實上朝鮮半島及其周邊的形勢發展，到 2017 年爲止，已經相當嚴峻，不但美國與北韓關係至爲緊張，美國與北韓緊繃的對立無以鬆弛。美國在南韓的 35,000 名駐軍形同對北韓的壓力，又以美國與南韓每年三次的軍演，3、4 月間進行的「關鍵決斷」、「鷂鷹」，及 8 月進行的「乙支自由鬥士」聯合軍演，美軍匿蹤戰機和核子潛艇不時接近半島，都對北韓形成正面的壓力。

北韓核武問題已至爲棘手，平壤不僅進行了六次核子試爆，規模一次比一次大，中長程彈道飛彈已經發展完成，並已在 2017 年 11 月的洲際飛彈試射成功，聲稱可以攻擊美國本土，對美國安全也造成重大威脅。舉凡這些都是軍事層面的變化，北韓縱使面對聯合國多次嚴厲的制裁，也阻止不了它發展核武及彈道飛彈的決心。平壤的作爲，擺明了要與國際社會對抗，實則也對國際體制表示不滿，同時顯示對自身安全的極端憂慮。

美國巨大的核武攻擊能力已無法壓制北韓核武發展，尤其是國際制裁對北韓無效，而美國在亞洲的盟國如南韓與日本直接承受嚴重威脅，川普已不能再漠視。再者，南韓國內的情勢已經出現變化，文在寅承繼金大中與盧武鉉前任總統的理念，不再完全以美國利益和戰略設計馬首是瞻，決定走出自己的路，尊重朝鮮半島兩個政治實體共同存在的現實，追求和北韓的和解共生，即使無法立刻統一，也要先有和平。

基於這樣的理念，南北韓領導人達成了共識，也促成了前後兩次峰會，4 月底的文金會更是石破天驚，帶來朝鮮半島走向和平的期待，這是川普也無法忽視的客觀發展。過去川普和金正恩曾經極端敵視，雙方曾互相咒罵對方，各方記憶猶新。川普抨擊金正恩爲「小火箭人」、金正恩則回敬川普叫「老番顛」，尤其雙方比較各自桌上的核子洲際飛彈的按鈕誰多誰大，有如小孩玩大車，讓人啼笑皆非，不僅僅是「危險」兩字能形容的。蓋全球安全、人類文明的存亡繫於如此兩人之手，全球有識之士不僅無奈，恐更冒出一身冷汗。

即使如此，川普和金正恩一樣，都認爲談比不談好，早談比晚談好，正如同川普對前任小布希和歐巴馬總統兩人的批評，認爲他們兩人對北韓「什麼都沒做」，特別是針對歐巴馬總統任內美國採取「戰略耐心」政策，川普強烈批判爲「喪失先機」，任由北韓發展核武而

「不知所措」。若這是川普的想法，那麼他就必須在北韓議題推出和前朝不同的政策。

川普與金正恩一般，都是非典型的政治人物，雙方都直率、不經修飾、不假辭色、冷酷且幾近狂妄，但是他們都不笨，均瞭解在適當的時機，爲了某種算計做出些意想不到的對策。特別是透過高峰會的形式，獲知對方的底線，同時傳達自身的意志，尋求雙方都能接受的平衡點，避免衝突無限升級。

川金峰會的成果和意義

川普深知北韓意在直接談判，尤其在北韓人民的向心與支持下，金正恩有意藉著直接與川普的峰會拉抬自身的國際聲望，川普原先採取的是「欲擒故縱」的高度張力手法，如此一來更可確知金正恩參加峰會的意願，以獲取金正恩較大的讓步。川普是商人出身，嚴格來說，他的作爲並無疑義，只是他知道他也冒著風險。倘若川金會胎死腹中，川普首先必須承擔國際社會對他失信的苛責，其次，美國失去友邦南韓的信任，美國將很難和文在寅相處，況且文在寅表明川金會的成果，將實質影響 4 月底的兩韓峰會決議，倘使川金會破局，再好的兩韓和解合作前景，也將失去襯托而歸於徒勞無功。得來不易的朝鮮半島和解氣氛和形勢，也將毀在川普之手。川普的轉折，讓南北韓雙方慶幸不已。

6 月 12 日的峰會，前後五小時，可見川普和金正恩互動熱絡，雙方對對方的評價一改過去的惡意互嗆，出現了少見的禮節與和氣，顯見雙方對此次峰會的期盼甚殷。此次峰會對北韓、美國雙方均極爲重要，年僅 35 歲的金正恩，年紀不到川普一半，如何在國際舞台和川普平起平坐，不但對北韓軍民甚爲重要，也考驗著金正恩能否改善國際形象。實質而言，金正恩確實一改過去咄咄逼人殘暴集權的態勢，這是多少金錢都無法換取的國際宣傳成果。而川普也想借助這次高峰會擺脫他的煩惱，包括短暫逃脫「通俄門」的指控、擺脫在「七大」經濟體峰會受到各國的交相指責，以及和中國的經濟摩擦等，他期待在新加坡得到掌聲。

川金新加坡峰會通過的共同聲明共有四點，並未如外界預期對北韓核問題「直指核心」。四點其實是妥協的產物，在現實上可以滿足美國和北韓各自的要求。第一點指出雙方承諾「將依據兩國人民追求和平與繁榮的熱望建立新型的美國和北韓關係」。在這方面透露的訊息，是美國願意建立和北韓的「新型關係」，美國用的是北韓「朝鮮民主主義人民共和國」的國名，新的關係應該是指美國將在適當時機與北韓建立外交關係，惟尚未涉及具體的時間，從北韓而言，宛如吃了一顆定心丸，從美國而言，保持原先的堅持，及兩國進一步的關係正常化，必須在北韓完成棄核之後。

共同聲明的第二點指出，雙方「將建構一個永久和平的朝鮮半島」。當然這條符合所有人的和平願望，這點說明美國願意承認北韓作爲朝鮮半島合法政府的合法權益，也引伸出另一個精神，即是寄望南北韓的繼續和解合作以維繫半島上的和平與繁榮願景。

共同聲明的第三點在美國與北韓重申「支持兩韓在今（2018）年 4 月 27 日峰會達成的板門店和平宣言，並且將一致達成半島的全面無核化」。但在這點上，雙方並未觸及無核化的進程，究竟是美國原先主張的立即的「完全的、可查核的、不可逆轉的棄核」，亦即

CVID 模式，還是北韓所主張的同步驟、分階段的漸進式解決，也沒交代棄核是否存有時間表。想必雙方在這點上曾經有過激烈交鋒，但爲求峰會不致破局，最終雙方做出了一番妥協。美國得到了川普想要的北韓全面棄核承諾，但爲北韓達成目標保留施行的彈性，或者對雙方都有利。美國得了面子，而北韓仍維持裡子，否則金正恩也無法對北韓軍方做出交代。

共同聲明的第四點在於雙方承諾將找尋韓戰時期被北韓拘留的美軍及美軍遺體，儘速歸還美國。這項條款是對美國片面有利的，等於是北韓對美國釋出了明顯的善意，這方面較少政治性，相對容易實踐。韓戰當中約有 37,000 名美軍陣亡，另有 7,700 名美軍失蹤。過去北韓只承認該國擁有 200 名美軍遺體，不過美國一直存疑，且退伍軍人協會和家屬一直針對此事關心並對歷屆政府施壓，川普的人道性關切，受到北韓當局的爽快回應，也有助於雙方建立更大的互信。

川普後來說法顯示不同意義

川普先是在出發赴新加坡前說，他對金正恩很瞭解，有信心在一分鐘之內，就知道金正恩有無誠意並決定是否離開峰會。川普在峰會卻花費了五個小時，在峰會結束後記者會的回應，他則表現了極度的樂觀，對金正恩也讚譽有加，並且說未來還會有更多的會談。川普甚至說他喜歡金正恩，說金正恩是一位優秀的領導人，與之前對金正恩的鄙視不可同日而語。記者會中，川普直率地說，他當天與金正恩並非第一次見面，顯然在正式高峰會前，早一天到新加坡的兩人已見過面。易言之，6 月 12 日的峰會只是過過場而已。

最令各方訝異的，是川普主張美國要暫停 2018 年 8 月和南韓的

「乙支自由鬥士」聯合軍演，川普言下之意，是這樣的軍演浪費錢又無必要。此舉讓美國的東亞盟國，特別是南韓、日本非常吃驚。

川普在記者會上的回應，以及峰會後的表述，都指向停止和南韓針對北韓的軍事行動。川普此舉自然深得北韓讚許，但並未先與南韓取得協議，甚至從未談過。後來美韓雙方固然都表示將依照川普的說法，至少停止 8 月份的軍演，不過這也顯示川普過分自信，以及爲了獲得北韓好感而不惜自作主張，斷絕了多年與南韓的聯合軍事訓練，南韓軍方也間接地表示不同理解和同意，不過川普現在是老大，別人拿他沒辦法。美國的媒體多有批評，認爲川普讓步過多，美國所獲僅僅是北韓書面上的「全面棄核」，而且不知「猴年馬月」，川普則一概斥責這樣的指控。

不過川普暫停美韓聯合軍演的說法，據他說必須是北韓展現棄核的誠意，需做到實質的成效，否則隨時可能恢復，另外，美國對北韓的「極限施壓」戰略至今依然有效，川普示意別人「不必過慮」。相對而言，川普對北韓的示好，也帶來了半島上的新機遇。南北韓有較佳的互信，兩韓的軍事會談已經展開，十一年來第一次的將領會談 6 月 14 日開鑼。另外，兩韓決定在停戰線的東西兩地再次開通熱線，以減少可能的誤判危險。

中國的角色依然關鍵

川金會的聯合聲明四平八穩，有頗多的意外，因爲沒有觸及北韓棄核的方式與時間，但也爲此保留更多未來川普和金正恩或雙方高級事務官之間的繼續協商，方能在細節方面達成更多成果。峰會後川普對北韓的態度較爲軟化，是考慮北韓恐無力一步到位的現實，另方面可見北京在峰會的重大影響。

金正恩在峰會前兩次赴中國與習近平會晤，是在徵求北京的意見與支持。中國在北韓核武問題上，經常提議由美國和北韓這兩個最重要的當事國直接會談，其次就是外長王毅多次指出的「雙暫停」。所謂「雙暫停」是美國用暫停美韓軍演以換取北韓停止核武發展、停止發射彈道飛彈，接著繼續引導雙方走向更多的互信。從川普在峰會後的決定，印證美國接受了北韓的立場，這完全符合北京的立場。

中國雖未直接參加新加坡峰會，但從提供金正恩中國國際航空包機，協助保護金正恩的航程安全，以及金正恩與習近平的會晤，可以看見北京的重大影響。特別是在新加坡峰會後一個星期，金正恩 6 月 19 日再度訪問北京，證明雙方關係的密切，說明外界報導中國在朝鮮半島地位已被邊緣化是空穴來風。

6 月 19 日金正恩訪問北京，得與習近平再度會晤，除了向中共當局說明川金會大要之外，自然也希望透過中國之助，向國際社會要求緩和對北韓的經濟制裁。習近平給金正恩三項回應與保證，亦即「無論國際任何地區形勢如何變化，中國黨和政府致力於鞏固中朝關係的堅定立場不會變，中國人民對朝鮮人民的友好情誼不會變，中國對社會主義朝鮮的支持不會變」，習近平的說法，除了對金正恩棄核與無核化努力表示肯定支持外，更加碼給了北韓承諾，金正恩自然對此心領神會，未來將更有助於中國對朝鮮半島局勢維持重量級的發言權。

結論

川金會確實是二十一世紀相當少見的國際新聞焦點，這兩個政治人物均有特殊的造型，指的當然不是他們的髮型，而是他們有別於大部分政治人物的個性與行事作風。他們從原來的彼此叫囂到 2018 年 6 月的峰會，可見世上並無永久的敵人，也沒有不可解決的仇恨，從川金會的召開可見兩人相當務實，是以解決當前嚴肅課題爲念。

這次峰會是值得肯定的發展，雖然觀察家也認爲新加坡峰會沒能解決實質的難題，但仍然增進了美國和北韓的互信，未來仍將需要更多次的峰會或事務性協商，但這次峰會無疑開啓了一扇窗。原先惶惶不可終日，害怕美國與北韓兵戎相見的周邊國家也可釋懷。不過未來進展如何，仍非百分之百確定，尤其川普和金正恩反覆無常的性格，朝鮮半島周邊國家必須一道加入，以更積極的努力和更多的耐心，扶持這株和平幼苗，使它繼續茁壯。

◆《海峽評論》，第 331 期（2018 年 7 月號），第 16-21 頁。

33 | 2018年10月蓬佩奧之亞洲行

蓬佩奧亞洲行的設想和初步觀察

2018 年 10 月 5 日，美國國務卿蓬佩奧開啓新一輪的遠東之旅。他出訪第一站是日本。以美國和日本的長期戰略與軍事合作關係而言，特別是美國在川普就職後屢次提及建立「印度—太平洋戰略」並且加重日本的角色之後，日本自然對蓬佩奧有所期待，因此蓬佩奧訪問日本是較爲輕鬆的行程。合衆社報導，蓬佩奧 6 日與安倍首相見面，向安倍保證要在赴平壤會見金正恩之前和日本建立完全合作及一致的意見；保證在和金正恩會晤時提出日本一向關切的北韓綁架日本人議題。

由於美國高級官員和北韓領導人會談，經常是對外發言保守，甚至不願透露口風，日方無法確定美方是否確實幫助安倍傳話給金正恩。日本人民被北韓劫持事件非一朝一夕的爭議，北韓諱莫如深，雖然日方屢次嚴重抨擊，但雙方迄無邦交，因而無法正面交涉。以往爲解決北韓核武議題曾建構了六方會談，日方代表多次要求北韓正視日本人被綁架議題，不曾獲得北韓正面回應，日方且曾遭致其他參與國家的抱怨，認爲在六方會談中提到日人遭北韓綁架議題，爲會談增加了困難，言下之意是希望日方能「適可而止」。在不得要領之下，多年來日方曾要求中國、美國和南韓等第三方傳話，要求解決，卻總是無功而返。

川普執政以來，包括川普在內，美國政府高官在和安倍見面時，多次提到將協助日本與北韓交涉北韓綁架日本人議題，不過在北韓拒絕配合下，蓬佩奧的說法再一次顯示是行禮如儀的外交辭令。雖然如此，安倍等日方官員仍樂於聽見這樣的回應。蓬佩奧東亞之行的重點並非日本，卻總是無法跳過東京，更是蓬佩奧出訪的第一站，目的是顯示美國重視與日本的長期友誼，在北韓議題上向日本要求採取共同立場和步驟，形成美、日、韓三國在解決朝鮮半島無核化議題上達到有效與有利的共識。

蓬佩奧平壤行為鋪陳第二次川金會

蓬佩奧亞洲行的重中之重仍是與金正恩的會面，而這是蓬佩奧2018年內的第四次訪問平壤。美國國務院發言人諾爾特說，蓬佩奧會見金正恩說明了美國忠實履行2018年6月新加坡川金會以來的承諾，持續促成進一步的美國—北韓對話，意指蓬佩奧此行仍在爲第二次川金會鋪路。

2018年9月川普在聯合國大會發表演說時，曾提到美國與北韓會談已經出現快速的進展，9月29日，川普甚至在美國西維吉尼亞州的一場公開演講中指稱，他跟金正恩不斷通信，金正恩在給川普的信上顯示善意，讓川普感覺他與金正恩「發生戀情」（fell in love）了。

川普雖是言之鑿鑿，但首次峰會之後美國和北韓關係的發展，卻非如此順暢。先是蓬佩奧9月27日主持聯合國安理會時，雖說北韓核武對世界的威脅出現轉機，但還是要求各國持續對北韓進行經濟制裁，制裁必須在北韓的無核化完全達成目標後才可終止。蓬佩奧還意指中、俄違反對北韓進行經濟制裁的共識，暗地裡和北韓進行石油交易，接受北韓輸出勞工，「破壞安理會對北韓制裁的努力」。不過，中、俄在同樣的場合批判美國，認爲針對北韓的經濟制裁應適當地予以鬆綁，否則只會使北韓民眾生活更加艱苦，無助於獲取北韓的合作。

據美國情報當局的消息，北韓雖然暫停核試爆和飛彈試射，但仍未停止核武彈頭的研發與製造，據估計，北韓可能擁有高達 60 枚的核武彈頭。蓬佩奧特別提到美國對北韓的政策正是川普總統執行的「極限施壓」。針對這樣的施壓，北韓自然極爲憤慨，北韓外長李容浩點名批判美國是單方面的挑釁，狀似流氓國家，北韓不會接受。如此交互拚場，蓬佩奧私下透露，他懷疑北韓會在「極限施壓」下屈服。

事實上，川普曾在 9 月 26 日表示，北韓無核化可能需長達幾年的時間才會達成，他有相當多的事要做，不會期待此事能快速解決。川普還爲自己辯護說，如果不是他當選總統，朝鮮半島「老早打起來了」；說他也沒有對北韓做任何讓步，說暫停美韓聯合軍事演習是爲美國節省開銷，可因應北韓的行爲隨時恢復。

2018 年 8 月蓬佩奧準備再次出訪北韓，不過川普認爲北韓在無核化的進展上遠非美國所預期，被川普叫停。那次的叫停也波及中國。正因美中已爆發貿易摩擦，川普在 8 月份的連續幾個「推特」表示，美國對中國的貿易政策正更加嚴酷，他「不認爲北京會如先前所應允的那樣協助北韓推動半島無核化進程」。

兩個月後，蓬佩奧再訪北韓見金正恩，雙方關係是否出現轉機，周邊國家關注。蓬佩奧上次訪問北韓是 2018 年 7 月，平壤當時指責他要求提交核武清單是「流氓般的要求」。此次出訪前的 10 月 3 日，蓬佩奧重申堅持在北韓完成無核化前，國際制裁必須持續，他強調「並且獲得俄羅斯及中國的一致支持」，再一次惹惱了平壤。在這樣的氛圍下，結束訪問後，蓬佩奧表示北韓已經答應讓國際稽查人員進入北韓豐溪里核試驗場，並說川金二會「指日可待」，還暗示將來會有更頻繁的高級別工作會議，商討細節。北韓允諾公開展示豐溪里的裁軍，樂意進行川金二會。

蓬佩奧短暫停留平壤後，立即飛往首爾與文在寅總統展開會談。蓬佩奧對文在寅表示，他與金正恩討論了北韓將採取的無核化做法，華府將參觀棄核過程，雙方同意組織工作談判小組，以儘速商討川金二會等議題。文在寅則表示，希望川金二會順利舉行並取得巨大的成功，南韓將給予全力支援。文在寅爲促成首次川金會曾數次往返於首爾與華府間，美國與北韓的交往，使文在寅贏得崇高的國際地位與南韓民衆的認同。川金會的重要性，在於呼應並且支撐今（2018）年以來進行的三次「文金會」，而文金會的基礎在兩韓的和解與合作，共同將朝鮮半島從「停戰協定」體制帶向「和平條約」體制，必須獲得美國的支持。

蓬佩奧北京行乏善可陳

2018 年 3 月之後，因爲多重的因素，美中關係受到重大衝擊，到達雙邊關係極度惡化的臨界點。川普政府力推的「美國第一」與「讓美國再次強大」的理念，修改了美國與許多其他國家的關係。其中包含美國宣布退出跨太平洋夥伴協定、重新與南韓談判自由貿易區協定，以及推翻北美自由貿易區，通過與加拿大、墨西哥重新談判，達成美國加拿大墨西哥（USMCA）貿易協定，當然最引世人矚目的是美國與中國大陸的貿易摩擦，已經到了激烈貿易戰的程度。川普先是要求大陸在2020年必須減讓2,000億美元的貿易順差，中國大陸則指控美國，中國想要平衡對美貿易順差，但美國不願售出北京所需的產品，因此大規模的美國貿易逆差罪不在中國。川普對來自中國大陸的價值600億美元的商品課徵15%的附加稅，威脅（2018）年底之前將增加至25%。此外，尚且對中國大陸出口的另外2,670億美元商品課徵額外關稅。北京也適時祭出貿易報復，雙方關係降至世紀以來的谷底。川普對中國大陸的印象變壞、川普甚至在聯合國大會講演時提到，「習近平似乎已經不是他的好友了」。如此直白的措辭和作風，引來國際一致側目，以及北京的激烈反彈。

中美雙方的不和不快，又從貿易商務擴散至政治和軍事層面的對立。美國強烈批判中國在南中國海的政策和行爲，集中在中國大陸的填海造陸行爲以及在南中國海諸群島和島礁上部署軍事裝備，美國且派遣軍機和軍艦至中國大陸宣稱主權的海域進行「航行自由」演練，形同對中共挑釁。對於台灣問題，美國的作爲也形同對大陸超越了「紅線」。針對台灣問題，自然美國行政部門自是比較保守，顧及維護和北京的和緩穩固關係，尤其是國務院。但2018年美國國會通過、川普在3月16日簽署生效的《台灣旅行法》主張放寬美國官員訪台層級，「美台之間不可有官方關係」的「一中原則」。更有甚者，美國《國防授權法》更加大了與台灣進行國防合作的層級與範圍，更使北京感覺不快。川普因此把北韓無核化努力的延宕，說成是中共的不予合作，此舉更令北京難堪。

中國大陸和美國的貿易摩擦，促使《中國日報》（China Daily）在美國農業大州又是川普票倉的愛荷華州最大媒體《狄蒙紀事報》（Des Moines Register）刊登廣告，抨擊川普「愚蠢行事」，發動了貿易戰拖累了該州的黃豆農民，此舉讓川普政府極為憤怒，蓋此時全美正為了期中選舉而熱火起來，中國大陸的做法，是第一次大規模地直接訴諸美國選民，有些像是離間民眾與川普的關係。

美國副總統彭斯也在 10 月 4 日在華府哈德遜研究所（Hudson Institute）發表長篇演說，針對中國做出罕見的嚴厲抨擊，不僅指責中方介入美國 11 月 6 日的期中選舉，也指責中國在南中國海的軍事行動。

就在中美雙方不友善氣氛下，蓬佩奧出訪北京。果不其然，他這次在北京僅僅停留約三小時，是極其不尋常的中美高層互動，說明了兩國關係陷入了冰河期。況且雙方是在各個層面爆發了極為嚴重的衝突。蓬佩奧匆忙與北京的外交人士會談，卻只能見到外長兼國務委員王毅和中央外事工作委員會辦公室主任楊潔篪，並未獲得習近平接見，這似乎已打破了美中建交以來近四十年的慣例。

根據中國外交部網站，蓬佩奧與王毅的對話，完全不掩飾彼此的針鋒相對。王毅指出，「國務卿先生提出希望訪華，我們願意與你見面」，言下之意，是美方提出希望蓬佩奧訪問中國，中方「勉予同意」其訪中。王毅直接指責美方，最近一段時間不斷升級對華貿易摩擦，同時又在台灣等問題上採取一系列損害中方權益的行為，並且無端指謫中國的內外政策，這些做法直接衝擊雙方互信。蓬佩奧聽罷，在回應時提及美方堅持一個中國政策，並不反對中國的強大，希望繼續就重大國際和區域議題與中方加強溝通合作。

蓬佩奧在剛結束北韓行程時，向王毅介紹了相關情況，卻似乎並無共識。中方在這時，不會對美國在北韓議題的舉措感覺有興趣，反倒是對美國的各項不友好行爲關切不已，希望美國能立即懸崖勒馬。顯然蓬佩奧希望中方在朝鮮半島議題上，尚未啓齒就遭到王毅否決。蓬佩奧只能聲稱「我們對中方所採取的行動表示嚴重擔憂，我期待今天有機會討論這些行動，因爲這是個極其重要的關係」。他所指出的「行動」，可能包含要求中國解釋其對美政策。

從新聞發布的蓬佩奧與王毅的合照看出，王毅扳著臉孔並無笑容，蓬佩奧則是勉強擠出一些笑容，但極度地不自然，和他在日韓兩國的意氣風發不可同日而語。

結語

蓬佩奧的平壤行，確信「眞正取得了進展」，他說現在可以看到邁向美國目標，消除北韓核武的途徑。但他同時也承認取得最終的成果還有長路要走，但對川金二會，顯然北韓有興趣。不過北韓的目標仍未改變，就是任何有意義的去核，必須是朝鮮半島簽訂和平條約以及儘速結束對北韓的經濟制裁，這兩個願望達成前，金正恩不會輕易鬆口，但美國不願退讓。川普似乎不急著解決，在看什麼時候出手最有利。

關於美中關係，蓬佩奧十分支持川普提倡的「印太戰略」，意圖拉攏日本、印度、澳洲等形成「鑽石民主聯盟」，壓制中國。美國畏懼的，除了北韓核問題失控，還有習近平的「一帶一路」倡議和「中國製造 2025」。川普曾說，一帶一路倡議是中國「想根本改變世界的經濟秩序」，他認爲那是對美國嚴重的威脅。川普更認爲「中國製造 2025」倘若實現，則美國將完全交出製造強國的地位，並將完全喪失國家競爭力。

貿易摩擦也好，貿易戰也罷，只是美國對中國崛起的反射行動，川普想到的，僅僅是祭出增稅、圍堵和言詞抨擊。蓬佩奧是「反中」大將，他雖興致盎然地想要和中方分享在北韓獲致的「成果」，意圖得到北京在北韓核問題上進一步的合作，不過在這個當口，絕非良辰吉時。

無獨有偶地，美國國家安全顧問波頓 10 月 11 日接受「修伊特秀」（Hugh Hewitt Show）電台訪問時表示，美國近期對中國擺出強硬姿態，令兩國的軍事及經貿關係緊張，他揚言總統川普將在南中國海及貿易問題上，以更強硬的手段對付中國，聲稱要改變中方在貿易、國際關係、軍事及政治層面的行爲。他期待 11 月在阿根廷的 G20 會議上，美中雙方領導人可以「坦率交流」。

美國官員喜用兩手策略，也常一廂情願。至於 11 月 6 日的期中選舉，其結果如何，仍在未定之天，共和黨獲勝則已，倘若受川普及政府官員連累而大敗，則川普政府的重大政策，包括經貿、外交是否將會持續，將是一大問號。

蓬佩奧固然欲促成川金二會，但美中關係和美國與北韓關係，可謂一體兩面，設若華府北京關係良好，則美中可以共同壓制北韓氣焰，要求北韓展現對於聯合國與《核不擴散條約》的尊重。倘若美中關係搞砸，北韓的壓力可能減輕，增加它依違的空間，美國要單獨對北韓施壓或做無核化要求，顯然不再那麼容易了。這是川普打壞了和北京關係必須付出的代價。

此外，據美國著名史學家科特金（Stephen Kotkin）分析，美中關係緊張，是全球最大的地緣政治風險，台灣海峽是大家最應注意的地區，美中很可能在台海爆發衝突。美國前亞太助卿羅素（Daniel Russel）受訪時也表示，美中關係緊張，台灣的日子也可能不好過。前美國在台協會台北辦事處處長包道格（Douglas H. Paal）也說，川普的做法意圖使中共投降，但中共不會就範，可能會拿台灣出氣，台灣應該維持高度的警惕。美國有識之士對台灣的諍言，可做蓬佩奧亞洲行的註腳。

◆《海峽評論》，第 335 期（2018 年 11 月號），第 13-17 頁。

34 金正恩四訪中國：半島情勢詭譎依舊

台灣應當積極面對統一問題

2019 年元旦開春，中共國家主席習近平在《告台灣同胞書》四十週年大會上的講話，已將和平統一的政策提上日程，確實引起震撼。他說，「近來外力謀我日熾，尤其美方藉由一系列友台措施，持續加碼以台制中」。日本也有其盤算，企圖「支持綠營持續抗中」。在台灣，則看出民進黨黨政新人上陣，雖三分之二都是新瓶舊酒，但顯現團結的氛圍，蔡英文好似已走出 2018 年九合一敗選陰霾，重新站上領導人的高度。兩岸關係在新的年度是否好轉，前景未明。

台灣工研院禁華為產品

首先，中美雙方的貿易爭議，雖然一時緩和，且傳出妥協訊息，但此一貿易糾葛已演化成中美兩國的整體戰與持久戰，雙方受害甚深，難分勝負。由於中國已在一些科技的發展方面嶄露頭角，其中尤以 5G 與人工智慧方面較爲突出，因而引起由美國領導的西方工業國家的集體焦慮，再不出手，中國勢必超前，震撼西方國家。由此可見，從抵制華爲到印太戰略，當前美方一系列的制中手段，加上美國政府與幾位國際學者的表態支持台灣，都其來有自。

甫經川普總統簽署爲法律的《亞洲再保證倡議法》（ARIA），重申過去一年多來所有友台法案，如《台灣旅行法》和《國防授權法》等，其內容包括對台軍售與高官互訪，以及將台灣納入印太戰略體系等，確實罕見。還有，2019 年初以來美國在西藏、新疆甚至香港問題上強力渲染，形成對中的大圍堵圈，加大對北京的壓力。

習近平此次講話，與胡錦濤在十年前《告台灣同胞書》三十週年大會上的講話，有相當的關聯。當時馬英九上任半年多，兩岸情勢一片大好，胡錦濤在會中提出：兩岸結束敵對狀態、簽訂和平協議與建立軍事互信機制等三大政策建議，但在馬八年任內都沒有任何實質的進展。事後證明，這主要也是美方的阻撓所致。

因此，若 2020 年藍軍上台會符合美國的戰略利益嗎？屆時若兩岸水乳交融，美國如何以台制中？美方難道不會有所動作？相對地，至今爲止，蔡英文對美方的配合度甚高，比如冬奧公投與喜樂島活動，蔡英文都下令民進黨不准參與，甚至還要加上 2018 年修正公投法時，綠營自動把有關憲法部分剔除。近日，工研院等公家單位也與美國同步，禁用華爲的產品，加上台美雙方再度談判美牛、美豬入台議案，這些都有利於加強華府對民進黨的支持。

由此可見，在一些台獨的核心問題方面，蔡英文非不爲也，是不能也！因爲拒絕九二共識而導致兩岸僵局，蔡英文只有一面倒向美國。但是，美國也不願開罪北京，以免被拖下水，才會給蔡英文設下紅線。另外，美國當然不會放棄以台制中策略，美方是主動打台灣牌，自主決定如何支持台灣的政府。

趙怡翔任命案事有蹊蹺

易言之，要如何刺痛北京，但又不致引起強力的反應，或是既反對台獨又支持台灣政府，正是美方的拿捏藝術。至今爲止，其手法發揮得淋漓盡致，如 2004 年與 2008 年兩次反對陳水扁的公投議案，以及在近日川普總統所簽署的《亞洲再保證倡議法》中重申：反對改變台海現狀，支持兩岸都能接受的和平解決方案，還有支持對台軍售與台美高官互訪等，亦是如此。

依此脈絡推演，2019 年 1 月，蔡英文的口譯員趙怡翔外派台灣駐美代表處擔任政治組組長一事，確實事有蹊蹺。茲不論此事如何唐突與破壞體制，但外長吳釗燮親上火線護航，而美方也表達支持之意，趙怡翔一事是否與安排蔡英文訪美有關？

由於外交部人員藍軍居多，因而綠營時常感覺政令難推或可能洩密，若醞釀一些敏感議案，自然必須指派親信。另外，如何拉抬綠營士氣，乃綠營 2020 年成敗所繫，而內政的效果確實緩不濟急，故只能在外交方面出手，或可利大於弊，甚至穩賺不賠。尤其，趙怡翔在加拿大長大，與外人溝通無礙，回台後即任職「小英基金會」研究員、民進黨國際事務部副主任、總統府秘書長辦公室主任（2017 年 5 月至 2018 年 2 月）、國安會秘書長辦公室主任（2018 年 2 月），再是外交部部長辦公室主任（2018 年 2 月 23 日至 2018 年 12 月），一路跟隨吳釗燮並獲得充分信任，故趙怡翔可直通蔡英文，確實有其重要意義。若蔡英文在 2019 年下半年訪美成眞，引發北京激烈反應，必將影響台灣選舉。

其次是日本。此次日方對國民黨極爲惱怒，因爲反核食公投過關，所以日本更有高度的動因，希望以一個夢幻組合來打敗國民黨，而此一組合除了蔡柯配之外，別無其他選擇。所以只有找柯文哲當副手，綠營才有可能勝選，蔡柯過去曾有「北門會」，乃最佳的初步試探。況且，選前蔡就有意再度禮讓柯，只是綠營基層反彈，才會找姚文智當犧牲品。由此可見，蔡柯之間其實沒有直接的芥蒂。白綠之間還有一些選舉恩怨，但自家人協調不易，若是由外力介入調停，難道不會有結果？柯文哲的市府副發言人就有一位留日人士。

柯文哲即將訪問美、日，屆時外人「曉以大義」，人民內部矛盾與敵我矛盾已明顯突出，白綠合則兩利。若柯屈居副手做一任，下屆扶正，再帶一名綠將出征，不是最好的選擇？尤其柯又是中國與美、日三方都能接受的人選。柯文哲曾言，要不要選總統 6 月份再說，他當然會考慮。四年來，柯文哲在台北市長任內的政績乏善可陳，但與其他綠營人士相比，兩岸關係方面確實是他的強項。

台獨四老籲蔡英文不選連任

柯文哲四年前選舉時曾稱，其祖父出生時「就是日本人」，故獲得日方青睞。因而日本立即組織「柯文哲之友會」，日方上下捐輸，表現了極爲友善的態度。同時，柯文哲可以由深綠變淺紅，延展性之大，無與倫比，更可以補綠營之不足。另外，因柯對內外政治事務所知有限，歷練更是不足，因而可塑性甚高，更加大日方甚至美方支持的力道。

若比較台灣統獨的抉擇，可以得出清楚的結果。在兩岸統一的問題方面，中美雙方是針鋒相對。美方向來極力阻止兩岸過度接近，一旦兩岸水乳交融，美國如何以台制中？甚至，美國在台灣的所有利益都將受到極大的損傷，其中還包括對台的軍售在內。

其實，只要中國可以吃住美國，兩岸統一的問題當可迎刃而解，雖一時無法成功，但因中國的發展迅速，優勢已經快速向中國大陸轉移。或者，美國放棄台灣。猶如一度在美國興起的所謂「棄台論」所主張，由於未來兩岸終將統一，還不如現在就以台灣來與北京交換，以便賣個好價錢，比如一筆勾銷中方的美國國債 1.2 兆美元或更高，否則到頭來美方還得花下不小代價，卻可能換來一場空。

再者，若美國受到大災難而心餘力絀。如 2001 年的九一一事件，美方亟需中國的協助反恐，因而立即與台灣切割。但當時陳水扁還執意兩次公投綁大選以催出選票，而美方卻極力反對以免刺激北京。以至於公投議題一改再改，但仍激怒了美方並遭致強烈抨擊，這與扁至今的下場是否有關？

由此可見，美方公開反獨的力道甚大，導致獨派內部也不得安寧。整體而言，美方深知北京絕對不會對台獨鬆手，甚至必要時動用武力。若此，美方將陷入是否介入的抉擇：介入，爲了台獨得與中國一戰；否則，只能見死不救，任由台獨自力救濟？介入與否都極爲尷尬，因此就只好防微杜漸，避免窘狀發生。

總之，法理台獨的道路已經被封，因爲中美雙方都反對，當前民進黨內部急獨與緩獨之爭熾烈，就是最佳實例。先前台獨四大老才言之鑿鑿，大幅刊登廣告，要求蔡英文退居二線，放棄連任，甚至還語帶威脅，若蔡不從，將會另推候選人。若與上述支持蔡的論調相比，這就是所謂急獨與緩獨之爭。

四大老自稱已經忍耐蔡英文很久了，就是因爲蔡在台獨的道路上畏首畏尾、裹足不前；而另些意見則比較緩和，主張不能直球對決，否則欲速不達。2019 年上半年離 2020 年大選尚遠，但若仍無法提出有效方案緩解兩岸的情勢，確實令人憂心。

台灣是中國的核心利益

台灣是中國的核心利益，至關重要，雖仍不會立即解決，但必會傾力付出。早在 1996 年的飛彈危機之後，美方就已心知肚明。對美方而言，暗中支持台獨屬工具利益，能用就用，不能就丟。

可以預見，美方還會持續加碼支持台灣，比如將提出保障與促進台灣國際地位的《台北法》，對此北京已經強力反擊，蔡英文的行情已經再度下滑，因而更需進一步靠向美方。如今，川普的政策翻來覆去，再加上其商人性格，幾乎已撼動了與所有美國傳統盟友的互信關係，因而紛紛靠近中國，免被波及，其中日本「和中」的態度引人矚目。

由此可見，兩岸統一將是台灣人民最佳的終極選擇。正如習近平所言，日後將會與台灣各界探索統一之路，正是兩岸對話與協商的最佳時機，相關人士應當主動面對。雖然蔡英文數度強調，兩岸協商是政府的「權力」，但是兩岸黨派與學者對談，均只代表自己，交換意見自無不妥。兩岸雙方發展的差距日益加大，時間已不在台灣這一邊，維持兩岸對話管道的暢通，更有其必要。

◆《海峽評論》，第 338 期（2019 年 2 月號），第 5-8 頁。

35 河內川金二會破局的觀察

前言

2018 年 6 月 12 日新加坡第一次峰會之後，2019 年 2 月 27 日、28 日兩天在越南河內召開的第二次美國—北韓領導人高峰會（簡稱「川金二會」）以破局收場，結果是雙方沒能達成任何協議，甚至原先專爲道別而設的午宴也沒進行，雙方不歡而散。這兩個全球矚目的敵對國家，從 1950 年韓戰爆發至今，仍處在敵對狀態，理論上，雙方隨時可再度爆發戰爭。倘若美國與北韓再度交戰，災難式的結果固然不可想像，鄰近多國都將被波及，聯合國常任理事國的中、美、俄都不可豁免。

2017 年底，北韓長程飛彈試射成功，據平壤宣布，已可射至美國本土，川普政府感受芒刺在背，川普多次對北韓嚴詞批判，但因時不我予，美國已不可能以強硬手段「去之而後快」了。川普從原先的口無遮攔，到後來的快速翻轉，甚至前倨後恭，改變對金正恩的態度，大概是感受北韓的核武打擊力已是美國心頭之患，必須謹愼以對。

川金首次峰會友善氣氛顯著

2018 年 6 月在新加坡的川金一會，若非中國和南韓領導人從中媒合，怕也只是空中樓閣。文在寅總統最熱心，他分別在 2018 年 4 月與 5 月與金正恩會面，並曾當著川普的面，矢言川金會對朝鮮半島和平的重要性。中國則連續邀請金正恩到訪，甚至提供民航機保證他的安全。如果說美國和北韓是主角，南韓與中國則共同促成連台戲碼，兩個配角比誰都認眞，深怕川金會破局。

南韓總統文在寅，多年來以金大中、盧武鉉兩位總統的追隨者與後繼者自居，視南北韓關係的改善重於一切，深信兩韓關係的好轉，是日後必將實現的具體目標，他把其對北韓政策標明爲陽光政策 2.0，是金大中和盧武鉉對北韓溫和政策的推陳出新。南韓寄望透過南北韓的交流、互惠、合作幫助北韓進一步開放，促成北韓的經濟發展，縮小兩韓經濟和政治社會的差距。文在寅的最高目標是兩韓統一，但知道短期內做不到，現在的首要目標是建構半島的和平，「和平第一、統一其次」，文在寅相信川普正在幫助南韓達成其國家目標。

川金二會的轉折出人意料

川金一會後，美國、北韓的外交官遊走華府平壤之間，雙方代表甚至在紐約和別國折衝，期待促成第二次的川金峰會。不過，後續的難題在雙方對「完全無核化」的定義不同，更別說怎麼進入「完全無核化」了。周邊的各國著急地期待第二次川金峰會，但首要之圖仍在詮釋何謂「完全無核化」，以及怎樣做到。

《河內宣言》並未簽署，雙方是否宣告終結韓戰以來一直未曾改變的「韓戰停戰協定」體制。換言之，美國、北韓仍然處在戰爭狀態的畸形現狀，能否被新的、結束戰爭狀態的「和平體制」取代，但這些想法一一落空，讓許多國際觀察家大失所望，不過川普和美國的國家安全團並不認爲如此，他們強調與北韓訂約及進一步改善關係的時間尚未到來。

2 月 28 日即將離開河內時，川普在記者會指出，金正恩堅持要求，全面解除聯合國對北韓實施的嚴厲制裁，以換取北韓拆除其最重要的核設施，但不包括武器項目的其他部分。川普說，大體上是，「他們希望全面解除制裁，但我們不能那樣做」。川普與國務卿蓬佩奧均表示，在解除所有的制裁前，北韓必須拆除核設施的其他部分。川普在提問時答稱，他的政府知道，除了寧邊還有第二個鈾濃縮地點。美國官員也一再聲言，制裁是美國能影響北韓的主要做法，維持制裁力度對實現半島的全面無核化目標至關重要。

北韓舉行記者會與美國針鋒相對

北韓外長李容浩 3 月 1 日凌晨做出了回應，稱北韓方面要求的不是全面，而是部分解除制裁，具體內容包括聯合國涉及制裁北韓的十一項決議當中於 2016 年至 2017 年通過的五項，即要求先解除有礙民生經濟的制裁。李容浩說，北韓提議倘若美國解除制裁當中有礙國計民生和人民生活的項目，北韓將在美國專家見證下，由兩國技術人員共同完全永久廢棄寧邊地區的包含鈾、鈽在內等與核武有關的生產設施。北韓強調這是它與美國所處的信任階段，北韓所可採取的最大限度無核化措施。北韓指稱，更重要的是，美國必須提供安全保障，但美國認爲北韓的棄核努力承諾並不完整。

此外，美國與北韓的歧異，更在於北韓的一貫立場是堅持「分階段、同步走」的棄核原則，但美國要求「全面、不可逆的無核化」，否則不放寬制裁。在軍事互信方面，華府和平壤仍未跨過彼此心防，北韓認為美國需提供安全保障，美國卻不願在軍事領域上採取相應措施；美國則認為雙方維持「雙暫停」（即北韓暫停核試、美韓暫停軍事演習）已是最大限度。

嚴厲國際制裁導致北韓民生困苦

2006 年 10 月 9 日金正日政權進行第一次核子試爆，安理會隨即在 10 月 14 日通過第 1718 號決議譴責，譴責北韓的核武器試驗，對國際《核不擴散條約》構成挑戰，對區域內外的和平與穩定造成危險。決議中也聲明，對北韓謀求發展核武器，拒絕無條件重返六方會談表示遺憾，北韓不遵守六方會談達成的 2005 年「9．19 共同聲明」，構成國際威脅。安理會採取的措施包括譴責北韓核試爆，要求北韓不再進行任何核試爆或發射彈道飛彈，要求北韓立即重返《核不擴散條約》，接受國際原子能委員會派員監督，呼籲北韓應以完全、可查核和不可逆方式放棄現有大規模毀滅性武器和彈道飛彈計畫。

2009 年 5 月 25 日，北韓進行第二次核試驗，安理會通過第 1874 號譴責案，除歷數北韓違反過去的決議案我行我素之外，安理會通過「以最嚴厲譴責北韓違反並公然無視安理會相關決議」，同時指稱將依憲章第四十一條，通過多達三十四條的措施，除要求北韓克制挑釁，停止核試及發射導彈，重返相關國際機制之外，並要求會員國遵循安理會共識，共同經濟制裁北韓。

金正恩 2011 年 12 月成為北韓最高領導人至今已進行四次核試

爆。2013 年 1 月 22 日，安理會針對北韓發射彈道飛彈譴責其違反第 1718 號及第 1874 號決議。2013 年 2 月 12 日，就在南韓新任總統朴槿惠宣誓就職前幾天，北韓進行第三度核試爆，並宣布 1953 年 7 月 27 日韓戰相關國家簽訂的停戰協定「完全失效」。安理會除以最嚴厲方式譴責北韓進行核試爆外，也譴責北韓濫用「維也納外交和領事關係公約」賦予的特權和豁免權進行有違國際規範和秩序的行爲（通常是通過外交郵袋進行走私），並且首次要求各會員國對北韓「進行金融制裁」。

2016 年 1 月 6 日，北韓進行第四次核子試爆，並稱它是一枚「氫彈」，引來國際社會震撼。3 月 2 日安理會以「最強烈譴責北韓」的方式，通過第 2270 號決議，提出林林總總五十二條措施，除要求北韓盡其各項應盡義務外，尤其要求各會員國在範圍和程度上加大對北韓的制裁。這些制裁範圍至廣，涵蓋經濟制裁、金融封鎖、外交官行動受限，以及北韓原物料不得輸出等等。2016 年 9 月 9 日，北韓進行第五次核試，11 月 30 日安理會再度通過第 2321 號決議，表示「最強烈地譴責北韓違反並公然無視安理會的相關決議」。繼之尚有 2017 年 6 月 2 日通過的第 2356 號決議，譴責北韓一再發射和試圖發射彈道飛彈，2017 年 9 月 11 日通過第 2375 號決議譴責北韓 9 月 3 日的第六次核試爆（北韓聲稱爲氫彈）。

安理會第 2375 號決議案首次頒行旅行禁令或資產凍結命令，以具體行動懲罰相關的北韓人員及機構。針對 2017 年 11 月 29 日北韓再度發射飛彈，且稱可攻擊美國本土的洲際彈道飛彈，安理會在 12 月 22 日通過第 2397 號決議，再次「最強烈地譴責北韓發射彈道飛彈」，制裁文件增加對北韓頒行旅行禁令人員人數，並對北韓經濟實體進行資產凍結。

北韓並未因多方面多層次的制裁屈服。以美國和聯合國的作爲看，各種制裁其目的是限制北韓自由行動空間，壓迫它最終廢棄核武，停止試射導彈。但重點是，北韓把核武和彈道飛彈視爲維繫政權的救命仙丹，蓋「無核武即無一切」，自然不會輕言放棄，持續多年的核武危機與「美國－北韓衝突」深繫於此。

川普政府曾高度期望中國配合經濟制裁，對北韓斷絕石油和糧食輸送。但基於援助社會主義兄弟國家，中國不斷給予能源和糧食，幫助北韓通過難關。因此川普在記者會說，北韓的外貿活動 93% 來自中韓邊界。川普說，習近平爲朝鮮半島和平穩定幫了不少忙，美國期待習近平能「做得更多」。

北韓人口 2,500 萬人，以國際匯率算，人均國內產值僅 600 美元，是世界的 170 餘名，屬後段班的後段班，長年承受國際制裁，物資短缺，民生困苦。川普多次說北韓很有經濟潛力，但只欠東風，或者欠「幡然改圖」，拋棄核武，大展經濟鴻圖，這次川普選中河內進行川金二會，部分原因也是以越南改革開放之後高速經濟發展示之北韓，寄望平壤獲得啓發，結果顯然不如預期。

二會後並未彼此叫罵是一項進步

各方原先矚目的河內川金二會戲劇性地結束，峰會並未簽署協議。相對於川普一開始表現的樂觀態度，金正恩的表情不多，更多的是沉穩謹慎。雖然這次峰會等同破局，國務卿蓬佩奧在共同主持的記者會當中，川普仍宣稱他與金正恩關係「甚爲友善」，他認爲雙方領導人維持友好關係，正是此次峰會「最大的進展之一」。不過，此次河內峰會未能釐清 2018 年 6 月川金第一次峰會「全面無核化」的定義和施行細節，朝鮮半島無核化也因此蒙上陰影。雙方好不容易建立起來的友善關係也嘎然而止，是相當可惜的事，將來要恢復並不容易。

只不過在二次峰會結束後，川普和金正恩之間不曾怒目相視，彼此叫罵。川普在記者會上不忘稱讚金正恩是「偉大的領導人」，也認為北韓有巨大的潛力，只要北韓願意做出達成無核化的努力，北韓的經濟發展將是不可想像的。川普進一步強調，美國期待北韓經濟快速發展而成功，也打算為此提供協助。在談到協議破局的原因，川普倒是展現他的坦率，表示美國做了許多，也要求許多，但北韓「尚未準備好」。關鍵在金正恩要求美國終止對北韓的經濟制裁，為此美國無法立刻答應。

蓬佩奧也呼應川普說法，說金的要求在時間和順序上都不符美國想法，美國「有時也必須結束談判」。金正恩在峰會首日曾提到，他願意為達成「讓各方都滿意」的協議努力，惟不曾明告他的底線；也強調他如果不是為了半島的無核化，他「不會到河內來了」。金正恩刻意的禮貌和相對審慎，似已預言他與川普此次峰會將有重大的歧見難以彌合。

解除國際對北韓的經濟制裁，對於金正恩至關重要。這些制裁大多由美國及西方國家發起，透過聯合國安理會決議施行。這些經濟和各方面的制裁由於至今仍在施行，特別是川普政府仍強調這種「極限施壓」政策的必要性，以壓迫北韓儘速履行無核化承諾。

結語

國際談判不必然達成協議，即使空手而歸，也不見得意味著失敗。川金二會未獲協議，但至少兩人都獲得國際注目，也更清楚對方的底線。川普說美方要求較多，北韓沒有準備好；從對方角度看，又何嘗不是北韓要求的條件，美國同樣沒準備好？川普不止一次地表示，不急於達成半島無核化目標，前提是北韓必須先釋出誠意，美國不輕言停止經濟制裁。但北韓要求立刻停止制裁，難道不是金正恩胸有成竹，踩美國痛腳，「圍美國之所必救」？

不達成協議說不定也在北韓預料中，但此結果爲他爭取時間空間，俾於朝鮮半島無核化進程中牟取更深遠的利益。不同於金正恩的是，在此同時，川普則深陷美國國內的政治紛擾，對其決策有深刻不利的影響。這趟來到河內，也不必決定於倉促，免遭不必要指責，否則將受到美國朝野更大的批判。另外，川普重視他與金正恩的個人關係，這是他從事外交事務的特色，因此他還是維持起碼的風度，沒把話說死，川普只有借助於他的外交及國安團隊繼續努力，期待下次和金正恩交手的機遇。

總的來說，看來川普只是將戰線拉長，無核化的最終解決仍無會後期限，美國與南韓情報先後指出，北韓的寧邊核設施與東倉里飛彈發射場都有恢復運作的跡象，北韓無核化似乎又走了「回頭路」。雖然如此，相信北韓仍然不會重新回到2018年6月「川金一會」之前，和美國及國際社會全面對抗的程度，否則無論乞求經濟制裁如何解除，皆是難上加難。

◆《海峽評論》，第340期（2019年4月號），第11-15頁。

第 7 篇

邁向和平端賴克制和同理心

36 北韓再射飛彈無助解決困境

前言

朝鮮半島在進入 2019 年之後，再度陷入緊張和焦慮，蓋由於北韓當局在 2019 年 5 月 4 日和 9 日分別發射了幾枚短程飛彈，使原已危疑不定的半島情勢，再度出現動盪。北韓在此時此地做出大動作，雖各方解讀不同，但總不是一件好事，因爲各方都不希望朝鮮半島情勢生變，危及南北韓雙方領導人好不容易建立起來的和解氣氛，或讓川普和金正恩兩度高峰會達成的少許共識化爲烏有。

不過，多數的觀察家和媒體有個普遍見解，即是北韓新的大動作，是針對美國而來，主要原因在金正恩與川普的越南河內第二次峰會，金正恩算是無功而返。川普在峰會結束記者會上，抨擊北韓在尚未解決無核化程序和條件之前，要求美國和國際社會「完全解除聯合國安理會通過對北韓的經濟制裁」，讓「美國無法接受」。

對於川普的說法，北韓當局也是「完全無法接受」，川普剛離開河內，北韓也召開了自己的記者會，強烈指責是美國的栽贓，北韓強調並未要求美國和安理會解除所有的經濟制裁，僅只要求對北韓的十一次經濟制裁當中，擇其五項關係到北韓民生經濟的制裁，做出適當的處置，緩解北韓民眾所受到的壓迫和痛苦。在這點上，雙方完全沒有交集。北韓再次重申，北韓不可能在現時完成無核化，並且堅持必須分階段，和美國行動同步進行。

美國當然無意答應這樣安排，此時美國和北韓高層並未予對方領導人進行個人攻擊，特別是川普宣示對金正恩仍存有信心，此外似乎一切都回到原點。北韓 5 月再次發射飛彈的作為，伴隨著幾項趨勢，印證第二次川金峰會後，朝鮮半島風雲依然不平靜。

北韓發射飛彈各有不同解讀

針對北韓發射的飛彈，北韓當局強調他們是短程的，北韓外務省官員接受北韓中央通訊社自己人採訪時，表示 5 月初試射的「近程武器」是出於自衛目的進行的「常規軍事演習」，其目的在隨時保持高度的備戰狀態，任務目標在檢驗前線和東部戰線防禦部隊「操作大口徑遠端火箭炮、戰術導引武器的能力，和執行火力任務的精準度、武器的性能等」。怕外界狐疑，官員進一步指出，這只是一次常規演習，「並不針對哪一方」，也沒有加劇地區緊張局勢。又說，任何國家為保家衛國實施軍演均極為正常，「不同於其他的國家針對其他國家的戰爭演習」。言下之意，暗示過去美、韓軍演的侵略性，且彰顯北韓自己的正當性。

南韓官方表明，韓、美共同的界定的結論是，4 日和 9 日兩次的飛彈，都是「短程的發射體」，也就是短程武器。南韓國防部甚至說，「很難將它視為飛彈」，並且聲言，「相較之下，北韓的作為，像是在訓練，而非在挑釁」。不過，這樣的說法，立即引發反對派媒體如《東亞日報》大肆抨擊，該報指出南韓國防部透過執政黨國會議員「傳達消息」，「反倒像是帶頭幫助北韓隱瞞挑釁的態勢，幫助包庇北韓，並且很明顯地對北韓的挑釁急於掩飾」。

南韓國防部的態度可以理解，似在幫助文在寅政府維持住北韓的顏面，不至於打破 2018 年 4 月 27 日以來文在寅和金正恩板門店首次峰會以來的友善氣氛，寄望於營造下次兩韓領導人的高峰會。2018 年 9 月文在寅已經到訪平壤，並且簽訂的《平壤共同宣言》，下次峰會應該是金正恩回訪南韓首爾。倘若金正恩出訪首爾成行，對於文在寅和他執政的共同民主黨而言，便出現一大利多的形勢。

對於兩次北韓的飛彈射擊，美國國防部在 5 月 9 日發布聲明，指出那些飛彈距離均超過 300 公里。雖然 300 公里距離的飛彈僅能算是短程的，美國仍將北韓所發射的所謂的「發射體」定性爲彈道飛彈，意味著北韓繼 2017 年 11 月 29 日發射洲際飛彈「火星 15 號」之後，時隔一年五個月再次違反聯合國安理會對北韓的制裁決議。

當時聯合國安理會曾以第 2397 號決議，規定「重申安理會決定，北韓不得在使用彈道飛彈技術進行發射活動，不得進行核武試驗，也不得進行其他任何挑釁行動」。北韓上一次（亦即第六次）的核子試爆是在 2017 年 9 月 3 日，且北韓自稱其爲一枚「氫彈」，曾遭致當年 9 月 11 日聯合國安理會的第 2375 號決議譴責，譴責首次頒行旅行禁令及資產凍結，以具體行動懲罰相關的北韓人員及機構。即使這次發射短程飛彈並非核試爆，但仍可視爲新的挑釁行動，殆無可置疑。

至於美國，國防部也表示 5 月兩次試射的飛彈，應該是短程的，但該飛彈也可能是自俄國進口的伊斯坎德（Iskander）。果如是，則對於南韓目標的攻擊能力將大大提高。白宮幕僚長穆瓦尼（Mike

Mulvaney）對北韓這次的試射飛彈卻淡然處之。他接受哥倫比亞廣播公司新聞網記者訪問時說，這些飛彈都「非常小型」，「沒有瞄準日本，沒有瞄準關島，而是瞄向北韓海岸」，所以是個「程度不高的挑釁」。他也樂觀地預測，金正恩與川普的關係「依然良好」，相信「會與北韓進行更多次的會談」。

穆瓦尼的過度樂觀態度，恰恰與他的頂頭上司川普落差頗大。川普說美國當局「非常嚴肅地看待這些短程飛彈的試射活動」，他說，「沒有人爲此開心」，且認爲「北韓並未準備好與美國進行談判」。

雖然南韓不願擴大解釋北韓發射飛彈對外界的敵意以及造成的影響，南韓總統文在寅則表示，北韓的動作令人不安且無益現狀，他認爲平壞的行動，應該是對 2019 年 2 月在越南召開的川金二會北韓空手而回，川普拒絕對北韓經濟制裁的鬆綁，北韓向美國表達了抗議。

南韓的分析固然頗爲正確，但主動權仍在美國之手，川普倘若眞的是以嚴肅的態度看待這次的北韓試射飛彈，他與金正恩「三會」的日程將無可避兒地延遲，也更使北韓挫折憤怒，雙方關係有可能惡化到首次峰會之前。

金正恩訪俄獲得普丁多項支持

早在 4 月 25 日，也就是北韓試射飛彈約十天之前，金正恩到訪俄國海參崴附近的魯斯吉島（Russky Island），這是金正恩首次出訪俄國。他的父親金正日則是在 2001 年、2002 年、2011 年到訪，換言之，這次金正恩訪俄，是北韓在面臨國內外壓力、金正恩試圖緩解的關鍵時刻。

俄國外長拉夫羅夫在 2018 年 5 月訪問北韓，並且與金正恩見了面，拉夫羅夫的那次拜會雖然並沒有具體的協議，卻是普丁政府表示對於金正恩地位的肯定支持，由於雙方會談兼及朝鮮半島議題、北韓無核化、首次川金會議題、安理會對於北韓的制裁，以及雙方推展經濟合作的各項，因此也建立了雙方領導人之間的互信。

相較對北韓事務比較關心的中國大陸、南韓而言，俄國的角色向來相對較少主動。中國大陸對於朝鮮半島的想法，是至少以「雙暫停」出發，而強烈反對半島上出現任何劇烈的變動。雙暫停意味著美國與南韓暫時停止針對北韓的軍事演習，而同時北韓也暫時停止挑釁意味濃厚的核子試爆或發射長程導彈。北京的立場，也一直獲得莫斯科的認同。俄國與北韓雖然僅有數十公里的陸地交界，但俄國遠東距離北韓接近，俄國因此亦主張北韓核武危機必須透過和平方式以外交談判解決。

普丁總統在和金正恩會談後，主張半島「無核化」過程當中，北韓國家安全必須先獲得確保。言下之意，光是美國和南韓的保證並不足以做到，似乎有意重提以六方會談的模式重啓有意義的談判。

對北韓而言，金正恩與普丁的對話，確認了俄國的態度，在於鼓勵兩韓，以及北韓與美國的持續對話。金正恩對美國要求的「分階段」且以「行動對行動」的方式達成無核化目標迄今並未改變，但也是美國所無意接受，爲這次在海參崴，獲得了俄國的背書。

普丁也指出，安理會對北韓的經濟制裁也應基於人道的理由，做出適當的放寬，這是對美國「極限施壓」政策的反對意見，完全是支持平壤的口吻，讓金正恩深為感激。普丁也提到有意與北韓進行雙邊及多邊的經濟合作，他說長期以來俄國即關注朝鮮半島的現代化和俄國兩韓鐵路的銜接，及設置管線經過北韓境內將俄國石油輸送至南韓，提供俄國過剩的電力到達朝鮮半島使兩韓同蒙其惠，最終促成此區域的國際互信機制。普丁也指責南韓太過仰賴美國的外交支持，對俄國的提議充耳不聞。

至今仍有大批北韓勞工滯留俄國賺取外匯，這原本是雙方互惠的協議。但是安理會對北韓加強制裁，也使過去兩年在俄國北韓勞工，從 3 萬人減至 2 萬人，再根據安理會第 2397 號決議，所有北韓勞工必須在 2019 年 12 月 22 日之前，全部遣返回國。在這壓力下，金正恩與普丁可望為此事預做綢繆，以因應聯合國接連不斷的制裁。對於北韓來說，石油是維繫政權生命之所繫，俄國過去是提供北韓石油最重要的來源國，普金會達成的共識，還包括俄國還將在安理會制裁的夾縫當中繼續提供北韓石油。

金正恩原本要求俄國提供 10 萬噸麵粉，普丁答應給北韓 5 萬噸以救燃眉之急。金正恩 4 月底的訪俄之行看來收穫是比較大的，在現實的國際環境當中，普丁還算是支持北韓的老友。換言之，除了外交及戰略的支持，北韓從俄國還得到不少的物資投注。

北韓內外環境仍極艱困

北韓在 2019 年春夏之際面臨四十年以來最嚴重的乾旱，在聯合國嚴酷的制裁下，這場乾旱為北韓帶來雙重打擊。據北韓官方中央通訊社報導，2019 年上半北韓只下過 2.1 吋的雨量，僅僅是平均雨量的 42.3%，是 1982 年以來的最低水平。依此推論，北韓將會出現嚴重的糧荒。甚至於聯合國糧農組織也發出警訊，北韓人口的 40%，也就是 1,000 萬人，將面臨嚴重的糧食不足問題。

這已經不是短期存在的問題了。由於氣候變遷，原本還間歇出現在夏天的雨水及冬季的大雪，都相繼減少，甚或不見，這意味著旱災嚴重、病蟲害更是無法避免，直接影響來年的收成。雖然北韓全力要求勞動黨官員和地方政府儘量挖井尋找水源，也極力增加灌溉措施，想方設法補救，但是仍然成效不彰。

現在北韓深陷安理會制裁，無法出口北韓豐富的礦產、漁產賺取外匯，便更無法向外購買糧食以餵飽國民。金正恩自然想早日結束，或部分解除對北韓的經濟制裁，以獲得舒緩，但美國不同意北韓所提的無核化進程，成爲一個解不開的死結。

2019 年 2 月北韓駐聯合國大使金松就向國際社會要求給予北韓緊急糧食援助，聯合國也做出了回應，每年提供援助給母親和幼兒必要的基本營養品。但之後聯合國又減少了該項援助，原因是他們發現那些物資並沒有用在急需的北韓人民身上，北韓將它在糧食上面臨的困難和國際支援的難以爲繼，指責那是美國的掣肘，是想要掐死北韓。

南韓總統文在寅在關鍵時刻，認爲金正恩是在無奈的情勢下，以發射飛彈（即使是不違反安理會決議的短程飛彈）向美國和國際社會表示不滿，藉以要求安理會解除對於北韓的「極限施壓」。南韓政府打算向北韓提供人道援助，當作是善意的表示，並希望北韓不要再以飛彈打亂國際秩序，最終走回談判桌。有鑑於此，文在寅總統辦公室透露川普對南韓提供北韓人道援助表示同意。南韓因此已經宣示，將對北韓提供總值達 800 萬美元的援助物品，其中 450 萬美元爲營養食品，特別是照顧婦女及兒童所急需；350 萬美元爲疫苗、防疫設施和醫藥。

南韓基於同胞情誼對北韓抒發的人道援助，固然對平壤是個好消息，但緊接著在 5 月 14 日又發生北韓當局指控美國扣押北韓「智慧誠實號」（Wise Honest）貨船，並要求美國歸還的案件。北韓指控美國非法將北韓貨船拖到美國薩摩亞（Samoa），因爲美國指稱此舉和安理會對北韓的制裁相關，指出美國辯稱那是美國「執行國內制裁行動」，北韓當局氣憤難扼，認爲美國完全是「無理地針對北韓」，強烈要求美國將該貨船歸還給北韓。

「智慧誠實號」爲一艘貨船，因爲運輸北韓出口的 25,500 噸煤炭，在 2018 年 4 月 1 日遭到印尼官方扣押。美國運用外交管道，指稱「智慧誠實號」係行經美國所屬薩摩亞海域，指出美國有權接手進一步扣押。美國還指控該貨船是在規避安理會的決議，而國際社會「支持美國的適當處置」。經此事件，北韓與美國的關係無異雪上加霜。

結語

朝鮮半島無核化絕對是個漫長的過程，雖然朝鮮半島周邊各國都有意促成無核化最終的徹底施行，但關鍵的美國與北韓仍處於尖銳的對立對抗當中。川普和金正恩已舉行兩次峰會，仍然無法化解雙方長期存在的互不信任。政治互信在盟國或友好國家之間可能存在，卻不在華府與平壤之間。這是最難克服的一道難關，也是無法逃避必須處理的難題。

自第二次川金會結束，川普與頗多國家已處於對立狀態，比如與中國大陸，正如火如荼進行貿易戰，美國和伊朗的尖銳衝突，幾乎走向戰爭，美國還要關心中東出現的以色列與巴勒斯坦的衝突，還需關注兩岸對抗可能出現的緊張狀態。

美國備多力分的結果，自然不可能全力因應朝鮮半島的事務，北韓的挫折和氣憤自是難平，特別是安理會對北韓的制裁基於「極限施壓」，還在持續進行，對於北韓人民的經濟生活，是極大的傷害。況且北韓境內屢次出現水旱災導致的糧荒，林林總總使金正恩困坐愁城，2019 年 5 月初北韓以短程飛彈相逼，似是找到了合理的解釋。

但合理的解釋，僅能讓北韓自我感覺正確，無法取信於國際社會，使平壤的武力恫嚇具有正當性，金正恩訪問俄國，拉近了與普丁的距離，他與川普之間的距離卻拉遠了。如此趨勢仍無助讓經濟制裁得以解套。北韓內外交困的情勢，正在考驗金正恩的智慧，他應該和周邊國家的領導人共同思考，如何爲北韓或整個朝鮮半島的和平與安全尋找出路。

◆《海峽評論》，第 342 期（2019 年 6 月號），第 18-22 頁。

37 日韓衝突加劇　美國進退維谷

前言

1945 年 8 月 15 日，日本宣布投降，是朝鮮半島脫離日本帝國主義鐵蹄獲得民族解放的一天，也是南韓獨立紀念日。朝鮮半島日後的發展卻完全背離朝鮮人民的熱望，國家陷於分裂至今。雖然如此，半島上的兩韓政府仍在每年的 8 月 15 日，昭告國人毋忘日本對於朝鮮民族鎮壓剝削的悲苦，更不斷提醒同胞懷想朝鮮民族艱辛困頓的奮鬥歷程。

2019 年的「815」是朝鮮半島光復七十四週年，南韓總統文在寅發表紀念演說，表示期望 2045 年可以實現和平統一的「一個韓國」，因而能夠屹立於世界。雖然不可避免地必須談到過去朝鮮人民悲苦的受難過程，但文在寅也意有所指地表示：「我們並沒有停留在過去，而是不斷與日本在安全和經濟領域開展合作，嘗試與日本一道療癒殖民時期的受害者的傷痛。」又說：「我們以史爲鏡，堅持攜手合作的立場，期能擺脫歷史走向未來。」

雖然不打算針鋒相對，文在寅的演說裡仍批評日本，「在國際貿易分工體制下，任何國家若把自身的強項化爲武器，便無法繼續維持自由的貿易秩序」，暗示日本 2019 年 7 月初宣布對南韓加強半導體原料的出口管制，是一種「不智的行爲、傷害南韓經濟，且不利於自由貿易的舉動」。

文在寅對日本的批評，顯示韓國與日本近年來的衝突已經到白熱化程度。這些衝突的層層積累之下，美國在東北亞最堅強的兩個盟友出現了深刻的裂痕，尤其近年來雙方關係降至二次大戰結束以來的最低潮，美國政府面對日韓關係演變，缺乏遠見在先，無力因應在後，以美國利益至上爲號召的川普政府，更顯示美國對日韓兩國政策已走到進退維谷境地。

日、韓歷史仇恨難以化解

這些年日韓關係本就詭譎動盪，2019 年適逢朝鮮半島反抗日本殖民的「三一愛國主義運動」一百週年，可說爲兩國關係雪上加霜。

1919 年 3 月 1 日，韓國獨立人士在今日的首爾向世界宣布獨立，引發朝鮮半島各地大規模的反日示威遊行。三一運動獨立浪潮迅速襲捲朝鮮半島，整個事件也使朝鮮人付出了慘痛的傷亡代價，8,000 人遭殺害，萬餘人被捕入獄。「三一運動」增強了朝鮮民族的凝聚力，對韓國的獨立產生催化作用，促成爾後大韓民國政府的成立。「三一運動」因此是韓國人深層的記憶，他們不會忘記當年日本帝國主義鐵蹄如何蹂躪朝鮮民族，因此「三一運動」的反日情緒，似已融入韓國人的血液。南韓政府將「三一運動」紀念日命名爲「三一節」，爲國定假日。雖然二次大戰已經結束多年，2019 年的三一節更容易激起韓國人對日本的同仇敵愾情緒。

日本二戰後被美國占領，1952 年才恢復憲政治理，成爲正常國家，不過外交及安全政策受美國支配，1951 年簽訂《舊金山和約》的當天，日本便與美國簽訂《美日安保條約》，等於日本接受美國的核子傘保護，成爲美國在東亞地區對應冷戰的前沿基地。不過當時韓戰正在進行，直到 1953 年 7 月結束，南韓才結束戰火，美國、南韓也迅即在當年 11 月簽訂《美韓共同防禦條約》，自此美、日、韓形成圍堵亞洲共產勢力擴張的「鐵三角」。

不過因日本殖民朝鮮半島三十五年，令朝鮮人深惡痛絕，南韓與日本關係在戰後相當時間內，一直無法建立外交關係。韓戰期間，美國積極調解下，1951 年 10 月開始預備性會談，雙方對歷史問題的爭議和分歧過大，歷經十三年又八個月的艱苦談判才在 1965 年 6 月 22 日簽署《韓日基本關係條約》，建立外交關係，當時韓國總統是朴正熙，日本首相爲佐藤榮作，美國則是詹森總統任內。

當時南韓民衆對朴正熙與日本交好的政策並不滿意，相當數量民衆認爲南韓不該屈從美國壓力，認爲日本並未眞誠道歉。1965 年雙方爲建交簽署的協議，日本方面提供的無償 3 億美元，有償 2 億美元，僅是援助，並非「賠償」，他們認爲朴正熙做法草率而極力反對，南韓尙且出現反對韓日建交的大型示威。經過南韓政府威力掃蕩，雙方終於建交。當時的南韓政府與日本同意，此後兩國及其國民之間關於戰爭期間求償權「已獲解決」，任何一方不得再行主張。

早在日本殖民時期，南韓民衆常被迫爲日本在韓政府和企業提供勞動，1997 年四名南韓民衆以殖民時期曾被迫爲日本企業新日鐵住金（原新日本製鐵）從事強制勞動爲由，在日本提起訴訟，大阪地方法院認定該企業無賠償責任。四名當事人敗訴後，回到南韓繼續與訟，在一、二審時南韓法院均維持日本判決，但在最高法院出現逆轉，2018 年 10 月 30 日裁定，新日鐵住金需賠償每人 1 億韓元（約折合新台幣 270 萬元），日方朝野聞訊譁然。日方認爲在 1965 年日韓關係正常化的《日韓請求權協定》，徵用工的補償問題已獲「最終完全解決」，但南韓最高法院裁定，請求權消滅的時效主張「違背信義誠信原則」，原告的個人索賠權不因《日韓請求權協定》而消失。

原告律師團表示，倘若新日鐵住金拒不賠償，將聲請強制執行，扣押資產，但由於該公司在南韓沒有資產，考慮向第三國提出扣押手續。《朝日新聞》報導，類似訴訟案件已超過 15 件，影響日本企業約 70 家。針對南韓最高法院裁定，日本首相安倍晉三極爲不滿，說這是「不可置信的判決」。外務大臣河野太郎召見南韓大使抗議，表示不會接受。對此情勢，日本政府主張交由第三國仲裁，遭南韓政府拒絕，兩國關係急速惡化。

1982 年日本開始修改教科書部分內容，淡化日本在二戰期間侵略的史實，日本首相也接二連三地參拜供奉有軍國主義分子的靖國神社，引來北京和首爾強烈抗議。日韓間更有慰安婦問題，經常引起彼此惡感，朴槿惠時代，雙方曾努力解決。2015 年，朴槿惠與安倍晉三達成《慰安婦問題協議》，成立基金會，日本同意向基金會撥款 10 億日圓當補償金，但南韓輿論批評該協議有「縱放」日本之嫌，不滿談判全程沒有民間慰安婦組織參與。

慰安婦代表拒絕從基金會收取撫慰金，並以南韓在日本拒絕認責情況下與對方達成協議爲由，於 2016 年 8 月狀告南韓政府。文在寅入主青瓦台後，履行競選時清除積弊的承諾，下令外交部部長康京和重新調查《慰安婦問題協議》。康京和的調查報告批評朴槿惠決策時沒有考慮受害者意見，指朴槿惠將慰安婦問題與日韓關係綑綁導致雙方關係惡化。

新仇加深日韓敵對

在雙方敵對感加深的情勢下，日本政府 7 月 1 日宣布，自 7 月 4 日開始將對南韓實施嚴格的半導體出口限制，控管相關原料輸出南韓。日本政府人士乾脆直接透露，這是對南韓採取的經濟報復，對韓日出現的「徵用工賠償」訴訟「表示不滿」。

日本確定採取經濟報復後，南韓外交部部長趙世暎立即發表聲明，表達對日本的措施「深刻遺憾」，並要求日本撤回限制。而南韓產業通商資源部部長成允模則表示，將向世界貿易組織（World Trade Organization, WTO）提出訴訟，依照國際法和國內法原則，以採取「必要的反制措施」。針對南韓的反應，日本倒是胸有成竹。安倍向媒體表示，日本的所有措施都沒有違反 WTO 與國際貿易的法規，限制措施是「重新檢討日韓雙方的信賴關係」。

國際媒體透露，南韓有意聯合中、美合力對日本施壓。康京和說，「對此，（南韓）希望與可能受到日本這一舉措間接受害的國家進行合作」。據信南韓進口日本原材料生產的半導體向中、美出口，供兩國生產智慧型手機和電腦所用。國際貿易競合本就各懷鬼胎，如此直率地邀約美、中兩國爲南韓出頭，未免一廂情願。另外南韓表示已準備進行反擊，聲稱「等 WTO 做出裁決的時間太長，不排除對日本發動對抗的舉動」。7 月之後，南韓已出現拒購日貨、銷毀日貨、拒絕日企、要求政府不用日產設備、拒赴日本旅遊的大規模市民運動。

日本 8 月 2 日宣布，8 月 28 日起將 2004 年加入「白色清單」的南韓移除。「白色清單」上有 27 個開發中國家，可享有對日貿易的最惠國待遇。不過南韓已聲稱，從 8 月 12 日起將日本自南韓的「白色清單」移除。除了經濟、貿易牌，南韓也威脅日本，兩國簽訂的《軍事情報保護協議》，2019 年 8 月底到期後可能逕予廢止，停止與日本分享（特別是來自於北韓的）情報，約滿之前雙方眞誠商討該協議是否繼續延長，似乎是難上加難。

2019 年日本防衛省即將出版的《防衛白皮書》，計畫將南韓作爲國防盟友的排名，由之前的第二降至第四位。2018 年的日本《防衛白皮書》，「準同盟國」中南韓排名第二位，僅次於澳洲。8 月 10 日的日本媒體報導，2019 年南韓的排名，已落居澳洲、印度和東協之後，成爲第四位。《防衛白皮書》還列出多項日、韓的各種紛爭，如南韓選在存有爭議的獨島（日方稱竹島）海域進行軍事演習，如 2018 年 12 月，南韓一艘驅逐艦在日本專屬經濟區內以火控雷達鎖定日本自衛隊飛機等等。

基於歷史恩怨，「徵用工賠償問題」導致雙方完全失去信任，憎惡感與日俱增，日本媒體報導，日本人討厭南韓的比例高達 74%，已達不可忽視，甚至不可扭轉的地步了。至今雙方都不願給彼此台階下，遑論眞誠地解決對抗。

華府頭大但協調無方

美國總統川普認爲，日、韓關係緊張將置美國於不利境地。川普爲此呼籲兩國快速而具體地改善雙邊關係，並稱「日韓兩國總是在吵架，我們必須好好相處，以免使我們陷入不利情勢，他們應該是盟友」。日韓豈僅只是「吵架」，說雙方已達劍拔弩張的境地也不爲過。

不過大部分時間川普只是沉默以對。美國「外交關係委員會」（Council on Foreign Relations）韓國問題資深研究員史奈德（Scott Snyder）發文提及，美國向來會介入日、韓的爭端，因爲共同面對北韓的安全威脅，也因爲中共軍隊的強大，威脅著美國。但近年盟友吵架，川普顯然「缺席」，川普主要的考慮似乎在美軍駐守日本和南韓的功能（特別是花費），曾多次表示質疑，認爲美國並未獲得實質利益。史奈德提到川普沒有公開行動緩解雙方衝突，或讓日、韓以爲「可以放手繼續爭鬥」。他說，川普雖然不希望美國兩個東亞盟友關係緊張升級，但顯然已「放棄了自己的責任」。川普的沉默和不作爲，將不可避免地讓危機升級。

川普 7 月 19 日證實，文在寅希望華府介入日韓貿易戰，他說如果「日韓兩國都想讓我介入，我就願意涉入其中，這像一份與日本和韓國打交道的全職工作，而我喜歡這兩位領導人」。川普或欲進行調解，但若有一方感覺勉強，甚或感覺被迫，川普的角色即大打折扣。

結語

日本與韓國的衝突有歷史的因素、現實的因素、領土的糾紛、民族情緒。川普即使想充當調人，恐怕也不容易。再說，他壓迫日韓提高各自的軍事分擔比例和經費，增加兩國和美國國防合作的額外負擔，也傷害兩國朝野的自尊。

美國在東北亞的戰略設計與日韓也出現相當可觀的落差，甚至危害日韓各自的國家利益。日本主要的威脅來自北韓，但川普太注重與金正恩的「私人關係」，常自詡和金正恩的關係極佳，他那名言說自己與金正恩「談戀愛」成爲國際笑柄。川普所作所爲，日本普遍認爲不尊重日本的想法也不符合日本的利益。

在韓國問題上川普也我行我素，少考慮南韓的立場和利益，特別是與金正恩的互動。川金三會下來，朝鮮半島無核化進程依舊原地踏步，使文在寅背負國內保守派罵名。反倒是文在寅主張對日強硬，支持率從原來不到 30% 立即回升至幾近 50%。

日本和南韓都由較強硬的民族主義者主政，皆有輸不起的壓力，他們對外強硬，其實有非常複雜的內部因素，無論文在寅或安倍晉三，都不可能倏爾做出讓步，反而爲一己在國內的聲望，必須擺出一副不惜一戰的姿態。明白這一點，便可理解川普的努力（如果有的話）可能是白費力氣，難怪川普當和事佬也意興闌珊了。

◆《海峽評論》，第 345 期（2019 年 9 月號），第 10-14 頁。

38 解決北韓核危機需同理心：評安理會中俄提議放鬆對北韓制裁

前言

北韓 2019 年 11 月 28 日向朝鮮半島東部海域再度進行軍事行動，不過既非進行核子試爆，也非發射洲際彈道飛彈，而是疑似兩枚被歸類為「近程武器」的「超大型火箭」。雖然這種武器並不在聯合國制裁的範圍內，卻也再度引發外界對北韓行為的關切。

外電報導，這是 2019 年 2 月底金正恩和川普在越南河內峰會陷入僵局後，北韓第十三次發射飛彈，也是 2019 年 10 月 31 日北韓從平安南道向東部海域發射兩枚火箭之後的第二次，前後時隔二十八天。北韓 11 月底發射的武器飛行約 380 公里，高度為 97,000 公尺，可謂來勢洶洶，但周邊國家顯然不是第一次受到驚嚇，會審愼評估北韓的背後用意。

南韓軍方立刻表示譴責，認為北韓的作為對化解半島緊張情勢毫無益處，並敦促北韓停止加劇軍事緊張的挑釁行動。北韓發射「大型火箭」的時機，是在 2019 年末，平壤的動作通常是一箭雙雕或數雕，除了像南韓軍方所言，旨在測試這種「超大型火箭」的性能，更在嚇阻南韓與美國進行新一輪軍事演習，同時給日本安倍政府苗頭看看，還兼有向美國叫板，要求美方正視北韓要求，提請聯合國對北韓經濟制裁鬆綁，呼籲西方社會莫忘北韓這樣一個「受國際漠視和壓迫的國家」。

川金三會之後雙方歧見仍深

北韓成功地運用它的核武及彈道飛彈爲籌碼，將金正恩推向國際舞台。2018 年 6 月的川普和金正恩在新加坡的首次峰會，川普對北韓做出讓步，包括雙方建立新型關係，在半島上建立長久的、穩固的和平機制。美國提供北韓安全保證，換取北韓承諾努力實現朝鮮半島完全無核化。不過，後續的難題在雙方對「完全無核化」定義不同，對如何步入「完全無核化」產生更大歧異，雙方關係不能原地踏步，在各方期待下必須伺機解決。第二次的越南河內川金峰會就在這樣的背景下應運而生。

2019 年 2 月 28 日的第二次川金峰會如能有新意，端在詮釋何謂「完全無核化」，以及怎樣達成原先雙方僅有的共識。但外界期待的《河內宣言》並未簽署，各方期待的美國－北韓共同宣告終結韓戰以來的「停戰協定」體制亦落空。不但是美國和北韓，許多國際觀察家也大失所望，但川普和美國的國家安全團隊強調美國與北韓進一步改善關係的時間尚未到來。

川普 2 月 28 日離開河內之前在當地舉行的記者會指出，金正恩堅持要求全面解除聯合國對北韓實施的嚴厲制裁，以換取北韓拆除其最重要的核設施，但不包括武器項目的其他部分。川普說，大體上是「他們希望全面解除制裁，但我們不能那樣做」。由於雙方過早結束談判，美國與北韓近一年不尋常的和解進程陷入僵局。

北韓仍然保留著核武庫存，也可能生產更多用於發射核彈頭的彈道飛彈。川普表示，在解除所有的制裁前，北韓必須拆除核設施的其他部分，川普在河內答覆記者提問時說，除了寧邊，北韓還有另外的鈾濃縮地點。換言之，美國不認爲北韓在棄核議題上誠實向美國交代。美國官員也一再聲言，經濟制裁是美國能影響北韓的主要做法，維持制裁力度對於實現半島的全面無核化目標至關重要。

川金二會並無結果，美國指稱北韓要求美國全面解除對北韓的制裁，而認爲是這次峰會破局的關鍵。北韓外長李容浩 2019 年 3 月 1 日凌晨做出回應，稱北韓方面要求的不是全面，而是部分解除制裁，包括聯合國涉及北韓制裁十一項決議當中在 2016 年至 2017 年通過的五項，北韓要求先解除有礙民生經濟的制裁。

李容浩說，北韓提議，倘若美國解除制裁當中有礙國計民生的項目，北韓將在美國專家見證下，由兩國技術人員共同完全永久廢棄寧邊地區的包含鈾、鈽在內等與核武有關的生產設施。北韓強調這是它可採取的最大限度無核化措施。此外，美國與北韓的歧異更在北韓的一貫立場是堅持「分階段，同步走」棄核原則，美國則要求「全面、不可逆的無核化」，否則不放寬制裁。

在軍事互信方面，華府和平壤仍未跨過彼此心防，北韓認爲美國需提供安全保障，但美國不願在軍事領域上採取相應措施；而美國則認爲雙方維持「雙暫停」（即北韓暫停核試，美韓暫停軍事演習）已是最大限度。聯合國對北韓的制裁是相當嚴厲的。向來北韓經濟，特別是升斗小民生活深受影響，通常是他們承擔嚴厲制裁的後果，致使北韓民衆一直生活在艱難環境中。

2019 年 6 月 30 日，川普趁訪問南韓之便，在文在寅總統牽線安排下，與金正恩在非軍事區進行第三次峰會。由於那次的「突襲訪問」，川普成爲第一位踏進北韓領土的美國現任總統，川普還對金正恩提出訪問白宮的邀請，並且同意重啓核武談判。金正恩則回應，對於川普的到訪「非常驚喜」，並提到兩人在兩韓邊界的會面「意義重大」，說明兩人「良好關係」。

基於第三次峰會的共識，美國與北韓直到 10 月 5 日才有進一步接觸，雙方就核武問題在瑞典展開工作層級會談。不過當時卻傳出金正恩向川普設下了期限，要求到 2019 年底之前必須放緩對北韓的經濟制裁，否則將走上「新的道路」。

北韓無核化羅生門考驗美朝互信

川金三會後的無核化工作級會談，美方由川普的特使畢根與北韓代表團恢復對話，結果顯然並不順利。2019 年 10 月 6 日會議一結束，北韓外務省巡迴大使金明吉就在北韓駐斯德哥爾摩大使館表示，「這項磋商並未符合我們的期待，最終破局無任何結果」，並聲言「這完全是美國不願放棄他們的老舊態度」。金明吉指責「美方沒帶任何東西到談判桌，澆熄我們的協商熱情」。

事有蹊蹺，就在 10 月 2 日，也就是金明吉聲明的前四天，北韓宣布它已成功試射新型北極星 3 號潛射彈道飛彈（Submarine-Launched Ballistic Missile, SLBM），這項試射行動，被認爲是 2018 年 6 月北韓與美國開始峰會之後，最具挑釁性的舉措。聯合國安理會曾多次祭出世所公認的飛彈技術管控機制決議，禁止平壤使用彈道飛彈技術，顯然北韓再一次地違背此決議。據情報資料統計，自 2019

年 5 月至 10 月會談，北韓又發動不下十次不同軍事測試，發射至少 15 枚飛彈。

美方說，與北韓的會談「進行良好」。美國堅持北韓必須同意徹底放棄核武，美國才可能邀集西方社會解除經濟制裁。但北韓表示不願單方面放棄核武，平壞願意採行階段性方式棄核，但美國要同時解除制裁，提供安全保障。

2019 年 11 月 12 日，北韓駐聯合國大使金星指控美國和南韓阻礙朝鮮半島的和平進展，對北韓懷有敵意。金星又稱「朝鮮半島並未擺脫緊張情勢加劇的惡性循環，完全要歸咎於美國在政治和軍事上的挑釁」。

川普常誇言他與金正恩「關係親近」，其中最讓西方社會傻眼的一句話是他與金正恩「談戀愛了」。不過川普和金正恩的關係，似乎在談判失敗後每下愈況。川普 11 月 17 日發表推特，要求金正恩「動作快，搞定核武協議」並暗示說「川金新一輪峰會有望」，不過北韓首席代表、前外交省次官金桂冠回嗆說「北韓對這種毫無用處的會談不再感興趣」。

北韓仍表示美國改弦更張的期限是 2019 年底，北韓揚言，超過這個時間，可能送給美國「聖誕禮物」，因此川普所說希望快點與金正恩再度會面，並非空穴來風。不過，雙方在彼此沒有進一步表示「誠意」前，不動聲色，靜觀其變。這個策略看起來是以靜制動，不過很容易喪失機會，而以更深的敵意收場。

北韓得到中俄的外交聲援

12 月 16 日中、俄聯袂向聯合國安理會提交決議草案，建議放寬對北韓的制裁，以鼓勵北韓朝棄核方向努力，希望美國與北韓的僵持出現轉機。中、俄的共同提議在解除北韓人民生活的痛苦，停止執行幾項從 2016 年和 2017 年開始的制裁措施，如解除聯合國成員國進口北韓煤鐵礦、鐵礦砂和紡織品的禁令，停止要求成員國遣返在境內工作的北韓人，原因是在外國工作的北韓人每年爲北韓創造大量外匯收入。

中、俄也建議兩韓跨境鐵路與公路工程應該排除在制裁項目之外，因爲北韓、南韓同樣是該計畫的受益者。草案長達三頁的附錄還列舉了建議免受制裁的北韓產品清單，包括推土機、小型拖拉機、自行車、洗衣機和洗碗機等。草案也表示期待美國與北韓「繼續對話，以重建關係」，呼籲「立刻恢復六方會談」。

針對這項發展，路透社發表評論指出，北韓一直要求美國，對北韓停止核試和發射洲際彈道飛彈等妥協的行動應有相應的回報，否則北韓會採取更具挑釁意味的行動，而中、俄此舉實際上「是在支持北韓，並破壞美國目前對北韓的戰略」。不過，中國外交部發言人耿爽說，當前朝鮮半島形勢處於重要敏感時刻，政治解決的迫切性進一步升高，西方社會應該秉持客觀公正立場，凝聚政治解決朝鮮半島問題的共識，防止半島重新陷入緊張和對抗。

有分析家指出，美國總統川普對北韓採取的是「極限施壓」策略，推動聯合國制裁北韓時，握有否決權的中、俄都投下贊成票，但美國一北韓關係從 2018 年走向和緩之後，中、俄開始支持放鬆經濟制裁，希望有助於解除僵局。這項草案看來是對美國施壓。由於美國、英國和法國都堅持北韓在無核化進程徹底完成前，西方社會對北韓制裁不能鬆綁，中、俄兩國的決議草案能否通過，並不樂觀。

結語

北韓核問題，美國和北韓態度應是關鍵。北韓固然是當事方，但美國是世界霸權，只要美國與北韓加大共識，切實做到幾次川金會所達成的協議，可能在短期內即可達成互信。相較於冷戰時期美國與前蘇聯的尖銳對立，雙方經歷古巴飛彈危機，猶能達成 1968 年的《核不擴散條約》以及日後的「戰略武器限制談判」，美國與北韓之間並無非置對方於死地不可的地步。

北韓的諸多大動作，應是對國際現實的不滿，對美國的憤慨。金正恩擔心北韓可能走向「失敗國家」而無法維繫其政權。北韓人民的痛苦生活並不爲外界所知。如能適當放寬對北韓的經濟制裁，既合乎人道，也可鼓勵北韓勇於改變，朝向最終無核化道路前進。

北韓雖曾揚言 2019 年底將是限期，美國必須讓步，否則將有來自北韓的報復。但北韓將不致跨越聯合國紅線。舉凡先前北韓的軍事動作，大致都在「打擦邊球」，企圖提醒西方社會注意，讓大家記得北韓的存在，以及北韓在經濟制裁下的艱苦實況。若北韓再度跨過紅線而引來西方新一輪的經濟制裁，顯然得不償失。包括美國在內的西方社會，應該思索如何創機造勢，爲北韓核問題找出新的突破點。

中、俄對北韓的情況較他國有更多的認識，也因此有較多的同情，西方社會應嘗試尊重和理解。西方社會如對北韓誠意有所疑慮，可以派員至北韓溝通或察看。藉由同理心，西方社會適時的努力將有正向效果，更可能有意想不到的發展。

◆《海峽評論》，第 350 期（2020 年 2 月號），第 19-23 頁。

39 南韓第二十一屆國會選舉有利文在寅執政

前言

2020 年 4 月 15 日南韓在新冠肺炎（COVID-19）蔓延肆虐陰霾下，順利進行第二十一屆國會議員選舉。不過，南韓先前曾爆發重大新冠肺炎疫情，確診罹病者破萬，死亡人數達到 200 餘名，幾個大都會區如大邱、首爾等尤爲嚴重。加以新天地教會等宗教機構決意挑戰政府防疫規範，引發嚴重群聚感染，朝野對於新冠肺炎防疫如臨大敵。這次國會大選，南韓朝野戒愼恐懼，選務人員絲毫不敢輕忽大意，南韓選民也發揮優良素質與高度警覺，配合選務機關要求防範疫情擴散，完成一場緊張但平和的大選。

南韓正式開始政治民主化，是在 1980 年代末，作爲總統候選人的盧泰愚排除其盟友和前任總統全斗煥的制止，執意推動民主化進程，在 1987 年 6 月 29 日宣布《民主化八點宣言》，標舉還政於民、政治寬容、清廉政府、五年一任、不得連任的總統由直選產生，最終創制第六共和憲法，盧泰愚因此勝選。他就職的 1988 年 2 月 25 日，是爲第六共和（「六共」）的開始，「六共」體制一直延續迄今。

南韓政黨攻伐一向劇烈，極端對立的意識形態加重南韓政爭的激烈，也決定過去南韓政局在左右路線擺盪不斷。這次國會大選更是壁壘分明，是自由派和保守派勢力的對決。文在寅所屬的「共同民主黨」屬於自由派，他以現任總統的執政優勢獲得國會選舉勝利，而代表保守力量的主要反對黨「未來統合黨」宣告敗選，其他幾十個小黨力量無足輕重，選後南韓仍維持兩黨政治的局面。

近期內新冠肺炎疫情在全球各地爆發，英國、美國和法國紛紛決定推遲選舉日程，這次南韓國會議員選舉順理成章成爲國際焦點，不但因爲南韓按照原訂規劃舉行大選，成爲另類政治奇蹟，而且更形同文在寅總統五年任期的期中檢驗，事關文在寅政績是否受到民眾支持、他在未來兩年多任期能否繼續平穩施政。塵埃落定之後，文在寅固然是意氣風發，這場選舉之後，也讓關心朝鮮半島事務的觀察家可藉此思索大選對該國政局發展、南北韓互動及對外關係所顯示的意義。

文在寅執政的內外挑戰

2016 年底南韓前任總統朴槿惠爆發閨密亂政醜聞、遭受國會彈劾，在 2017 年 5 月初黯然下台，朴槿惠本人至今仍身陷囹圄。當時立場號稱自由派的文在寅，在民眾對朴槿惠萬般不滿的反彈氣氛中，標榜繼承金大中和盧武鉉兩位前任自由派總統施政精神贏得南韓民眾青睞，5 月 9 日贏得總統大選，5 月 10 日宣誓就職。文在寅的勝選經歷極爲特殊，他的立即繼任總統也前所未有，相當程度贏得韓國民眾的信心和歡迎，執政之初，文在寅受到的民意支持程度高達 80% 上下。朴槿惠時代的保守派執政黨「新國家黨」徹底失敗一蹶不振，文在寅的高支持度爲自己掙得執政的極大優勢。

惟兩年多過去，文在寅政府的施政逐漸出現疲態。南韓經濟在過去兩年多轉向疲弱，文在寅政府原本寄望美中貿易衝突夾縫當中，南韓可以左右逢源，繼續維持榮景。在美中貿易協議簽署後，卻找不出南韓經濟復甦的著力點，南韓綜合股價指數從 2018 年 1 月起走了兩年空頭，2020 年 1 月，距離 2018 年 1 月的高點已跌了約 25%。同一時期的韓元匯率一直下滑，從 1,050 韓元兌 1 美元的價位，一路貶值到 1,200 韓元，貶值幅度近 15%，呈現股匯雙跌的衰退。

此外，南韓 2019 年全年出口衰退幅度高達 10.3%，是十年來表現最糟糕、史上第三大衰退的紀錄。這原因彷彿 1997 年亞洲金融風暴前的南韓，出現過度投資、產能空置、國際貿易受困、貨物銷售無力，財團面臨沉重的破產壓力，只能仰賴舉債度日。根據國際清算銀行資料，南韓在 2019 年底，企業債占了國內生產毛額（Gross Domestic Product, GDP）的比重，在 43 個主要工業國高居第三位，企業債額度已經升至 GDP 的 99.3%。文在寅政府寄望於快速拉抬基本工資，提升青年就業者的薪資，以爭取青年族群的支持。以工讀生的時薪而言，2016 年的時薪為 6,030 韓元，三年內提升至 8,350 韓元，漲幅高達 38%。全職員工的最低月薪，也調高至 192 萬韓元（約新台幣 4.8 萬元）。不過，薪資的提高卻導致中小企業大量減少僱用，致使 29 歲以下的青年失業率一度高達 11.5%。南韓在 2018 年 1 月就已出現「百萬失業大軍」，之後人數不斷攀升，長期失業或索性放棄工作意願的人口，居然高達 200 萬人。文在寅政府無法扭轉這樣不利的局面，經濟衰退的現實也無法讓民眾相信未來會更好，文在寅政府僅能由擴大財政赤字進行各種紓困與補貼。

經濟之外，2019 年 10 月南韓爆發的「曹國案」醜聞，嚴重打擊文在寅形象。曹國是文在寅長年親信，由於文在寅力挺而出任司法部長，準備推行「檢察官改革」，飆悍行徑引發側目。南韓檢察官權力極大普受忌憚，遠遠超過其他民主國家的檢察體系，而強悍的檢察官可以跳出司法體系直接指揮警察辦案，可以先斬後奏的手段搜索或羈押嫌犯，甚至對總統及政府高官亦復如此。文在寅希望重新規範檢察官職權使之趨於合理化，曹國經過指派承擔檢察官系統改革方案。曹國接任司法部部長後，一改過去進步形象，被媒體發掘出，曹國替其女兒曹敏僞造畢業證書，以特權進入名校醫學院就讀，復以成績普通卻能獲得財團提供的鉅額獎學金。曹國妻子則又以 10 億韓元投資空殼公司設立私募基金，公司負責人是曹國的堂弟，事發後其堂弟潛逃出境。基於曹國及其家屬爆發醜聞，反對黨發動群眾抗爭，惟執政黨也宣稱曹國爲司法改革的犧牲者。爲此，檢察官對曹國住家進行搜查取證，創下南韓檢察官搜索司法部部長的首例，曹國不堪壓力宣布辭職，距離就職僅僅一個月。

國際媒體對文在寅的報導，在過去兩年多，集中在他的對北韓友善，特別是幾次達成與金正恩的高峰會。南北韓關係在 2018 年 2 月平昌冬季奧運會開辦前後，即有顯著的突破。北韓曾派出高層代表團參加平昌奧運，吸引國內外的目光，北韓領導人金正恩之妹金與正交給文在寅一封金正恩邀訪平壤的親筆信，文在寅與金正恩第一次的板門店峰會，即在 2018 年 4 月 27 日，成爲國際矚目的發展。他是繼金大中（2000 年 6 月）、盧武鉉（2007 年 10 月）之後，第三位訪問北韓的南韓總統（2018 年 9 月）。不過，文在寅的作爲，離不開金盧二位前任的框架，受到南韓保守派的極力抨擊，斥責文在寅採取對北韓軟弱和討好的政策，改變不了北韓的窮兵黷武，也換不來朝鮮半島的和平。

南韓政黨的分合與重組

南韓黨爭激烈，經常某些政黨，或基於領導人退出政壇、或大選失敗、或利益分贓、或帶槍投靠，政黨面臨重組。景況不濟者，原有政黨灰飛煙滅，失去民眾信任，有些仍能在更名後集結同志企圖再起。以朴槿惠所屬的新世界黨爲例，朴槿惠下台後該黨支持率一落千丈，30 名國會議員出走另立新黨，2017 年 2 月，新世界黨更名爲「自由韓國黨」，儘管如此，自由韓國黨在 2017 年總統選舉依然慘敗，自由韓國黨候選人洪準杓僅僅獲得 24% 左右的選票。

相對地，文在寅所屬的共同民主黨，在 2017 年大選獲得 41.1%，在多人競選拔得頭籌。當年 5 月文在寅就職，2018 年之後，共同民主黨更贏得 10 場國會議員補選，並在國會吸納較小的自由派獨立議員合力支配南韓政局。共同民主黨的前身爲民主黨，但 2015 年原黨首安哲秀出走另組「國民之黨」，2018 年國民之黨再與從新國家黨出走的部分人士合併成爲中間偏右的「正未來黨」。不久，黨內 18 名親金大中系議員再度出走，另組標榜中道和平的「民主平和黨」。2019 年，正未來黨再度分裂，部分議員出走另組主打保守主義的「新保守黨」；即使民主平和黨也有部分議員出走，在 2020 年初建立宣揚自由保守主義的「代案新黨」。也是今（2020）年 1 月，正未來黨的李恩珠宣布脫黨建立「未來前進 4.0」（簡稱「前進黨」）的右翼政黨，她的出走使正未來黨議員人數僅剩 19 名。因各政黨必須在國會占有 20 席以上方具國會黨團資格，正未來黨乃形勢日蹙。

2020 年 2 月 17 日，自由韓國黨、新保守黨、前進黨合併成爲「未來統合黨」，這是韓國右翼勢力（一般所稱的「保守派」）在朴槿惠失去政權而支離破碎之後，第一次的大團結，主要目的仍是爲在 2020 年國會的獲得勝選。同一天，正未來黨、代案新黨與民主平和黨再度合併成爲「民主統合黨」。國會中另有 2 名極端親朴槿惠的「自由共和黨」、只有 1 席的左翼「民衆黨」、極右翼政黨「新親朴連帶」和無席位的韓國基督教自由黨、綠黨等。即使南韓政黨衆多，主要的支配力量仍非常明顯，選前則是執政的共同民主黨與在野的未來統合黨、民主統合黨三黨對決的狀態。

國會大選結果和政局發展

南韓在新冠肺炎疫情籠罩之下，此次國會大選結果，出乎在野黨預料，執政的共同民主黨居然還能突破各項施政低迷的瓶頸，開低走高獲得全勝。韓國在 1 月 20 日出現新冠肺炎首例，2 月 18 日起爆發大規模群聚性感染事件，確診病例在十天內由數十例激增至 5,000 例，在中央和地方防制疫情單位積極處置之後，各地新冠肺炎罹病者增加速度減緩。截至 4 月 14 日選前一天，南韓確診人數 10,564 人，死亡人數 222 人，與中國大陸與歐洲若干疫情嚴重的國家相比，並不特別失控。

值得注意的是，南韓並沒有採取封鎖整個城市或採取停工措施，普通市民基本上仍可以正常生活。南韓政府的普篩政策和追蹤接觸史等方式積極治療病患收到的效果，快速抑制疫情擴散，反獲得「防疫模範國」美譽。民衆對入境管制、緊急災難支援金發放等相關政策容易有切身感受，在關注疫情發展同時，連帶提高對政府施政的肯定度。共同民主黨甚至打出「共赴國難」的口號，要求朝野共體時艱，做好防疫工作，反而使未來統合黨提出的「審判執政黨」訴求無法獲得民衆迴響。民意調查機構 Realmeter 發布最新調查，文在寅支持度在 4 月第二週來到 54.4%，創下十七個月以來新高，連帶也提升執政黨的整體觀感，有助於執政黨的勝選。

原本由於新冠疫情，預期投票率將會較低，沒想到仍達 66.2%。1992 年的第十四屆國會議員選舉曾衝到 71.9%，但是這次卻是近二十八年的最高紀錄。而提前投票也在 4 月 10、11 日舉辦，達到 26.69%。另有一關鍵因素，即是這次南韓國會選舉，首次將投票年齡降低至 18 歲，預計因為新政策而增加的首投族超過 54 萬人，他們多數對於文在寅政府選制上的變革深感認同，對執政黨的勝選更有加分效果。

這次南韓國會選舉採用了簡單多數與比例代表混合選制，因此為了搶占不分區席次，執政的共同民主黨內所屬進步派成立附庸黨「共同市民黨」，而最大在野黨未來統合黨內所屬保守派也成立了「未來韓國黨」。南韓國會議員共計 300 席，選後共同民主黨與盟友共同市民黨合計拿下區域議員 163 席和 17 席不分區，共計 180 席；未來統合黨及其盟友未來韓國黨則拿下 84 席區域議員與 19 席不分區，共計 103 席。其他如正義黨僅有 5 席、國民之黨 3 席、開放民主黨 3 席、無黨籍 5 席。其他的 30 個左右的小黨，大多是過去數月新成立的少數黨，它們均因為不足 3% 的得票數，無法獲得不分區席次。

共同民主黨比上屆席次 129 席足足多了 51 席；未來統合黨所代表的保守聯盟，比上屆的 116 席，減少了 13 席，此消彼長的結果，意味著共同民主黨在第二十一屆國會，將是單獨過半，拿到了五分之三的席次，除了修憲所需的三分之二多數（200 席以上）之外，共同民主黨將可以輕而易舉地通過任何屬意的法案，而未來統合黨則更顯得無力制衡。

值得注意的是，這次國會選舉，兩位曾經擔任國務總理的候選人，分別代表朝野雙方投入首都首爾市鐘路區鏖戰，結果執政黨共同民主黨推出曾任文在寅國務總理的李洛淵，擊敗代表未來統合黨黨魁、曾任朴槿惠政府總理的黃教安。李洛淵和黃教安都是南韓政治響亮的主導人物，可觀的資歷讓二人均有可能代表各自陣營參選下任總統。不過黃教安在敗選後辭去未來統合黨黨魁職務，失去了優勢；倒是李洛淵聲勢看漲。

在這次國會選舉中，兩位前「脫北者」也獲得勝選，可謂空前的發展。前北韓駐英國外交官、原名太永浩的太救民和北韓流浪者出身的池成鎬雙雙代表未來統合黨獲得勝選，也成為熱門話題。特別是太救民在造勢場合，對著支持群眾誓言：「冒著生命危險來到南韓，只為追求民主、自由與市場經濟，如今成為國會議員，將能替南韓對全球宣傳，我們引起為傲的民主政治」，令人動容。未來他們可能成為國會議政廳的焦點，但二人的人身安全也引發各界關注。

選後南韓的對外關係

文在寅政府對外關係首重與北韓關係的維繫，文在寅三次與金正恩進行峰會，旨在降低雙方敵意、改善朝鮮半島安全情勢、最終促成朝鮮半島無核化。之外，更在於擔任金正恩和美國總統川普之間的橋梁，促成雙方關係的進一步和解與合作，特別是川普和金正恩過去三次峰會的觸媒，且誓言將繼續扮演這樣的角色。文在寅的努力即使在南韓國內出現不同爭議，保守派政治人物直指文在寅親北韓、做白工，無助於影響北韓的強勢外交，不過，中國大陸和西方媒體對文在寅對北韓的開放和善意向來表示肯定和支持，認為對於緩解朝鮮半島的緊張形勢有正面的作用。文在寅對平壤緩和關係的政策，頗受金正恩的正面回應，文在寅亦寄望朝鮮半島周邊國家，支持南韓對北韓的和解戰略。文在寅無疑扮演關鍵主動的角色，而且在他未來任期必將持續甚而加大力道。

在現今各國正將注意力集中在防堵新冠肺炎蔓延時刻，文在寅多次表示願意和全球就防治疫情增進聯繫與合作，並願將南韓防治新冠肺炎的經驗與他人分享。3 月 16 日中共國家主席習近平首次針對南韓疫情表示關切，並希望與南韓加強防疫合作，習近平也對於文在寅先前「中國的困難就是韓國的困難」說法表示感謝。

3 月 26 日舉行的 G20 峰會，文在寅即以視訊會議強調南韓提供防疫經驗，並倡議召開全球範圍的特別會議，以具體行動商討如何共同防治新冠肺炎，文在寅發言贏得國際媒體的廣泛注視。就在國會大選前一天，文在寅再透過視訊會議，與東協 10 國、中國大陸、日本等討論共同防治新冠肺炎。文在寅提出三項建議，一是增加額外資金投入，給予相關國家人道援助；二是運用東協—南韓合作基金，以及運用亞洲開發銀行信用基金，在「東協加三」的基礎上進行；三是加強南韓和各國在人員、貿易、投資及糧食的立即交流，減少因疫情造成對國際經濟的諸多不利衝擊。

就在同時，南韓與美國及日本的關係卻出現了並不悅耳的雜音。川普總統屢次要求南韓增加駐韓美軍開支的部分負擔，南韓方面深感壓力沉重，雙方持續談判與此有關的「特別措置協定」（Special Measures Agreement）多次未獲定論。現在南韓每年的部分負擔爲 8.7 億美元，川普先是要求南韓政府大幅調高到 50 億美元，南韓深感無法接受，後來川普政府修正爲南韓支付 40 億美元，南韓仍表示爲難，只願意小幅增加至 10 億美元之內，不過距離美國的要求甚遠。

美國國防部部長亞斯伯（Mark Esper）4 月 14 日在國防部記者會當中表明川普拒絕南韓所提來年僅增加 13% 的建議，並且說明「南韓有能力支付、且應該支付更多的駐軍費用分擔」。因爲舊版「特別措置協定」已經失效，新版仍在談判，約 4,000 名駐韓美軍基地的南韓員工已被美方以無退休俸或資遣費方式解職。南韓對美國的做法表示不能接受，已形成韓美間的外交僵局，首爾也多次出現市民反美的聲浪。

日本與南韓的關係也正接受嚴酷的考驗，繼許多的歷史問題爭議之後，南韓、日本的關係現更趨向緊張。蓋因日本政府批准中小學教科書關於「獨島」地位的說法，讓南韓無法忍受。2014 年日本政府改訂中小學歷史地理和公民等教科書，即將在明年印行的教科書指明現爲南韓占據的獨島（日本稱爲「竹島」）爲日本領土。南韓爲此斥爲無稽之談，並向日本政府表達「強烈抗議」。不時出現在南韓和日本的民族主義情緒，常以對方爲發洩對象，恐成韓日關係走向緩和的不利因素。

結語

第二十一屆南韓國會議員選舉已在擾攘當中落幕，面臨新冠肺炎疫情擴散的壓力，南韓選民依然踴躍投票，而南韓政府也努力以赴，最終如期進行這場民主選舉。雖然期間確診人數仍有增加，卻已明顯出現緩和趨勢。英國國家廣播電台（BBC）就誇讚南韓：「新冠肺炎肆虐之下，它是第一個進行全國選舉成功的案例，也因此獲得全球的共同矚目。」有些其他的媒體甚至還解釋爲韓國民衆對於民主制度的堅持，形容這是走過幾十年威權政治的韓國出現「民主鞏固」（democratic consolidation）的證據。《華盛頓郵報》也認爲南韓在防治疫情的艱難時刻，猶推動一場安全的大型選舉，可成爲各國的楷模。《華盛頓郵報》又推崇南韓說：「全球的民主如無自由選舉，將遭致弱化，而韓國選舉在此時強化了民主制度。」美國國務卿蓬佩奧繼之在聲明中讚揚南韓「爲其他國家提供一個優良模式」。

鑑於過去南韓政局出現「朝小野大」局面，朝野對立極爲嚴重，常無法推動政事，但文在寅領導的南韓政府及他所屬的共同民主黨贏得勝選，且大幅領先在野黨，說明文在寅的施政受到多數韓國民眾的認同，文在寅今後更可無懼在野黨全力推動政務。這也說明南韓在野的「未來統合黨」距離民意認同路途仍甚遙遠，重返執政之路前途多艱。

文在寅政府的急務，並不只限於防治新冠肺炎疫情，他更大的難題在於振興經濟、持續推動他過去的若干經濟政策，諸如縮小南韓貧富差距、擴大出口、穩定匯率、降低失業率、提振經濟成長，但同時也必須控制金融失序或過多的財政赤字以及司法改革等。這些都不是容易達成的目標，執政黨固然傷腦筋，文在寅在勝選後恐也須思考如何獲得在野黨支持、而非基於積怨凡事反對。

對外關係方面，南韓一直維持外交的善意與合作，期與最多國家達成最多合作，以提升經濟利益和增進國家安全。南韓與中共關係尚稱平穩、與日本衝突正在加劇、與美國關係出現齟齬。南北韓關係改善無疑是文在寅的外交強項，但如何讓美國在朝鮮半島的傳統利益獲得平衡，文在寅勢必審慎處理，否則將衍生嚴重的外交問題，與美國分擔防衛經費的爭議，尤其考驗文在寅的智慧。

◆《海峽評論》，第 353 期（2020 年 5 月號），第 20-23 頁。

40 金正恩果眞身繫東北亞安全？

前言

北韓是當今世界最封閉的國家，原因出自缺乏安全感、對國際社會的不信任和敵視西方國家對它圍堵與制裁。基於此，北韓推行長時期的鎖國政策，自金日成以降，北韓領導人不斷要求全國上下基於「主體思想」（*Juche* Thought），自力更生、獨立奮鬥抵禦「帝國主義者入侵」。多年來北韓辛苦維持與體制相近的社會主義國家，如前蘇聯、中國大陸、前東歐等穩定的交往，西方國家則礙難認識北韓眞實情況。東歐國家在 1990 年代之初民主化、蘇聯在 1991 年崩潰之後，北韓更孤立少援。

威權或專制體制國家元首，個人行蹤經常諱莫如深，官方通常不事先公布領導人行蹤，僅在事後由官方媒體宣布。金日成、金正日時代對領導人行蹤保密做到滴水不漏，金正恩時代更是如此。金正恩個人特質也是重要因素，他爲維護個人安全，儘量減少行蹤曝光可謂勢所必需。北韓媒體對金正恩露面通常大幅報導，惟金正恩一旦多日消失於正常日程，常即引發國際騷動，各種揣測接踵而來。

過去多年，金正恩的祖父金日成、父親金正日的相關紀念日，都成爲北韓的重要節日。2012 年金日成冥誕時，北韓開始訂定每年 4

月 15 日為「太陽節」，為該國最重要的國定節慶。金正恩在 4 月 11 日主持勞動黨政治局會議之後，便突然消失在公眾平台。2020 年 4 月 15 日適逢金日成 108 歲冥誕，但金正恩缺席那項重要活動。4 月 25 日，是北韓建軍八十八週年，金正恩仍未出席慶祝活動，他的健康情況引起各方熱議，謠傳和陰謀論也相繼出現。

更有甚者，各東北亞相關國家情報部門重視新聞所顯示的意義，深怕一個不留意，即對金正恩行為舉止的研判失去準頭，也怕在東北亞地區最敏感的議題上，失去了應對的先機。金正恩行蹤成迷，再次成為國際新聞焦點，他出現後又再度神隱，其中眞相撲朔迷離。

金正恩神隱的揣測莫衷一是

金正恩長期不露面，並非首次出現。2014 年 9 月至 10 月之間，金正恩曾長達四十一天沒有公開露面，他缺席了最高人民會議、其父金正日就任勞動黨總書記十七週年中央報告大會、勞動黨創建六十九週年紀念日，外界揣測是否金正恩患了重病無法視事。根據南韓情資，那時金正恩神隱，是為摘除腳踝上的囊腫，金正恩再次現身時果然拄著拐杖。2019 年 9 月 10 日金正恩出席超大型火箭砲試射後，約有一個月時間沒有公開露面，直到 10 月 9 日才出現視察部隊。時至 2020 年，1 月 25 日出席新年紀念公演之後神隱約二十天，2 月 16 日與政治局成員參拜錦繡山太陽宮殿後，同月 28 日才又出現在視察協同射擊訓練。金正恩 4 月 11 日在勞動黨政治局會議之後未曾公開露面的較長時間裡，金的健康惡化傳聞甚囂塵上。

2020 年金正恩僅 36 歲，據報導，金正恩有高血脂、過胖、糖尿病、高血壓、痛風以及其他更多的大小病症，特別是肥胖尤其嚴重。

金正恩身高 170 公分，掌權時 90 公斤，2020 年已重達 130 公斤。有美國智庫研究在 2020 年 4 月指稱，金正恩健康早已亮起紅燈，在不樂觀情形下，金正恩或許歷經心臟血管手術失敗，或者已經成爲植物人。路透社甚至披露北京已經派遣包括醫療專家在內的團隊前往北韓搶救金正恩等等。日本《時代周刊》也指稱金正恩已成爲植物人。

美國有線電視新聞網（CNN）在 4 月 20 日引述美國官員消息指出，金正恩手術之後病危。南韓政府官員和中共中央聯絡部官員立即駁斥 CNN 報導。南韓官員表示，他們並未偵測到北韓內部出現異常活動跡象，美國總統川普也在 4 月 23 日淡化金正恩病危的報導，川普告訴媒體說他認爲報導不正確，但川普拒絕透露是否和北韓官員就此事聯繫過。川普僅表示，他和金正恩的關係良好，希望「金正恩沒事」。

日本和美國在金正恩是否病重的發言亦步亦趨，顯示沉穩不妄加揣測。關於金正恩命危傳聞，內閣官房長官菅義偉與防衛大臣河野太郎 4 月 21 日受訪時表示暫不置評，強調做好對南北韓、美國等與朝鮮半島局勢相關國家情報工作。4 月 28 日，日本首相安倍晉三在出席衆議院預算委員會時對此事表示關心，也表示落實情報工作，坦言日本就此事與美國有情報交流，但他不願透露詳情。

南韓統一部部長金煉鐵稱，金正恩神隱爲的是全球新冠肺炎疫情日趨嚴重，赴外地避疫。金煉鐵說，北韓確實沒有異常狀況，南韓握有足夠情報作爲支持。對於所稱金正恩因心血管手術病危或在北韓東海岸療養的說法，金煉鐵直斥「這十足是假新聞」！韓國國家情報院則在 5 月 6 日（金正恩露面五天之後）報告表示，金正恩沒有接受心臟手術，指稱心臟方面沒有問題，金正恩未公開露面期間也正常施政。據首爾《東亞日報》說法，北韓雖自稱並無新冠肺炎確診者，但金正恩幕僚和高階官員感染疫情者衆，金正恩必須離開平壤，金正恩爲躲避新冠肺炎疫情，曾在東岸元山度假地逗留。

北韓中央通信社 4 月 27 日發出報導稱，爲祝賀南非自由日，金正恩 4 月 27 日當天向南非總統拉馬福薩（Matamela Cyril Ramaphosa）發出一則賀電。外交部部長康京和也在國會答覆議員詢問，提到外國媒體有多則報導對金正恩的近況有所臆測，她對此不以爲然，表示在北韓內部並未發現異常跡象，且北韓持續致力於新冠肺炎防疫。康京和指出，北韓正值最高人民會議召開期間，南韓方面也密切注意與北韓對外政策是否有所變化。

與此同時，兩名從北韓逃到南韓（通稱「脫北者」）、甫贏得南韓國會大選成爲議員的池成鎬和太救民卻語出驚人。池成鎬在 5 月 1 日聲稱，他有 99% 肯定金正恩手術失敗，已在幾天前過世，北韓「即將宣布金的死訊」。另一位「脫北者」新科國會議員太救民，也持類似說法。不過正是當天，金正恩現身順天磷肥工廠竣工典禮剪綵，顯然有意向外界打破病危或已死亡謠言。爲此，池成鎬與太救民向南韓國人道歉，指稱他們無意誤判，但誤判已造成，徒然貶損南韓民衆對「脫北者」觀察北韓政情的信任度。

中國大陸外交部發言人耿爽在 4 月 21 日的外交部例行記者會上。回答美國 CNN 記者發問，提到中國大陸是否聽說金正恩罹病消息，以及中國是否派出醫療團到北韓治療金正恩，耿爽僅答稱他看到一些新聞報導，但不知道新聞報導的消息源何在，選擇低調模糊回應。4 月 27 日中國大陸外交部例行記者會，耿爽被詢及金正恩健康狀態以及中方是否派人赴北韓醫治金正恩傳聞。耿爽回應「不知道報導消息來源，也沒有信息可提供。中方或許認爲金正恩健康議題過於敏感，並非北京方面可以回應；也或許北京認爲金正恩健康情況，應由北韓自行發布；或許北京亦無金正恩的正確訊息，自然無從回答。」

北韓官方媒體在 5 月 2 日公開金正恩出席順天肥料工廠竣工剪綵儀式，讓先前大量懷疑金正恩健康的謠言不攻自破。但那天之後，金正恩又有多日沒有露面，讓先前對他健康的臆測再度浮上檯面。南韓當局研判，金正恩應該平安，躲避疫情是眞，且爲日後國際談判做準備。期間有人懷疑當天出席剪綵儀式的是否金正恩的替身，發現牙齒、耳垂、手上的痣及髮型均有差異。不過，北韓長期缺乏糧食，一般民衆營養不良的情況下，要找到如金正恩那樣身材的人，恐怕也不容易。

強權對北韓政權的懸念不一

金正恩多日神隱，造成國際社會騷動，是極容易理解的。倘若金正恩突然死亡，或者他身染重病無法視事，北韓將立即面臨嚴重的領導人繼承問題。金正恩之父金正日，從 1970 年代之初，即受金日成有計畫的政治養成教育，包括讓金正日見習黨務、軍官經歷，使金正日及早嫻熟黨政軍務培養豐沛人脈，金日成在 1994 年 7 月因病去世之後，金正日立即掌控政局穩定軍心。不若金日成之從容培養金正日，金正恩子嗣仍在幼年，無法繼承大統，倘若出現權力鬥爭，必將造成北韓權力轉移危機。

倘若北韓軍方在金正恩健康有變，出現群龍無首狀況，根據西方學界評估，北韓內部出現權鬥或內亂，並非不可能。特別是北韓擁有核武及洲際彈道飛彈，這些大規模毀滅性武器（weapons of massive destruction, WMD）倘落在冒險軍頭手上，亞洲將出現空前核武危機。先前西方國家觀察家甚至臆測，北韓宣傳機器向來宣稱該國並無新冠肺炎確診案例，國際對此相當存疑，認爲金正恩自己也可能罹患新冠肺炎，衍生繼承危機。

過去數十年，北韓與中國東北爲鄰，被北京當作和美國爲首的聯盟爲敵的緩衝國，北京向來重視與北韓的「血盟」關係。1953 年 7 月韓戰結束後，中共「抗美援朝志願軍」繼續留駐北韓，協助北韓國防建軍、從事基礎建設，直至 1958 年方撤出國境。1961 年 7 月 11 日，北京又與平壤簽訂《中朝友好合作互助條約》，這是至今中國大陸唯一與他國簽訂、至今有效、具約束力的軍事條約，在北京向來標榜「獨立自主外交政策」、強調「不結盟」的概念下，可謂意義重大。

中朝條約共計七條，第二條是最重要的，內容是：「締約雙方保證共同採取一切措施，防止任何國家對締約雙方的任何一方的侵略。一旦締約一方受到任何一個國家的或者幾個國家聯合的武裝進攻，因而處於戰爭狀態時，締約另一方應立即全力給予軍事及其他援助。」倘若北韓向南韓發動第二次韓戰，北京是否介入戰爭給予支持，頓成頭疼問題；倘若是南韓或美韓聯軍進攻北韓，根據條約中共軍隊必須爲北韓而戰。

史丹佛大學胡佛研究所（Hoover Institution of Stanford University）的奧斯林（Michael Auslin）提出警訊，如金正恩健康疑慮導致

北韓政權弱化，中國大陸會否因勢利導進而掌控平壤政權？他提到「如果危機等於機會」（crisis equals opportunity），習近平將可能趁勢重構（reshape）該地區的權力平衡；假設北京可孤立日本並弱化美國在該地力量，北京將可永久地改變東北亞的地緣政治版圖。奧斯林又說，外界對於北韓事務瞭解極少，故僅有北京與北韓維持較佳互動，金正恩的健康困境，使中共擁有數十年難得之良機加強對北韓控制。

奧斯林文章（以下簡稱奧文）繼續指稱，即使金正恩無恙，他的健康惡化始終是北韓不穩因素，且北韓內部凝聚力一旦鬆動，也足以讓北京考慮在適當時機介入。他並指出，金正恩掌權之初剷除異己分子，甚至處決了與北京交好的姑父張成澤，金正恩掌權之初北京與平壤關係陷入低潮。直至金正恩決定與美國總統川普對話，2018 年 3 月親赴北京與習近平晤談對美政策，雙方關係才逐漸好轉。文在寅領導的南韓進步派政府，爲維持與北韓關係的穩定，極其倚重與北京關係，南韓親北京的政治環境，也對北京擴張在朝鮮半島的勢力有利。

除了政治因素，經濟因素也是北京擴大對北韓影響的可靠途徑。奧文指出北京可以維護和平與秩序爲名，在認爲必要時介入北韓、遏止北韓政府崩潰或出現人道危機。北京也可收買北韓將領，讓中共部隊直驅平壤，或與平壤將領裡應外合。保障核武與飛彈發射基地安全不受破壞或劫掠，以及北韓的全盤政治穩定，成爲北京在北韓行動的根本動機。倘若金正恩眞的有事，由金與正領導、又與北京友善的政府，應是中國大陸的最佳選擇。

北京如能控制北韓，將「享有極大的地緣政治優勢」。奧斯林繼續指稱，倘若中共海空軍進占北韓，美國與中共部隊將以「非軍事區」（demilitarized zone, DMZ）相望，將使美國與南韓的安全保障條約難以維繫。如中共進駐北韓，則南韓更容易投入北京懷抱，以文在寅現行的親中外交路線及南韓境內蠢蠢欲動的反美浪潮來看，並非不可能。中共海軍將有可能直抵對馬海峽威脅日本安全。日本面臨朝鮮半島形勢變動和中國大陸的當面威脅，頓覺孤立且將增加軍事開支，或重整武裝，包括可能發展核武。基於《美日安保條約》，日本強烈要求美國維持核子傘防衛承諾，美中對立將不斷升溫。

金正恩之後，究竟會怎樣，無人能預知，但總之複雜難料。中外多少分析，都預測美中關係的緊張和對立將日趨嚴重，尤其川普執意遏制中國大陸的經濟發展和在亞太地區的政治外交影響力。當中國大陸和美國海空軍快速接近，雙方經由軍事誤判導致武裝衝突的可能性將大爲增加。從美國立場而言，美國倘非接受這樣的發展和伴隨的風險，就是減少在東北亞地區的駐軍，而美國國內也將出現要求避免與中國大陸軍事競逐的聲浪，美國不得不考慮逐步自亞太地區撤退。奧斯林最後警告，上述情況不見得很快發生，但即使金正恩仍活躍於政治舞台，平壤形勢發展依然不可確定。倘若繼承危機眞的發生，美國必須準備可行方案以反制中國進入北韓。

強權對北韓變局的作為蠡測

奧斯林所言，是以美國利益出發，他思索北京與北韓的傳統與現實關係、揣測北京可能的對北韓作爲。他的諸多揣測與建議，建立在金正恩重病、北韓情勢不穩的背景下。其用意在警告美國執政者，倘金正恩罹病，北韓可能出現的各種形勢、北京的對外作爲引發的衝擊，包括日本、南韓的處境，和美國應採取的對策等。

美國關注朝鮮半島事務的重點，多年來依然是確保美國在朝鮮半島商業經濟利益持續發展、保障南韓免受北韓侵犯、北韓的無核化、兩韓和平解決衝突爭端、促成半島上兩韓體制的永久化、不讓北京對北韓全盤支配、不使南韓過分仰賴北京以至於傷害美韓關係，以及堅持「美日韓」與「中朝俄」兩陣營競合態勢。

首先，美國的商業利益以面臨中國大陸極大的競爭壓力，南韓已加入北京主導的一帶一路倡議，且成爲亞洲基礎建設開發銀行（亦稱亞投行）重要會員國，南韓且以中國大陸爲最大的貿易夥伴，也是中國大陸最大的直接投資國，美國與南韓的經貿固然持續增加，但已不如韓中經貿亮眼。其次，以現在美韓安保條約依然有效，但川普總統催逼南韓增加美軍駐韓軍事費用的攤派，從原有的 8.75 億美元提高到至少 8 億至 10 億美元，南韓不堪其擾，韓國人眼中，美國已是爲富不仁的象徵。在文在寅政府的刻意經營下，兩韓關係日益改善，基本上已無韓戰再起的空間，和平解決雙方爭端成爲主流趨勢。兩韓領導人經過多次峰會釋放善意，改訂 1953 年的停戰協定成爲永久和平協議只是遲早的事，一旦和平協議簽訂，朝鮮半島南北韓並立的形勢即將固定。其三，美國如何使北韓心悅誠服地推動無核化，進而不再進行軍事冒險，才是美國自身必須突破原有窠臼成功實踐的關鍵。這包含美國怎樣保障北韓的安全不受侵犯、敦促聯合國放寬對北韓的經濟制裁、美國和北韓建立穩定的關係，以及最終美國和北韓建交等，這是美國應當做卻尚未做到的行動。

至於不使北京對北韓全盤支配、不使南韓過分仰賴北京而傷害美韓關係，和堅持美日韓與中俄朝兩陣營競合態勢，則並非美國意志所能單獨決定。首先，北京不必如美方學者所稱，將北韓視爲禁臠，強勢進行支配。中國大陸已改善與南韓關係、兩韓不似以往敵對，北京亦不必對北韓以緩衝國看待，自不必支配北韓的內政外交，況且北韓亦不容許北京這樣做。其次，南韓仰賴北京出於地緣鄰近，有許多合作的議題和空間，此等合作既不必以美韓關係作爲犧牲，美國亦不必擔心南韓接近北京必定傷害美韓關係。反之，美國必須考量的重點是華府怎樣看待它與首爾的關係，關鍵是美國是否能平等且善待南韓這樣長期友邦，而不是重日本、輕南韓或忽視南韓對美國的需求。其三，維持「美日韓」與「中朝俄」兩個陣營的持續對立，以維持美國在東北亞的持續駐軍和政治外交影響力。對此，不但北京不會接受，兩韓亦不會接受，因爲維持兩陣營的概念，是要把東北亞重新拉回冷戰時代，將連帶傷害東北亞區域的整體安全。

美國另有智庫研究指出，川普的北韓政策是失敗的。川普在2018年6月與金正恩舉行新加坡首次峰會，川普自詡和金正恩建立密切私人友誼，卻在2019年2月河內失利，使美國北韓關係退化至僅剩「川金私人關係」。惟美國拒絕帶領安理會放寬對北韓經濟制裁，以致美朝峰會停擺、北韓無核化原地踏步。平壤雖不再試爆核子裝置，但仍不斷進行飛彈試射擾亂周邊國家神經。在北韓無核化議題上，原本美國與中國大陸有許多合作空間，但自從2018年3月中美貿易戰迄今未息、2020年初開始的新冠肺炎疫情肆虐，川普加重對北京的抨擊，使任何華府與北京合作空間壓縮殆盡。北京對北韓有關的各項議題，毋寧是謹慎以對、不隨美國樂音起舞。

北京是否如奧斯林所言，將趁勢重構朝鮮半島周邊的權力平衡，特別用以弱化美國在該地區的力量，永久改變東北亞的地緣政治版圖，或以維護和平與秩序名義介入北韓、或藉助於收買北韓將領讓中共軍隊直驅平壤的現實並未發生，一時亦難印證。不過以常理言，北京在朝鮮半島地區無意改變現狀，因現狀符合北京在半島及周邊求取和平國際環境的願望，因此北京不必「重構」朝鮮半島周邊權力版圖，更不必仰賴軍事力量促其實現。中共部隊亦不必「直驅平壤」，至於和美軍隔停戰線相望，更非現實。奧文忽略了兩韓以朝鮮民族主義爲基礎的自主統一願望，故任何外部勢力強行介入該地皆將遭遇兩韓共同強烈反對；奧文更忽略了北京不會以帝國主義方式派遣部隊入侵他國僅爲「維護和平與秩序」。美國與南韓軍方曾針對北韓爆發突發事件擬定「0529 軍事行動計畫」（OPLAN 5029）；不過，倘若中共認定美韓聯軍係以武力片面介入北韓局勢，爲挽救北韓政權免於危亡，亦不能排除北京依據《中朝友好合作互助條約》採取軍事行動。

結語

金正恩過去曾多次離開平壤或媒體平台，成爲衆所矚目的焦點。衆人關心的是，金正恩子嗣年幼，一旦金正恩健康無法恢復，北韓這個全球唯一的共產王朝將面臨領導人繼承危機。2020 年 4 月長達二十餘日，金正恩的神隱引發諸多揣測，這些揣測充斥知名國際媒體，不同陳述有不同消息來源，但內容差異極大，益增其紛亂，這是典型的「情資超載」（intelligence overload），最終不知何者爲眞，加以北韓極其封閉，正確研判極其困難。

對於金正恩個人來說，他過去消失在新聞報導，主要理由是爲了個人安全，再者是製營造領導人個人氣質與魅力（charisma），再其次即是爭取更廣泛的矚目作爲宣傳題材。他這次神隱理由較爲單純，僅僅是爲在新冠肺炎疫情當中避疫去了。不過金正恩終歸再次受到國際矚目：他的神隱受到各方關注；他的重新出現，再受廣泛報導，北韓的目的已然收效，而且其效益已被極大化，似是牽動整個東北亞的和平與穩定。

美國 CNN 報導極爲聳動，緊接著日本某些報社、南韓的兩位「脫北者」出身的國會議員也以曾爲北韓人身分，做出聳動的預言。在夾雜激情與浮動的不確定訊息當中，美國和亞洲主要國家領導人小心謹慎不隨媒體起舞。以此看來，南韓與中國大陸對北韓所做情報工作紮實可信，川普可能有檯面下管道知道金正恩的確實情況。

一些國際觀察家認爲金正恩健康議題可能造成美中衝突，對此也存在不同意見，有謂中國大陸即將運用機遇加強對北韓影響力，以與美國進行抗衡，甚至「重構」朝鮮半島及其周邊的權力平衡、「永久改變」東北亞的地緣政治版圖。類似說法，似是從美國利益出發的「想當然」論調，不惟失之武斷，更難取信各方。美國在朝鮮半島的影響力固然相對下降，但不表示中國大陸有意把美國勢力從半島趕走，北京更不樂意朝鮮半島「生事、生亂、生戰」，破壞它所標舉的「安鄰、睦鄰、富鄰」國際環境。尤其是朝鮮民族主義下要求排除外力自主統一的願望沛然莫之能禦，北京不會無視此趨勢破壞國際秩序。

金正恩「重見天日」之後的第三天，南北韓邊界非軍事區突然爆發槍戰，雙方各發射了幾十發槍彈，幸無人員傷亡，雙方在事件中均展現了節制、相信那是擦槍走火。金正恩在 5 月 1 日再度消失無蹤，三個多星期後，金正恩在 5 月 24 日主持勞動黨中央軍委會第四次擴大會議，聲言北韓仍將加強核武威懾力量、高度戒備外來威脅、加強軍事教育、重整軍事指揮系統，並晉升多名將官。

金正恩的神隱牽涉朝鮮半島周邊強權的戰略懸念，複雜程度豈止是猜測金正恩是否健康無恙。無疑地，金正恩今後還會有許多次的「神隱」；經驗能說話，南北韓競合，永遠可能出現「驚世之舉」，周邊國家絕難掉以輕心。本區域內有識之士，多數仍期望金正恩「狀況穩定一些」比較好。

◆《海峽評論》，第 354 期（2020 年 6 月號），第 22-25 頁。

41 北韓版「勿謂言之不預」：兩韓和解告終？

前言

2020 年 6 月 16 日朝鮮半島時間下午 2 時 49 分，北韓境內的開城工業區驚傳巨大爆炸，當天下午稍晚，南北韓雙方都證實那是北韓悍然炸毀兩韓聯絡辦公室。這座象徵邁進二十一世紀新時代的兩韓關係好轉、文在寅總統和金正恩委員長共同促成、在 2018 年 9 月揭牌的兩韓聯絡機制，就此灰飛煙滅。北韓下了如此重手，說明了 2020 年兩韓關係從停滯不前、逐步走向緊張、再不斷升溫，到了北韓炸毀南北韓聯絡辦公室的當下，已經到了決裂的地步。

北韓爲什麼做出這件令國際矚目的大動作？一般只有在戰爭發起時出現的炸彈聲響，出現在 2018 年文金高峰會以來一度洋溢和解氣氛之後，這樣非理性行爲不但非常地突兀，更是極度地挑釁。國際社會或許知道金正恩性格喜怒無常、行蹤飄忽不定、外交上的高姿態不陌生；金正恩更常秀出軍事肌肉、三不五時發射導彈威嚇周邊國家，但北韓眞有必要炸毀由北韓提供場地、南韓出資興建的聯絡辦公室嗎？北韓是基於什麼樣的動機做出如此激烈的暴力行爲？北韓到底對文在寅政府有哪些不滿？這樣的大動作顯示了北韓哪些圖謀？周邊國家，特別是大國，針對北韓的舉動有些什麼樣的反應？今後朝鮮半島若干時間內將會走向何方？這些疑問均值得關心東北亞安全的人士特別留意。

導火線居然是「脫北者」

文在寅自2017年5月就任總統後，繼承同樣屬於「進步派」的金大中「陽光政策」和盧武鉉「和平與繁榮政策」理念，主張和緩與北韓的關係，甚至基於血濃於水的同理心，對北韓提供具體援助。經過一段時間的訊息往返和情勢醞釀，2018年2月南韓平昌召開的冬季奧運，爲兩韓關係提供了解凍的契機，而文在寅也抓住了契機營造兩韓和緩氣氛。

金正恩先是在2018年新年祝詞當中指出北韓不會試圖破壞平昌冬季奧運會，甚至指出樂見它的成功。北韓派出金正恩胞妹金與正爲首的代表團參加開幕式，揭開了南北韓和解的序幕。2018年4月開始，文在寅與北韓領導人金正恩歷經三次峰會，雙方簽訂了一系列友好諒解和互助合作方案，包括降低敵意、撤除軍事敵對、停止雙方敵對宣傳，雙方和解合作似是大有可爲。此外，一般相信，文在寅極熱衷於美國與北韓間穿梭，促成華府與平壤的直接接觸，特別是金正恩與川普總統在當年6月於新加坡舉行的首次川金峰會。

儘管2019年2月在越南河內舉行的二次川金峰會並未達到效果，2019年6月底文金川三方峰會也僅限於禮貌性的會面，但兩韓與美國合力促成朝鮮半島無核化，曾經成爲三方共識。但由於多種原因，特別是北韓期望聯合國撤銷對北韓制裁未獲採納、北韓亦迄未完成無核化，不但美國對南韓頗有微詞，指文在寅太過親近北韓，就連南韓境內反北韓人士對文在寅的「一廂情願」也極表不滿，認爲文在寅政府不計代價對北韓妥協。

即使文在寅和金正恩之間存在私人交誼，但北韓領導人更在意維護金正恩家族的顏面。自北韓脫逃、轉至南韓安家落戶的北韓人士，通稱「脫北者」。文在寅的前任，即李明博和朴槿惠政府尤其引進，並保護不少「脫北者」。脫北者千辛萬苦逃離北韓，自然改向南韓效忠，對北韓領導人批評常不假辭色，有時更爲直率激烈，常使北韓當局深感芒刺在背。2020 年 4 月即有兩位「脫北者」太永浩（改名太救民）與池成鎬分別代表在野黨參加選舉當選國會議員，他們極力反對執政的「共同民主黨」對北韓的寬容和解政策，經常撻伐文在寅和北韓領導人。

北韓暴衝的導火線發生在 2020 年的 5、6 月間。南韓反北韓的「北韓自由鬥士」、「自由朝鮮運動聯合」、「大泉」等團體，經常以空飄氣球運送反北韓或詆毀金正恩家族的傳單、且夾帶影像和糧食，另以海飄管道輸送至北韓境內，使北韓防不勝防。擔任勞動黨中央委員會第一副部長的金與正深感事態嚴重，她在 6 月 4 日聲稱，倘若南韓當局不阻止那些反北韓文宣，並制止「脫北者」的敵對舉動，將廢除兩韓之間簽訂的軍事協議，並關閉兩韓聯絡辦公室。

金與正並且威脅將退出兩韓之間先前簽訂的合作計畫，包括開城工業區和金剛山觀光活動。爲表示「說到做到」，6 月 9 日中午起，北韓切斷了兩韓熱線電話和停止聯絡辦公室的作業。爲此南韓政府做出了回應，6 月 10 日南韓表示將起訴兩個反北韓的激進團體，認爲他們傷害民族利益、威脅國家安全。不過，此舉也引來反北韓團體強烈抨擊，他們指控文在寅政府屈從北韓、明顯違反言論自由。

北韓行為見證金與正之強悍

正在僵持當中，金與正在 6 月 13 日再度放話，揚言將可能祭出類似軍事行動的報復舉動，南北韓關係立刻趨於緊張，南韓統一部一面呼籲北韓莫要衝動，一面緊急召開國安會因應變局。事實上金與正 13 日的放話已露出端倪，她說「不久南韓將會看到那毫無用處的兩韓聯絡辦公室坍塌成一片廢墟」，並要求將下一輪敵對行動的行使權交給北韓總參謀部，意味著將由北韓軍事當局訂定對南韓的敵對態勢，警告意味十足。

2020 年 6 月 15 日正是金大中到訪平壤和金正日發表《南北共同宣言》的二十週年，跌跌宕宕的南北韓關係再度出現變局，友善氣氛逐步消失，眼看就要再次回到二十年前的敵對局勢。看在文在寅眼裡，應是五味雜陳。正在情勢複雜的時刻，他在板門店「統一展望台」舉行「南北共同宣言發表二十週年」紀念儀式並提出賀詞，文在寅表示表示「不能讓反目與誤解阻礙我們爲和平共存付出的努力」，並呼籲北韓不要關閉對話窗口。

言猶在耳，金與正已經冷酷地傳達了「訣別」的態度，就在第二天（6 月 16 日）炸毀了南韓建成的兩韓聯絡辦公室。面對北韓的挑釁，對南韓而言，一棟耗費 170 億韓元（折合新台幣 4 億元）的宏偉建築就此泡湯。文在寅在國內已遭受反北韓人士圍攻，北韓又藉著爆破聯絡辦公室表達對南韓的不滿，文在寅的北韓政策已是腹背受敵，面臨著嚴酷的挑戰。

對北韓而言，金與正恰恰是履行了原先對南韓的警告，只是南韓的反應太慢，或是南韓太漫不經心而沒當成一回事，北韓的行動只是

「剛好而已」。換言之，北韓，特別是金與正，並非沒發出警告，北韓激烈的反應，印證了北韓版本的「勿謂言之不預」。北韓的作爲，無疑有助於世人領教北韓對外行爲的特質和金與正的堅決果敢。此外，北韓還發出其他警告，包括在南北韓邊界重啓重兵防禦、進行軍事調動、推動系列演習等等。這些行爲都說明北韓的行爲早有預謀，且成竹在胸，爆破兩韓聯絡辦公室不應只是金與正的決定，金正恩絕對掌握最終的權力，同心對南韓，甚至對背後的美國展示壓力。

北韓做出大動作的導火線，固然是脫北者在南韓境內境外進行反北韓宣傳，但這只是表面上的理由。金正恩對南韓脫北者的「脫序」行徑自然痛恨，嫌惡南韓政府無力改變現狀，但北韓有更高的戰略性目標，簡單來說，即是「隔山打牛」或「敲山震虎」，明白針對美國。金正恩屢次和川普進行峰會，無非希望川普帶頭在聯合國安理會提議取消對北韓的經濟制裁，因爲北韓實在被這多邊的、長期的經濟制裁壓迫得幾乎喘不過氣來。

北韓自 2006 年 9 月以來進行六次核子試爆，再因發射中長程導彈，安理會已針對北韓進行多次、且一次比一次嚴厲的經濟制裁。在嚴厲的經濟制裁之下，北韓無法出口礦產漁產換取外匯，或向外購買糧食、能源及醫療用品，尤其是新冠肺炎疫情肆虐的現階段，情勢特別危急。北韓的外匯存底快速減少幾近告罄，以往曾流傳北韓印製美元僞鈔、或從他國走私，甚至經由第三國、或在公海非法交易取以得民生經濟物資。但在更嚴格的國際制裁之下，北韓深感國家危亡似在旦夕。

職是之故，北韓必須尋求突破，但川普主政下的美國，對北韓敵意牢固，幾次川金峰會並不能改變什麼，北韓甚至懷疑川普只是利用北韓「外交轉內政」利於川普連任，卻無意答應北韓的要求，包括停止制裁、簽署和平條約及最終雙方建立外交關係等。美國依然要求北韓必須先棄核，也就是做到完全無核化，美國才會考慮取消經濟制裁。北韓主張雙方同步推進，惟堅拒一步到位，這是無核化至今僵持的癥結。

南韓是美國在亞洲最親密的盟友之一，北韓自是希望文在寅全力以赴以促成美國回應北韓的要求，根本上解決北韓經濟難題和安全困境。不過，文在寅無法改變川普，川普則自行其是、一意孤行。北韓炸毀兩韓聯絡辦公室，也是遷怒於南韓。有觀察家預測，如今北韓的經濟穩定和社會風險愈來愈高，北韓後續將進行更多挑釁的行為，除了給南韓壓力之外，也寄望透過南韓之手，迫使美國及南韓儘速和平壤展開對話，特別是北韓期待在雙邊談判中獲得美國讓步。尤其是安理會的經濟制裁，必須獲得美國協助以收回成命，因之北韓最終施壓的對象正是美國，不過看來川普拒不買帳北韓沒輒。

金與正以強硬姿態出現在兩韓危機當中，證明金與正的聲勢看漲，可見金與正受到兄長金正恩的充分信任和授權。金正恩也有意協助金與正在北韓樹立更高的權威，可彌補金正恩的不足。換言之，倘若金正恩由於健康因素必須休養，金與正可承擔更多責任。再者，由金與正處理南韓議題和南韓交手，可讓金正恩專注於處理應付美國的問題。更有甚者，金正恩以笑臉外交和對手美韓周旋，金與正則以強硬姿態加強施壓，一扮白臉、另一扮黑臉，兩手策略交互使用，北韓期望獲得較多利益。

周邊國家大多不直北韓作為

針對北韓炸毀兩韓聯絡辦公室，衝擊最大的莫過於文在寅政府。更早些時，金與正屢次指責南韓是「惡賊、人渣、廢物」，南韓政府爲「顧全大局」，只有忍讓。不過，爆炸案於 6 月 16 日發生之後，南韓頓感事態嚴重。當天傍晚文在寅緊急召開國安會議，17 日青瓦台表達強烈不滿、譴責「金與正發言無理、行爲愚蠢」，指稱金與正批評文在寅紀念兩韓和平宣言二十週年談話是「缺乏常識、損害兩韓領導人互信基礎」，指出如北韓後續採取讓情況惡化的舉措，南韓也將採取強硬措施反制，並稱北韓應對一切後果負責。

金與正更在隔天（17 日）發文譴責文在寅 6 月 15 日談話是「一派胡言、無恥至極」，她聲言文在寅應對脫北者散布反北韓文宣道歉、反省、承諾永不再犯。金與正又說，文在寅將兩韓關係趨緊的原因轉嫁給外國，北韓「不會再與如此卑鄙的南韓坐下來討論雙邊關係」，她警告「等在南韓之前的只有後悔和嘆息」。

北韓官方媒體「朝鮮中央社」17 日也刊出社論〈無恥的顛峰〉，譴責南韓政府從 2018 年以來兩年一事無成，才會讓南北韓聯絡辦公室失去存在意義，甚至被「悲慘地炸毀」。南韓統一部「只會鬼話連篇、賊喊捉賊」。至此，南北韓互信完全破滅，惡感敵對不斷盤旋快速升高。

對於朝鮮半島情勢的快速惡化，鄰近半島的中國大陸與日本均對情勢表示關注。中國大陸外交部發言人趙立堅在 16 日的記者會表示，南北韓是同一民族，作爲近鄰，「中國一貫希望朝鮮半島保持和平與穩定」。日本官房長官菅義偉也在例行記者會表示，將繼續與美國及南韓緊密合作，蒐集必要情報進行分析，並密切注視局勢發展。相對於北京的謹慎和四平八穩、日本政府仍然較爲被動，仍然強調與美國南韓的合作，對於平壤的態度，和過去一樣消極偏袒。

歐盟警告北韓不要採取進一步的挑釁性和破壞性的步驟，歐盟發言人表示，歐盟對北韓最近採取的行動感到遺憾，認爲北韓正在加劇緊張局勢，破壞爲朝鮮半島尋求外交解決方案的嘗試。

美國看待變局的態度，是川普遠東政策的指標。川普在接到兩韓聯絡辦事處遭到炸毀的消息後，17 日發通知給美國國會，並提到 2008 年 6 月頒布的「第 13466 號行政命令」，美國對北韓實施的國家緊急狀態仍持續進行。第 13466 號行政命令施行之後，每年 6 月下旬都會進行延長手續。川普並指稱，朝鮮半島上核武材料存在擴散風險，北韓政府的行動及政策持續對美國的國家安全、外交政策及經濟都造成威脅。

川普在給國會的另一封信中提到，北韓的行動及政策破壞了朝鮮半島的穩定態勢，更危及朝鮮半島上的美軍部隊、盟國及貿易夥伴。爲此，川普認爲北韓是「異常且非比尋常的威脅」，決定將北韓的經濟制裁繼續延長一年，這是川普上任後，第四次延長該項行政命令。

結語

南北韓和解之路顚簸崎嶇，可以追溯至上個世紀 70 年代。早在 1972 年 7 月 4 日，南韓總統朴正熙與北韓領導人金日成派遣代表在板門店簽署了《七四共同聲明》，雙方同意將以民族自主、不倚靠外力的方式追求南北韓統一，成立南北韓統一調節委員會、建立熱線等。不過當時仍在東西方冷戰嚴重對立的年代，雙方無法跳脫美國、蘇聯的影響和支配。美蘇都亟欲維持它們在東北亞的勢力範圍，且南北韓雙方在外交、經濟、安全範疇仰賴美蘇支持，兩韓的主觀願望無法達成。當時的南北韓高層對話亦缺乏互信，你來我往交換口號，曾被理解爲雙方進行變相的輿論戰和外交戰，上個世紀的兩韓和解，最終只是曇花一現。

金大中是第一個踏上北韓土地的南韓總統，他在 2000 年 6 月 15 日和金正日共同發表的《南北共同宣言》誠然是一場破冰之旅，極大程度降低了兩韓尖銳的對立，金大中也因此獲得當年的諾貝爾和平獎。繼之爲盧武鉉在 2007 年 10 月再度踏上北韓國土，這連串的十年光景，兩韓都進行實際動作改善關係，包括以同一面朝鮮半島旗幟參加奧運會、進行開城工業園區建設、促成金剛山旅遊計畫等，加強兩韓離散家族重聚的努力。文在寅曾經擔任盧武鉉青瓦台秘書室室長，對北韓和解的理念可謂一脈相承。文在寅接任後把兩韓關係推進到一個新的階段。他不但和金正恩多次見面，且努力促成金正恩和川普的峰會，他的熱誠和堅毅有目共睹。

美國前任國家安全顧問波頓與川普在政策上出現歧異，2019 年 9 月離開白宮。波頓在 2020 年 6 月出版《事發之室：白宮回憶錄》（*The Room Where It Happened: A White House Memoir*），指出川金會「出自於文在寅的努力、是文在寅一手促成」。波頓回憶錄且直指川普見解淺薄、剛愎自用，因與南韓存在駐軍經費分攤爭議曾打算從南韓撤軍，且「自認爲瞭解金正恩，卻被金正恩耍得團團轉」。面對波頓的說詞，川普自然嚴詞否認並指前者是瘋子和騙子。不過一般相信，即使波頓志在讓川普出醜，他的陳述也距事實不遠。

美國不願見到北韓尚未完全棄核之前，在經濟制裁獲得喘息機會，因此基本上還是施行「極限施壓」政策，壓迫北韓屈服於安理會制裁趕緊完成無核化；不過，北韓無法就此答應，金正恩特別告誡北韓高層，利比亞格達費（Muammar Gaddafi）政權正是因爲在壓力下屈服，放棄核武研發、喪失維護政權的壓箱寶，終至喪身亡國。因此格達費的經驗不能或忘，北韓應「引以爲戒」。在安理會經濟制裁鬆綁、美國完成和北韓關係正常化之前，平壤不會完成無核化。

從此以觀，美國依然是左右兩韓關係的關鍵，特別是川普總統政策反覆無法讓人信任。從北韓而言，美國無意取消對北韓制裁，南韓依附美國毫無主張，北韓在極度挫折憤慨之下，才會炸毀兩韓聯絡辦公室。所謂脫北者對北韓政權和領導人的攻擊，只是其中一個理由，背後原因比這更多。

北韓類似「勿謂言之不預」的強烈舉動本欲「敲山震虎」同時壓迫南韓美國，惟國際輿論對北韓做法多不以爲然。聯合辦公室被炸毀後，對北韓深具善意的南韓統一部部長金煉鐵被迫引咎辭職、文在寅推動北韓政策勢必遭遇更大困難，兩韓和解道路更加崎嶇；北韓換來美國更嚴厲的經濟制裁，朝鮮半島無核化目標更是遙遙無期。兩韓聯絡辦公室被炸毀，被毀的尚有兩韓經過二十年好不容易建立的友善氣氛和高層互信，雙方關係被拉回至二十年前、甚至比二十年前更加嚴峻，委實令人扼腕浩嘆。

◆《海峽評論》，第 355 期（2020 年 7 月號），第 29-33 頁。

附　錄

忠孝傳家、誠信淑世
——金九金信典範長在

前言

在台灣，一般人提到領導近代韓國獨立運動和二次大戰後韓國的建國，只知道大韓民國首任總統李承晚，卻不知到有一位更重要的人物金九先生。不過在韓國，金九先生卻是家喻戶曉的人物。金九先生立志將韓國民族從日本帝國主義的壓迫當中解放出來，積極從事韓國獨立運動，出生入死終究不悔。他的努力任事，使他自己成爲近代韓國獨立運動的同義詞。

金九先生親見國家憂患，經歷 1910 年朝鮮遭到日本帝國主義併呑的國仇家恨。早在 1919 年朝鮮爆發「三一反日抗暴」運動後便亡命上海，參與組織大韓民國臨時政府。從大陸時代至 1945 年日本戰敗，金九毀家抒難，把母親和兒子帶到中國生活。韓國獨立運動與中國抗日戰爭至此結合，其間艱苦備嘗、血淚交織，絕非外人所能想像於萬一。

不過，日本戰敗離開朝鮮半島之後，韓國命運的試煉才正要開始。朝鮮半島在戰後被美國蘇聯迅速占領，美蘇兩國以北緯 38 度線爲界將朝鮮半島分爲南北兩邊。金九先生奔走呼號，希望能維持朝鮮半島主權完整不至於分裂，不過事與願違，他個人的意志無法與當時世界兩大強權抗衡，也無法與李承晚的勢力對抗，終究徒勞無功，遺憾地最後也以身殉，横遭暴徒暗殺，成爲韓國史上親痛仇快的一大悲劇。不過金九的愛國情操和對韓國前途的全力以赴，是毫無疑義並受韓國人普遍尊敬的。

金九先生的哲嗣金信先生幼承庭訓，近距離地親炙金九先生的教導和督促，也繼承了金九對國家的由衷熱愛和獻身無悔。金信的一生與中國也有不解之緣，他秉持父親白凡先生（白凡爲金九先生的別號）的教誨，可謂忠孝兩全並不爲過。金信以年少羸弱之軀，奮發圖強成爲中華民國空軍而後大韓民國空軍，捍衛國家隨時準備血灑領空。金九先生去世之後，金信繼承父親遺志，以復興韓國爲己任，參加韓戰以及日後的外交工作，功業彪柄不辱先人。

金九與金信父子歷經戰亂和顚沛流離的困苦時代，艱苦卓絕不改其志，令人深感尊敬。兩位韓國友人的志業一脈相承，如今想起，更深感兩人典範長在，值得後人、包括台灣的朋友們敬佩稱道。

金九和金信愛國為己任

對於金九先生的生平，現在住在台灣的人，已經不太知道，關於韓國歷史，由於諸種因素的介入，一般人只知道有李承晚，而不知道金九先生在韓國獨立運動過程中，受最多的累、吃更多的苦、最終獲得更多人的尊敬。關心中韓關係發展的人，責無旁貸地應該從金九的努力，看待韓國的獨立運動、大韓民國建國的艱辛過程、南北韓分裂的不幸、和南北韓面臨的根本問題。

金九可說是韓國近代的一位傳奇人物，是著名的獨立運動家，他於 1876 年 8 月出生於朝鮮黃海道，早年參加反對朝鮮王朝的東學黨起義，也曾經因爲參加這些不同的反對運動而入獄。但是由於出色的領導能力和不屈不撓的精神，領導了韓國的獨立運動。

金九與蔣中正一直維持著緊密的關係和堅強的互信，早在 1923 年，金九就建立大韓民國臨時政府，在嘉興建立臨時首都、制訂大韓民國憲法。當時的中國政府物資匱乏，抗戰爆發前，蔣委員長在日本壓迫之下，仍對大韓民國臨時政府提供檯面下的經費和物資支助。

1928 年，金九先生領導組織韓國國民黨，擔任總裁，1935 年再擔任韓國國民黨委員長，從金九所組織的政黨也叫做國民黨看來，便可知當時金九和中國國民黨相濡以沫的聯繫。金九領導的獨立運動起先在上海展開，對日抗戰爆發之後，國民政府更積極地支持金九，國民政府遷往重慶，大韓民國政府也跟著在 1940 年遷往重慶，同年也在重慶設置韓國光復軍總司令部。韓國光復軍成立，黃埔軍校裡、西南聯大裡都可看見韓國籍青年就學的身影。1944 年金九再被選爲大韓民國臨時政府主席。

1943 年 11 月仍在二次大戰期間，開羅會議召開，在蔣中正委員長主張下，關於朝鮮半島的未來，有如下的決議，「朝鮮於戰後於適當的時機成爲自由獨立的國家」，不過，英美蘇列強各自基於私利，對於朝鮮半島戰後的安排出現重大變化。金九在 1945 年返國，因爲希望韓國維持一個完整的政治人格，他以韓國獨立黨委員長的身分，反對莫斯科英美蘇三國外相會議聲明，主導反對朝鮮交付聯合國信託統治運動。1948 年 2 月，金九發表「向三千萬同胞泣訴」的聲明，反對南韓獨自建立政府，之後進入北韓與金日成協商未果。1948 年在國會選舉當中敗給了李承晚，李當選總統。

1949 年 6 月 26 日，金九遭到政治暗殺，舉國同悲，韓國以「國民葬」方式（不是以政府，而是以全國人民的名義）安葬先生，當時有許多傳聞直指李承晚所領導的政府涉嫌暗殺暴行。金九以忠於自己的愛國理想而身殉，成爲一代聖雄，1962 年朴正熙總統追贈金九先生大韓民國建國勳章，並尊稱金九先生爲韓國國父。

閱讀金信所寫的《翺翔在祖國的天空》這本書，方覺金九先生除了是忠臣，更是孝子。金九把自己母親從朝鮮接到中國來，卻常常因爲無法照顧她而寢食難安。金信說自己祖母在重慶時常躲避日本軍機的轟炸，金九先生除了憂心國事，對母親的安危尤其擔心。金信祖母因病過世，金九前來奔喪，痛心於自己一輩子奔走於光復祖國，這個願望卻讓他成爲「不孝子」，哭了好長的一段時間，才抬望望著金信說道「原來是你代替我盡了道孝！」此情此景，非身歷其境，不知其悲苦！

金信的祖母、母親和兄長都在中國抗戰期間埋骨於中土，直到抗戰結束，金信才有機會歷盡艱難，在 1948 年收拾他們的靈骨回到韓國安葬。在那種混亂動盪的時代，有著太多的痛苦和無奈，金信秉承父志，一方面移孝作忠爲韓國獨立效力，另方面兼顧孝道無忝所生，是眞正的忠孝兩全。

金九金信德澤嘉惠後人

1922 年 9 月金信出生於上海，他曾在安徽省屯溪中學就讀，也進過西南聯大，1945 年 5 月中華民國空軍軍官學校畢業、1947 年 6

月美國德州蘭多夫（Randolph）航空學校畢業、1950 年 5 月畢業自韓國參謀學校，受過完整的空軍科學和戰技教育。他起初身體並不好，卻力爭上游，歷經嚴格考驗，終於成爲優秀的空軍飛官。

他在自傳當中提到，他在 1934 年逃亡到中國，再次回國時是 1947 年 9 月，當時已 27 歲，離開朝鮮超過十三年，心情複雜既喜亦憂。他說他經歷了中國、印度、美國的學習和訓練，使他能更有自信以更寬廣的視野看世界，跑過了許多國家，最令人刻骨銘心的是沒有自己國家的傷痛。

金信認爲，父親金九的價值觀和使命感，專注的是避免同胞槍口相向，選擇了和李承晚不同的政治路線，反對南韓單獨成立政府的主張，又不畏艱險地親赴北韓協商統一。金九對反對他的學生曉以大義，說他去北韓爲的是要「救我們的民族」，認爲「我們從事獨立運動，並不想看到日後民族的分裂，無論如何，都要成立一個統一的政府」，他又說「如果因爲覺得困難而畏縮不前，我們終究將成爲歷史的罪人」。

金九去北韓，當然也反對北韓單獨成立政府。不過，南北韓雙方都不會喜歡金九的主張，在南北韓當時的政治現實之下，金九先生注定徒勞無功，並且受到無情的污衊與打擊。這樣的心境，恐怕只有金信最是清楚，也最感覺世態的炎涼。

除了愛國，金九傳承給金信更多的大愛思想。1948 年 12 月，金信結婚，金九一再交代婚禮要簡樸，所以新娘穿的婚紗是棉織布而非絲綢，金九還叫金信將收到的禮金送去給北韓人收留所，這是大愛的精神，可謂彌足珍貴。金九訪視各地，經過全羅道光州時，見到當地水患，金九立即將當地募集來的金銀財物送交地方官員以救濟災民。即使在金九葬禮完畢，金信整理父親遺物，發現父親的皮箱空無一物，才想起父親生前經常把財物送給生活有困難的朋友同志，而自己卻一無所有。這樣的胸襟，放眼望去，還眞不多見。

金信經歷相當完整，他曾經擔任過韓戰時期的空軍本部作戰局局長，親自駕機出生入死。之後歷經聯隊長、空軍本部行政參謀部長、空軍參謀次長、空軍參謀總長，官拜中將，退役之後旋於 1962 年應朴正熙總統之命，擔任駐中華民國大使。金信在中華民國待了八年多，1971 年返國擔任交通部部長、1976 年任國會議員、1986 年擔任韓國獨立紀念館理事長。

金九金信對中華民國忠誠不渝

金九先生與中國有密切關係，終其一生勤於國事，他的生涯大部分在中國，金九與蔣中正總統和國民政府有割捨不開的感情，也受到蔣中正多方協助。只是共產勢力橫行，蘇聯與美國雖然在二次大戰時曾經結爲盟友，戰後不久冷戰緊接著拉開序幕，美國、蘇聯以朝鮮半島作爲緩衝區劃分勢力範圍。在中國，則因對日抗戰元氣大傷，共產黨坐大和內戰的擴大，蔣中正最終失利退守台灣，金九的和平統一事業也因此孤掌難鳴，最後受到重創，且遭致不幸。

金信繼承父親的信念，特別是與中國的關係，使他在結束軍旅生涯後，有一段特別的台北之旅，成爲駐中華民國大使，開啓金信志業的另一高峰。金信生長在中國，他的中文素養甚佳。由於是金九的公子，蔣中正總統對金信特別鍾愛，可說他當作兒子，關係親近到了無話不談的地步。金信夫人也精通上海話，和蔣中正總統夫人蔣宋美齡女士溝通順暢，因此他們可比擬爲一家人。以這樣的淵源，金信被派駐到台北來，對他和家人來說，是如魚得水，期間韓國政府想更換金信的派駐國，也被他回絕了，可見金信在台北的勝任愉快。

蔣中正總統曾對金信說，「我不把你當外國大使看待，我們是一家人，白凡先生和我是數十年交情，在同志的情分上攜手對日抗戰的」，又說「你和經國就像兄弟一樣，有事可以和他商量」，因此存在於蔣中正總統和金信之間的，是一種特殊的情分與待遇。金信大使在華期間有許多建樹，包括在他的努力下，1965 年 12 月簽訂友好條約並互換批准書。他也有過促成韓國向台灣購買糧食解決燃眉之急。金信離任時，蔣中正總統接見他時曾努力挽留，還情不自禁地眼眶泛著淚水。這是金信的成功，也是他的誠信贏得了中華民國上下的眞誠友誼。

結語——金九金信典範長存

金九、金信兩位中華民國的故人，對於韓國的獨立運動貢獻卓著，韓國人民不會忘記他們。而在台灣的民衆也應該緬懷那段歷史，珍惜雙方爲了國家圖生存、捨死忘生、努力抗敵的共同記憶。有人說一般人對歷史是健忘的，但相信有些人，特別是關心中華民國與韓國關係的人，是不會輕易忘記的。

金九先生是一位言行如一的愛國主義者，他與其他的韓國獨立運動志士一樣，生於憂患、席不暇暖，奔走呼號，追求民族獨立，他堅持愛國意念心無旁鶩，所作所爲都在擺脫外國勢力的干預，無論排除日本帝國主義爭取韓國獨立，或者是摒除英美蘇等國的託管主張、乃至最後又反對南北韓各自單獨成立政府，都是「吾道一以貫之」，一路走來始終如一。

雖然金九先生最後沒能成功，但金九的志業為所有韓國人提供了一盞明燈，他對朝鮮分裂的警語，包括民族割裂和手足相殘，後來都不幸成真。忠貞之士每多無法受當代人理解，直至後世才被發覺所言原是真理，自古英雄多寂寞，平添後人對前人的憑弔。

金九先生對金信應該不會失望，因為有子繼承其愛國淑世的志業，更彰顯其父的優秀品德，無論作為兒孫、空軍飛行員或者外交官，金信都極為稱職，特別是擔任駐中華民國大使任內，是當時最受歡迎的外交官，也符合中韓兩國的根本利益。

金九、金信兩位先生的愛國淑世、斑斑可考，灼灼發光、典範長存，應可提供中韓兩國史學界、外交界和關心朝鮮半島未來發展的人士作為效法參照。如今韓國與中華民國斷交已經二十六年，不知當年金信大使努力促成兩國簽訂的友好條約如今安在？

兩國政府的官方交往可以是一時的，但兩國人民的友誼卻可以是永續的，端賴雙方是否有意願努力加以維持，心繫中韓關係的仁人志士實在任重道遠。

《遨翔在祖國的天空——韓國臨時政府主席金九之子金信回憶錄》讀後

（2018 年 10 月 17 日參加台灣大學政治系主辦

金九基金會紀念攝影展暨臺韓關係之回顧與前瞻討論會應邀演講）

文在寅的劃時代契機

朝鮮半島一直是亞洲陸權與海權國家短兵相接交會處，自十九世紀末以來就極不平靜。上個世紀後半，南北韓關係受到冷戰氣氛影響，尖銳敵對長期存在，不時出現邊境衝突。此外，雙方也進行外交戰、宣傳戰、顛覆戰，甚至出現恐怖攻擊，十足成爲東亞的火藥庫，幾次衝突幾乎再度爆發大戰。惟半島周邊幾個強國皆爲核武國家，自然不願半島軍事衝突失控，因此千瘡百孔的 1953 年停戰協定才得以勉強維繫。

南北韓關係在某些時候反映了當時的國際情勢，但主要仍受強國意志的左右，南北韓少有自主的空間。但比較突出的事例，應該是朴正熙總統（任期 1963 年至 1979 年）在第一任任期爲因應國際緩和氣氛，與北韓在 1972 年共同發布的《七四共同聲明》。《七四共同聲明》爲南北韓帶來一絲改善關係的曙光，但也因爲朴正熙的政治走向獨裁壓制和他遭到刺殺，南北韓少見的和緩關係終究曇花一現。

金大中總統（任期 1998 年至 2003 年）曾提出對北韓的「陽光政策」，且在 2000 年 6 月 15 日首度出訪平壤，與當時的北韓領導人金正日會晤。盧武鉉總統（任期 2003 年至 2008 年）則提出「和平與繁榮政策」，並且在 2007 年赴平壤與金正日舉行峰會，在當時都是石破天驚的國際大事。

經過多年，南韓現任總統文在寅以他兩位自由派導師、前任總統金大中和盧武鉉的繼承者自居，爲致力改善南北韓關係、和最終自主和平統一，做出積極的籌劃與實踐。他在 2017 年 5 月就職之後，便積極開展半島和平和解合作進程。

2018 年 4 月 27 日，文在寅與金正恩在板門店的南韓和平之家進行首次峰會，雙方達成「爲促進半島和平、繁榮、統一的板門店宣言」，宣言指出，南北韓將全面改善並發展雙邊關係，連結民族血脈，提前迎接共同繁榮和自主統一的未來，據此雙方將儘快促成高層級的會談、設法落實峰會所達成的共識、雙方在開城設置雙方官員常駐的共同聯絡事務所、增進各層級的交流和聯繫、恢復舉辦雙方離散親人團聚活動，以及實現民族經濟的平衡發展和共同繁榮、採取切實措施連結東海線及京義線鐵公路。

2018 年 5 月 26 日文在寅和金正恩在板門店北韓境內的統一閣舉行第二次峰會，主要目的在於加強和平自主統一的共識，商討進一步的降低敵意與合作，期待《板門店宣言》的具體實施。文在寅也爲了川普與金正恩的高峰會提供橋梁角色，避免川普原先宣布即將在新加坡和金正恩舉行的峰會生變。

文在寅和金正恩的第三次峰會，在 2018 年 9 月 19 日平壤召開，並簽署了《平壤共同宣言》，文在寅宣稱北韓承諾，在相關國家專家的見證下，願意永久廢棄東倉里飛彈發動機試驗場和發射架，也同意永久拆除寧邊核武製造廠等新的無核化措施。他表示朝鮮半島無核化已經不再遙遠，兩韓也在當天商定在半島全境消除一切可能引發戰爭的風險。

這三次文金峰會是 1950 年韓戰爆發以來，兩韓所展現的最大善意與和平意念，也彰顯兩韓領導人之間建立的互信。基於這樣的互信，雙方可以推動全面的進一步合作。正如文在寅所說，兩韓關係進入劃時代的轉機，可望以兩韓歷次會談作爲基礎，推動北韓與國際、特別是美國，重啓眞誠有效的對話。文在寅也證實，將在繼續推動無核化的同時，也增進兩韓的經濟合作和文化交流。特別是在 2019 年將舉行連接東西海岸鐵公路的動工儀式，也儘快重啓開城工業園區和金剛山旅遊項目，以及推進雙方在醫療衛生領域的合作。

文在寅原本寄望美國解除對北韓的經濟制裁，加速兩韓合作計畫，包括重啓開城工業區、金剛山旅遊事業和早經同意的兩韓鐵路銜接。2019 年 2 月底川普和金正恩在越南河內的第二次峰會乏善可陳，金正恩更是空手而歸。爲此，北韓還曾關閉了兩韓設於開城的聯絡辦事處，讓文在寅覺得深受打擊。

在這個緊要過程當中，文在寅總統必須找到理念相同、完全信任、又可貫徹其意志的高級官員作爲他的左右手。文在寅換下原來的統一部部長趙明均，改由曾任仁濟大學統一學部教授、原任統一研究院院長的金煉鐵接任部長。金煉鐵曾經擔任盧武鉉總統時期的統一部部長輔佐官，曾經歷南北韓協商和六方會談的現場。

青瓦台發言人金宜謙指出，金煉鐵是新任統一部部長的「適當人選」，他「能透過順利執行統一部的主要政策任務迅速實行兩韓協議、積極體現總統對一個新的朝鮮半島、新的和平與合作共同體的願景」。

金煉鐵已在 4 月 8 日就職，他說他將運用多管道全力推動「文金四會」，並稱南韓將優先著力於促成文金峰會以打破僵局，並且「懷著自己掌握朝鮮半島命運的主人翁意識，主導根本解決北韓核武問題、和實現半島可持續性和平的進程」。

金煉鐵這本書貫穿了 1953 年停戰協定以來，直至二十一世紀前十幾年南北韓關係發展和幾次重大事件的經過和意義。他娓娓道來，也抒發自己的評論。這本書對於我們瞭解南韓朝野關於改善兩韓關係的論戰、北韓發展核武的歷程和戰略策略、半島周邊大國的朝鮮半島政策和預測未來半島情勢發展，都提供了第一手的資料和寶貴的見解。至於金煉鐵他怎麼說，就要請讀者詳細閱讀和深入領會了。

金煉鐵現正意氣風發、期待大刀闊斧施展抱負。金煉鐵這位統一部部長，即是本書的作者，也是這個特殊階段主導兩韓關係的關鍵人物之一！是以樂爲之序。

金煉鐵著、蕭素菁譯，《南北韓：東亞和平的新樞紐》中文版推薦序
（台北市：時報文化出版公司，2019 年 6 月 1 版）

國家圖書館出版品預行編目資料

兩韓競合與強權政治／李明著. -- 初版.
-- 臺北市：五南, 2020.08
面； 公分.
ISBN 978-986-522-066-2（平裝）

1.南北韓關係 2.國際關係

578.1932 109008281

1PUJ

兩韓競合與強權政治

作　　者 — 李明（85）
發 行 人 — 楊榮川
總 經 理 — 楊士清
總 編 輯 — 楊秀麗
副總編輯 — 劉靜芬
責任編輯 — 黃郁婷、呂伊真、吳肇恩
封面設計 — 王麗娟
出 版 者 — 五南圖書出版股份有限公司
地　　址：106台北市大安區和平東路二段339號4樓
電　　話：(02)2705-5066　傳　真：(02)2706-6100
網　　址：http://www.wunan.com.tw
電子郵件：wunan@wunan.com.tw
劃撥帳號：01068953
戶　　名：五南圖書出版股份有限公司

法律顧問　林勝安律師事務所　林勝安律師

出版日期　2020年8月初版一刷
定　　價　新臺幣450元